# Fundamentos da Regulação Bancária e Aplicação do Princípio da Subsidiariedade

# Fundamentos da Regulação Bancária e Aplicação do Princípio da Subsidiariedade

2015

Gustavo José Marrone de Castro Sampaio

ALMEDINA

**FUNDAMENTOS DA REGULAÇÃO BANCÁRIA E A APLICAÇÃO DO PRINCÍPIO DA SUBSIDIARIEDADE**
© ALMEDINA, 2015

AUTOR: Gustavo José Marrone de Castro Sampaio
DIAGRAMAÇÃO: Almedina
DESIGN DE CAPA: FBA
ISBN: 978-858-49-3067-8

Dados Internacionais de Catalogação na Publicação (CIP)
(Câmara Brasileira do Livro, SP, Brasil)

Sampaio, Gustavo José Marrone de Castro
Fundamentos da regulação bancária e a aplicação
do princípio da subsidiariedade / Gustavo José
Marrone de Castro Sampaio. -- São Paulo : Almedina, 2015.
Bibliografia.
ISBN 978-85-8493-067-8
1. Instituições financeiras 2. O Estado
3. Regulação 4. Subsidiariedade I. Título.

15-07087                                                    CDU-340.11

Índices para catálogo sistemático:
1. Princípio da subsidiariedade : Direito 340.11

Este livro segue as regras do novo Acordo Ortográfico da Língua Portuguesa (1990).

Todos os direitos reservados. Nenhuma parte deste livro, protegido por copyright, pode ser reproduzida, armazenada ou transmitida de alguma forma ou por algum meio, seja eletrônico ou mecânico, inclusive fotocópia, gravação ou qualquer sistema de armazenagem de informações, sem a permissão expressa e por escrito da editora.

Dezembro, 2015

EDITORA: Almedina Brasil
Rua José Maria Lisboa, 860, Conj.131 e 132, Jardim Paulista | 01423-001 São Paulo | Brasil
editora@almedina.com.br
www.almedina.com.br

# SUMÁRIO

INTRODUÇÃO ........................................................................... 9

PARTE I. SISTEMA FINANCEIRO E REGULAÇÃO ................................. 11

CAPÍTULO 1. FUNDAMENTOS DA TEORIA GERAL
DA REGULAÇÃO ........................................................................... 13
   1.1. A configuração de um Estado Regulador ........................................... 13
   1.2. A evolução da atividade regulatória estatal: encontro entre
       economia e direito ........................................................................... 17
   1.3. Uma nova teoria da regulação ........................................................... 22
   1.4. Instrumentos jurídicos da regulação .................................................. 32

CAPÍTULO 2. A ATIVIDADE FINANCEIRA E A ATIVIDADE
BANCÁRIA ........................................................................... 37
   2.1. A atividade financeira e as demais atividades econômicas:
       evolução histórica ........................................................................... 37
   2.2. As modalidades de atividades financeiras ........................................... 41
       2.2.1. *Atividade financeira pública* ...................................................... 41
       2.2.2. *Atividade financeira privada* ..................................................... 45
   2.3. Conceituação de banco e abrangência da definição
       de atividade bancária ........................................................................ 48
   2.4. Os riscos da atividade bancária ......................................................... 51
       2.4.1. *Risco de liquidez* ....................................................................... 53

  2.4.2. Risco de mercado ............................................................. 55
  2.4.3. Risco de crédito ............................................................... 56
  2.4.4. Risco Operacional ............................................................ 58
  2.4.5. Risco Legal ou Regulatório .............................................. 59
 2.5. A questão do risco sistêmico .................................................... 61

## CAPÍTULO 3. REGULAÇÃO DA ATIVIDADE BANCÁRIA ..................... 67

 3.1. Caracterização da atividade bancária como atividade regulada ........ 67
  3.1.1. O controle das externalidades ......................................... 70
  3.1.2. O controle das posições de mercado ............................... 72
  3.1.3. O problema da assimetria de informações ..................... 74
 3.2. Evolução das modalidades de regulação bancária e globalização ..... 76
 3.3. Formas específicas de regulação bancária ............................... 79
  3.3.1. A regulação de condutas .................................................. 82
  3.3.2. A regulação prudencial .................................................... 84
  3.3.3. A regulação sistêmica ...................................................... 88

## PARTE II. APLICAÇÃO CONTEMPORÂNEA DO PRINCÍPIO DA SUBSIDIARIEDADE ............................................................... 93

## CAPÍTULO 1. SUBSIDIARIEDADE COMO FUNDAMENTO DO ESTADO REGULADOR ............................................................. 95

 1.1. A Reforma da Sociedade ........................................................... 95
 1.2. A Reforma da Administração Pública ..................................... 99
 1.3. A intervenção proporcional do Estado na economia e a Subsidiariedade ..................................................................... 103
 1.4. Federalismo e Subsidiariedade ................................................ 106
 1.5. Subsidiariedade no processo de integração europeu ........... 110

## CAPÍTULO 2. O PRINCÍPIO DA SUBSIDIARIEDADE ............................ 115

 2.1. Origem, fundamento e conceito .............................................. 115
 2.2. Princípio da Subsidiariedade no direito europeu .................. 120
 2.3. A aplicação do Princípio da Subsidiariedade ........................ 123
 2.4. O Princípio da Subsidiariedade na Constituição Federal brasileira ... 126

# SUMÁRIO

**PARTE III. DISTRIBUIÇÃO DE COMPETÊNCIAS NA REGULAÇÃO BANCÁRIA BRASILEIRA** .................. 131

**CAPÍTULO 1. O SISTEMA FINANCEIRO NACIONAL SOB O ASPECTO REGULATÓRIO** .................. 133

    1.1. Regulação geral e os Princípios da ordem econômica no texto constitucional .................. 133

    1.2. Os órgãos integrantes do sistema regulatório bancário e suas competências .................. 140

        *1.2.1. Conselho Monetário Nacional (CMN)* .................. 141

        *1.2.2. Banco Central do Brasil* .................. 143

        *1.2.3. Comissão de Valores Mobiliários* .................. 145

        *1.2.4. Outros organismos reguladores do mercado financeiro* .................. 146

    1.3. Regulamentação bancária e delegação normativa .................. 147

**CAPÍTULO 2. REGULAÇÃO GERAL E SUA APLICAÇÃO AO MERCADO BANCÁRIO** .................. 153

    2.1. Regulação Concorrencial .................. 153

        *2.1.1. Regulação e Concorrência* .................. 154

        *2.1.2. Regulação concorrencial e mercado bancário* .................. 156

    2.2. Regulação Consumerista .................. 161

        *2.2.1. Sistema Nacional de Defesa do Consumidor* .................. 165

        *2.2.2. Regulação Consumerista e o mercado bancário* .................. 174

**CAPÍTULO 3. O PRINCÍPIO DA SUBSIDIARIEDADE COMO CRITÉRIO DE DELIMITAÇÃO DAS COMPETÊNCIAS REGULATÓRIAS NO SETOR BANCÁRIO** .................. 177

**CONCLUSÃO** .................. 189

**REFERÊNCIAS BIBLIOGRÁFICAS** .................. 193

# Introdução

O objetivo do presente trabalho é a delimitação dos conceitos e das competências da regulação econômica e jurídica aplicada ao setor bancário. Dentro deste núcleo, será destacada a aplicação do Princípio da subsidiariedade nas ações dos entes reguladores e a interação das chamadas matérias transversais (regulação geral) com a regulação setorial, ou seja, como definir as competências e as obrigações quando, aparentemente, assuntos intrínsecos ao direito da concorrência e ao direito dos consumidores se chocam com a regulação bancária e com todos os riscos setoriais apresentados.

O presente trabalho tentará dar sua contribuição na definição das competências e das obrigações dos entes reguladores setoriais e gerais, definindo, com base em Princípios e regras que norteiam a teoria do direito regulatório, como estes entes devem interagir na busca pela efetividade do mercado bancário.

Um estudo mais sistematizado da regulação bancária e sua interface com as matérias transversais da denominada regulação geral desperta interesse em razão da grande incidência prática deste instrumento de intervenção do Estado no domínio econômico, seja na preservação do mercado bancário, seja na proteção aos Princípios constitucionalmente consagrados da livre concorrência e da defesa dos consumidores.

Além do mais, diante da crise econômica mundial que assolou o sistema financeiro global nos últimos anos, o tema regulação estatal foi voz corrente entre os analistas, tanto da área econômica quanto da jurídica.

A necessidade da revisão de conceitos e da maneira como os entes reguladores devem atuar dentro do setor disciplinado, quer para preservar o mercado, quer para proteger direitos e garantias individuais, surge como desafio no enfrentamento da nova realidade econômica mundial.

Dentro desse contexto, não é difícil perceber a importância de se examinar a regulação bancária diante da nova realidade, bem como o alcance dela diante de antigos paradigmas. Isso porque, ao longo dos últimos anos, a discussão entre os reguladores setoriais e os reguladores gerais sobre a divisão de competências para intervir no mercado disciplinado não teve uma conclusão. Qual o limite entre o exercício da competência reguladora geral e a efetividade que fundamenta a regulação setorial?

Daí emerge a necessidade de se estudar a regulação bancária em seus aspectos estruturais, para, a seguir, delimitar as competências e as limitações que o próprio conceito da regulação setorial impõe aos entes incumbidos da implantação das matérias transversais. A individualização da atividade bancária dentro do sistema financeiro, a entabulação da teoria do risco e dos organismos que compõem o sistema financeiro brasileiro servirão de base ao se discutir as delimitações entre o Conselho Monetário Nacional, o Banco Central do Brasil, o Conselho Administrativo de Defesa Econômica (CADE) e os órgãos administrativos de defesa dos consumidores. Até onde estes entes de regulação geral (CADE e órgãos administrativos de defesa do consumidor) podem avançar sem comprometer a regulação setorial e a preservação do mercado? Seria o caso de considerar a regulação geral subsidiária da regulação setorial? Ou ainda, de dividir as competências pura e simplesmente, definindo que a regulação setorial não trataria as chamadas matérias transversais?

A resposta a essas perguntas, hoje ainda abertas, justifica e garante o caráter inovador do tema apresentado por este trabalho. Em suma, a descrição do mercado financeiro como bem a ser preservado e protegido (bem público em sentido amplo), a definição dos conceitos de regulação geral, regulação setorial e do Princípio da subsidiariedade embasarão a definição das competências dos entes envolvidos dentro do sistema bancário, seja no aspecto teórico utópico, seja no aspecto peculiar do modelo brasileiro, o qual por suas estruturas viciadas acabam por contradizer toda a doutrina sobre o tema, levando o Poder Judiciário a ditar políticas regulatórias.

# Parte I
# Sistema Financeiro e Regulação

# Capítulo 1
# Fundamentos da teoria geral da regulação

## 1.1. A configuração de um Estado Regulador

A participação do Estado no domínio econômico é objeto de inúmeros estudos tanto na esfera do Direito quanto no âmbito da Economia. Não se pode negar, e ciência alguma o faz, que esta intervenção não é estritamente necessária para o bom funcionamento do mercado. O que se diferencia dentro dos diversos modelos de organização estatal é o grau da intervenção praticada e a forma como ela acontece.

Portanto, certo é que o Estado intervém no domínio econômico. As formas é que variam. E é esta variação que, nos estudos atuais, caracterizam o ente estatal, ou seja, é a forma e quantidade de participação no mercado econômico que definirá qual a classificação e o modelo seguido pelo agente público.

Giandomenico Majone[1] ensina que "*as teorias do Estado político-econômicas mais modernas distinguem três tipos de intervenção pública na economia: redistribuição de renda, estabilização macroeconômica e regulação de mercados*".

Por redistribuição de renda, entende o jurista "*todas as transferências de recursos de um grupo de indivíduos, regiões ou países para um outro grupo; bem como a provisão de 'bens de mérito`, tais como educação primária, seguridade social e certas formas de assistência médica que o governo compele os cidadãos a consumir*".

---

[1] MAJONE, Giandomenico. Do Estado positivo ao Estado regulador: causas e conseqüências da mudança no modo de governança. In: MATTOS, Paulo Todescan Lessa; COUTINHO, Diogo R.; ROCHA, Jean Paul Cabral Veiga da; PRADO, Mariana Mota; OLIVA, Rafael (Orgs.). *Regulação econômica e democracia*: o debate europeu. São Paulo: Singular, 2006. p. 54.

Quando descreve a estabilização macroeconômica aponta como principais instrumentos para manter os níveis de crescimento econômico e de emprego "*a política fiscal e monetária, juntamente com o mercado de trabalho e a política industrial*". Por fim, afirma que a regulação de mercado "*tem como objetivo corrigir vários tipos de 'falhas de mercado': o abuso do poder de monopólio, as externalidades negativas, a informação incompleta, a provisão insuficiente de bens públicos*".

Os poderes de natureza regulatória sempre foram reconhecidos desde o momento em que o Estado adquiriu o monopólio da produção jurídica, o que tem como marco histórico o final da Idade Média. Assim, poder-se-ia falar na existência de um Estado Regulador a partir de então, aproximando o conceito de intervenção no domínio econômico com o de regulação. Todavia, não é esta a abordagem feita pela doutrina ao caracterizar, no direito moderno, o Estado como Regulador. Esta ascensão é fruto de um processo histórico de evolução dos mecanismos de atuação do agente público na economia, trazendo à luz um conceito de regulação mais restritivo, A atividade regulatória, então, é uma forma de intervenção do Estado no domínio econômico com características e processos específicos surgidos das necessidades sociais apresentadas no caminhar do Estado de Direito[2].

Na delimitação de um conceito de Estado Regulador, premente construir o elo com a concepção intervencionista do Estado de Bem-Estar Social, modelo de atuação do agente público que o precedeu.

A ideologia do Estado do Bem-Estar Social se desenvolveu ao longo do século XX e significou a assunção pelo Estado de funções de modelação da vida social. O agente público transformou-se em prestador de serviço e em empresário, apropriou-se de atividades reputadas próprias da iniciativa privada, lançou-se à novos setores comerciais e industriais e liderou a renovação das estruturas sociais e econômicas.

A política providência adotada pelo ente estatal gerou benefícios e vantagens que redundaram na multiplicação da população. A demanda por serviços cresceu numa proporção diversa da possibilidade de financiamento público para aumentar a oferta. Dá-se início à crise do modelo do bem-estar social. Discorrendo sobre este momento de transição, Marçal

---

[2] A noção de Estado de Direito, nas lições de Marçal Justen Filho, "resultou da conjugação de três Princípios fundamentais, a saber: a supremacia constitucional, a generalização do Princípio da legalidade e a universalização da jurisdição". (JUSTEN FILHO, Marçal. *O direito das agências reguladoras independentes*. São Paulo: Dialética, 2002. p. 16).

Justen Filho[3] explica que "*a multiplicação da população e a redução da eficiência das atividades desempenhadas diretamente pelo Estado contribuíram decisivamente para o fenômeno denominado de 'crise fiscal'. A expressão passou a ser utilizada para indicar a situação de insolvência governamental, inviabilizadora do cumprimento das obrigações assumidas e do desenvolvimento de projetos mais ambiciosos*".

O Estado, diante da conjuntura apresentada, enfrentou um processo de endividamento, fruto de sucessivos prejuízos orçamentários. O nível de investimento não acompanhava os reclamos sociais por serviços tidos como essenciais, o que reduziu a capacidade estatal de executar eficientemente os encargos de sua competência. E esta disparidade entre oferta e demanda foi avançando, até que os recursos estatais existentes não mais conseguiam manter as conquistas sociais efetivadas, ocasionando a deterioração das estruturas e dos serviços públicos. E, diante do caos de eficiência, buscou-se novo modelo político, com um novo papel do Estado no domínio econômico, menos onipresente e mais eficiente.

Não se podia mais suprimir a autonomia empresarial privada em favor das ilimitadas competências estatais de desenvolver determinadas atividades econômicas. O paradigma de intervenção direta do Estado no domínio econômico começou a ser questionado pela absoluta ineficiência do agente público em responder às mudanças sociais e tecnológicas colocadas pela sociedade em plena evolução. O dirigismo estatal já não se mostrava como a política correta. Começou-se a desenvolver uma forma de intervenção, menos onipresente e mais eficiente, em que o Estado passa a construir mecanismos disciplinadores, coordenadores e fiscalizadores das atividades econômicas concedidas aos agentes privados. É a chamada atividade regulatória,

Portanto, o caminho para a construção de um Estado Regulador não significou o abandono da concepção intervencionista, mas a criação de novos limites e instrumentos para que ela pudesse se tornar eficiente dentro da nova realidade que se apresentou.

A implantação deste novo modelo representou, assim, uma redução nas diversas dimensões da intervenção do Estado no âmbito econômico, incorporando, ao revés do dirigismo estatal, a ideia de subsidiariedade, reconhecendo-se os Princípios da livre iniciativa e da liberdade de empresa,

---

[3] Id. Ibid., p. 19.

reservando-se ao ente público a disciplina e supervisão acerca da realização dos valores fundamentais na atuação dos particulares.

Ao comentar esta evolução no modelo de intervenção do Estado no domínio econômico, Carlos Ari Sundfeld[4] afirma que a *"regulação é – isso, sim- característica de um certo modelo econômico, aquele em que o Estado não assume diretamente o exercício da atividade empresarial, mas intervém enfaticamente no mercado utilizando instrumentos de autoridade, Assim, a regulação não é própria de certa família jurídica, mas sim de opção de política econômica"*.

O Estado Regulador é, na análise das políticas intervencionista estatais, a evolução do Estado do Bem-Estar Social. O modelo regulatório significa a extensão aos serviços públicos, antes com o monopólio público em sua prestação, das concepções desenvolvidas na atividade econômica privada. A ideia de Estado mínimo, ou seja, incumbe ao agente público somente desempenhar atividades diretas nos setores em que a atuação privada for insuficiente para atingir os valores fundamentais consagrados como finalidade estatal, passa a predominar em toda a estruturação administrativa contemporânea, e isto causa algumas mudanças jurídicas que caracterizam este novo modelo.

A primeira mudança aparece na clássica distinção entre as atividades realizadas sob o regime de direito público e sob o regime de direito privado. Atividades antes prestadas diretamente pelo Estado, como todos os serviços públicos, e por isso tuteladas pelo regime especial estatal, são concedidas à iniciativa privada, criando um modelo híbrido de vinculação: regime de direito público entre o agente público e a concessionária de serviço público e regime de direito privado entre a concessionária de serviço público e o usuário. Também atividades econômicas restritas ao monopólio estatal são abertas ao mercado privado, fazendo com que as regras de respeito à concorrência passem a ser matéria imprescindível do novo modelo. O Estado começa a desenvolver atividades, em respeito às regras concorrenciais, sob o regime de direito privado.

Outro norte do Estado Regulador é a inversão da relevância do instrumento interventivo estatal. No modelo providência, o Estado exerce diretamente as funções econômicas. O novo paradigma intensifica a competência regulatória, com a participação do agente público no domínio

---

[4] SUNDFELD, Carlos Ari. Serviços públicos e regulação estatal. In: _____ (Coord.). *Direito administrativo econômico*. São Paulo: Malheiros Ed., 2000. p. 23.

econômico, mas não como ator direto. Como define Marçal Justen Filho[5], o Estado Regulador, *"ao invés de buscar pessoalmente a realização de determinados fins, vale-se do instrumento normativo e de suas competências políticas para influenciar os particulares a realizar os fins necessários ao bem-comum".*

Neste novo conceito de Estado, a intervenção direta do agente público é somente admitida em situações de grande excepcionalidade. A atividade regulatória é a forma de intervenção indireta do Estado no domínio econômico que busca, primordialmente, a realização dos fins de interesse público no âmbito do mercado de consumo.

Ainda como marca desta mudança de modelo de Estado, encontra-se a adoção da tese de que a intervenção estatal no domínio econômico não mais se limita a dar apenas suporte aos mecanismos de mercado e a eliminar eventuais desvios ou inconveniências. O novo conceito de atividade regulatória exige a intervenção destinada a propiciar a realização de certos valores de natureza política e social.

Por fim, o Estado Regulador tem como marca a institucionalização de mecanismos de disciplina permanente da atividade econômica privada, não mais de natureza estática, mas sim com instrumentos dinâmicos de acompanhamento dos agentes privados, que necessitam de inovação contínua para manter seu grau de eficiência. Como definem Antonio La Spina e Giandomenico Majone[6], em obra conjunta, a nova regulação pode ser entendida *"como um processo, em que interessa não apenas o momento da formulação das regras, mas também aqueles da sua concreta aplicação, e, por isso, não a abstrata mas concreta modificação dos contextos de ação dos destinatários".*

### 1.2. A evolução da atividade regulatória estatal: encontro entre economia e direito

Antes da delimitação dos novos paradigmas da atividade regulatória estatal, importante tecer linhas sucintas sobre as origens e a evolução deste instrumento de intervenção do Estado no domínio econômico.

Como bem lembra Jorge Eduardo Bustamante[7], a expressão *regulação* tem sua origem nos estudos econômicos realizados por profissionais da

---

[5] JUSTEN FILHO, Marçal. op. cit., p. 24.
[6] MAJONE, Giandomenico; La Spina, Antonio. *Lo Stato regulatore*. Bologna: Il Mulino, 2000. p. 28.
[7] BUSTAMANTE, Jorge Eduardo. *Desregulación entre el derecho y la economia*. Buenos Aires: Abeledo Perrot, 1993. p. 60.

língua inglesa, com a finalidade de permitir uma separação entre a clássica regulamentação de direitos e a intervenção regulatória do Estado na atividade econômica.

Por sua vez, os primórdios da função reguladora, pelo menos com esta denominação, remetem ao século XVIII, não ligadas à área do Direito, mas sim da Física Mecânica. James Watt, cientista britânico, desenvolveu um sistema de segurança para as máquinas a vapor consistente numa bola de ferro que atuava como uma peça reguladora e que tinha por função controlar o equilíbrio da pressão do vapor aquecido evitando sua explosão. Esta função reguladora viabilizou um processo de difusão destes meios de produção revelando um marco que restou conhecido como Revolução Industrial[8].

Nesse passo, a ideia inicial de regulação confunde-se com o conceito de equilíbrio, tendo aparecido no século XIX em outro ramo da ciência: a Biologia. Serviu a expressão para designar a função que mantém o balanço vital dos seres vivos, um conceito que, mais tarde, se expandiria e se aperfeiçoaria, culminando com a estruturação da Teoria Geral dos Sistemas[9].

Todavia, no âmbito das Ciências Jurídicas, o embrião do conceito moderno de regulação sistêmica pode ser notado em fatos históricos que revelam traços de atividades regulatórias setoriais. Diogo de Figueiredo Moreira Neto[10] ensina que, *"desde a Idade Média já se havia percebido a conveniência de articular-se uma harmonização setorial de interesses complexos para alcançar um micro-equilíbrio independente do todo social; foi o que ocorreu, ainda no âmbito exclusivo da auto-regulação, com experiência das corporações de ofício, e, na Idade Moderna, com a disciplina desenvolvida na Alemanha para o uso das águas e com as anglo-saxônicas, aplicadas inicialmente aos setores de transportes aquaviários, nos Estados Unidos, e ferroviários, na Inglaterra."*

A importante experiência destes países anglo-saxões no surgimento de teoria da regulação sistêmica veio a influenciar a criação de mecanismos jurídicos que atendessem, principalmente, aos anseios econômicos

---

[8] ARNAUD, André-Jean. *Dicionário enciclopédico da teoria e de sociologia do direito.* Traduzido por Vicente de Paulo Barreto. Rio de Janeiro: Renovar, 1999. p. 682.

[9] Teoria Geral dos Sistemas, criada em 1951 por Ludwig Von Bertanlanfy, que definiu a regulação com a função que preserva o equilíbrio de um modelo em que interagem fenômenos complexos.

[10] MOREIRA NETO, Diogo de Figueredo. *Direito regulatório.* Rio de Janeiro: Renovar, 2003. p. 68.

que aspiravam, mais do que à intervenção direta do Estado no domínio econômico, com o desenvolvimento de instrumentos capazes de conceder eficiência e equilíbrio ao mercado de consumo.

Os anseios econômicos que motivaram a pressão para a criação de instrumentos jurídicos que dessem maior eficiência e equilíbrio ao mercado de consumo, e, por conseguinte, um novo conceito para o termo regulação, não mais em seu sentido generalista, ou seja, qualquer forma de intervenção estatal no domínio econômico, foram causados pela mudança na realidade social imposta pelo fim das guerras mundiais que assolaram a primeira metade do século XX.

Após um período de reconstrução da sociedade contemporânea, com a retomada do crescimento econômico, a forma de intervenção direta do Estado já não mais atendia as expectativas sociais. Nascem os movimentos político-econômicos que propõem a correção de rumos, com a desregulação, a desestatização e a redução das cargas impositivas. Nas lições de Diogo de Figueiredo Moreira Neto[11], *"é neste contexto que a velha intervenção pesada, pró-Estado, se transforma na nova intervenção leve, pró-sociedade. O papel do estado muda: de agente monopolista, concorrente ou regulamentador, torna-se um agente regulador e fomentador. Não se trata de um movimento para chegar a um Estado Mínimo, como se poderia pensar, mas para torná-lo um Estado melhor."*

Portanto, a cada momento histórico, direito e economia interagem de forma peculiar, como resultado do fenômeno social de que são expressão. E, como já detalhado, essa interação nos tempos atuais trouxe mudanças significativas na concepção filosófica do Estado. Este não tem mais uma postura de dirigente ou impulsionador da economia, mas sim o papel de facilitador da atuação da empresa. Ele está a serviço da sociedade e não mais dita os rumos que esta deve seguir.

Ao conduzir sua atuação de forma indireta, com políticas de apoio e estímulo da atividade econômica empreendida pelos particulares, o Estado estabelece novas regras peculiares no exercício de seu poder-dever de intervenção no mercado de consumo. A política econômica passa a ter como objetivos fundamentais assegurar o crescimento econômico, o pleno emprego, a estabilidade de preços, a livre concorrência e o respeito aos direitos e garantias individuais. Para executar tais objetivos, o ente estatal deve criar instrumentos capazes de garantir essa nova política econômica.

---

[11] MOREIRA NETO, Diogo de Figueredo. op. cit., p. 74.

Neste processo de evolução surge na doutrina recente a concepção de uma teoria da moderna regulação. O pioneirismo desta nova entabulação do modo de intervenção econômica ideal do Estado cabe a George Stigler[12], que, em síntese, fundou seus estudos na necessidade de se intervir na economia quando o descontrole da concorrência rompesse o necessário equilíbrio, levando à ineficiência do sistema. É a aplicação do chamado ÓTIMO de PARETO, para quem a eficiência econômica é uma situação na qual nenhuma relocação de recursos poderá melhorar a situação de alguém ou piorar a de outro.

Daniel Goldeberg,[13] respondendo às indagações feitas por Amartya Sen[14] sobre qual a importância do conceito de eficiência econômica e por que razão é tão importante que uma distribuição de bens ou direitos seja eficiente, aponta duas ideias que classifica como intuitivas: *"em primeiro lugar, uma distribuição que não seja eficiente implica um contrasenso: se todos têm liberdade de realizar trocas no tal mercado e se há uma certa distribuição que deixe todos mais satisfeitos do que na situação anterior, por que não realizar a troca adicional? Quando todos têm liberdade de trocar bens e direitos e optam por mais realizar qualquer troca, assume-se que chegamos a uma situação em que qualquer troca adicional deixaria alguém insatisfeito (e, portanto, deixaria de ser voluntária). (...) Um segundo conceito, na verdade desdobramento do primeiro, é de que, toda vez que certa distribuição de bens e direitos é ineficiente (no sentido de Pareto), o mercado falha na sua importante função: determinar quanto deve ser produzido de determinado bem e quais consumidores ficarão com os bens produzidos."*

Para concretizar esta nova forma de atuação do Estado no domínio econômico, João Bosco Leopoldino da Fonseca[15], baseados nos ensinamentos de Pierre-Yves Cossé[16], afirma *"que o mundo moderno deverá se dedicar a suprir cinco graves carências, que se referem á necessidade de um amplo debate público sobre tais questões, a adoção de instrumentos adequados, à atenção ao Princípio da*

---

[12] STIGLER, George J. The theory of economic regulation. *Bell Journal of Economics and Management Science*, 1971.

[13] GOLDBERG, Daniel K. Notas sobre concorrência no sistema bancário. *Revista de Direito Bancário e do Mercado de Capitais*, São Paulo, v. 7, n. 23, p. 33-34, jan./mar. 2004.

[14] SEN, Amartya. *On ethics and economics*. Berkeley: Blackweel, 1999.

[15] FONSECA, João Bosco Leopoldino da. *Direito econômico*. 2. ed. Rio de Janeiro: Forense, 1997. p. 197-198.

[16] COSSÉ, Pierre-Yves. Um avenir à inventer. *Revue Française d'Administration Publique*, Paris, n. 61, p. 155-158, janv./mars. 1992.

*subsidiariedade, à internacionalização da economia e á postura do poder político perante a vida democrática".*

Surge, então, a definição de que o processo de delimitação do novo conceito de regulação captura seus paradigmas da evolução da noção de Estado, mais precisamente na sua forma de intervenção no domínio econômico. A passagem do Estado Providência para o Estado Regulador fez nascer a moderna atividade regulatória, baseada, principalmente, na competência subsidiária do ente estatal na prestação direta de serviços públicos, na forte regulamentação e supervisão dos serviços públicos concedidos ou dos serviços privados de interesse público e na participação popular cada vez maior nas decisões sobre políticas públicas.

Deste modo, têm-se duas perspectivas distintas que convergem para a caracterização do novo modelo regulatório.

Na perspectiva econômica, regulação é uma forma de controle ou prevenção, com a finalidade de evitar ou corrigir as consequências negativas dos monopólios antes públicos, agora, possivelmente privados. A grande vantagem desse novo processo interventivo consiste em que o controle dos serviços públicos, ou de interesse público, é realizado através de critérios técnicos, distantes dos interesses localizados. Neste aspecto, a regulação é um controle despolitizado, com a expressão assumindo o sentido que lhe empresta Diogo de Figueiredo Moreira Neto[17], ou seja, *"despolitizar é eliminar o conteúdo político desnecessário das decisões, ou das atividades executórias ou de ambas, conforme o caso".*

Na perspectiva jurídica, a regulação dos serviços públicos ou de interesse público visa atender os critérios universais de uniformidade, continuidade, regularidade, qualidade e tarifas módicas. Para Gaspar Ariño Ortiz[18], o novo regime proposto está centrado em quatro liberdades: liberdade de entrada (à iniciativa privada, visando um regime de pluralidade de operadores); liberdade de acesso ao mercado (com o livre trânsito das redes e infra-estrutura); liberdade de contratação e formação competitiva de preços; e liberdade de investimentos.

---

[17] MOREIRA NETO, Diogo de Figueredo. Tendências da administração pública. In: TELLES, Antonio A. Queiroz; ARAUJO, Edmir Netto de (Coords.). *Direito administrativo na década de 90*: estudos jurídicos em homenagem ao prof. Cretella Júnior. São Paulo: Ed. Revista dos Tribunais, 1997. p. 87.

[18] ARIÑO ORTIZ, Gaspar; DE LA CUÉTARA, J. M.; LÓPEZ-MUÑIZ, J. L. Martinez. *El nuevo serviço público*. Madrid: Marcel Pons, 1997. p. 27-30.

Um quinto elemento pode ser acrescentado aos quatro apontados pelo jurista espanhol: a preservação dos direitos e garantias individuais. Numa sociedade onde os serviços essenciais são cada vez mais massificados, com delegação da execução à iniciativa privada, um conflito entre os interesses públicos e privados pode se instaurar. Desta feita, a regulação deve, além dos aspectos econômicos, se preocupar em criar processos e instrumentos de supervisão sobre a atividade privada, a fim de que esta não perca de seus objetivos o respeito aos direitos consagrados nos textos constitucionais. A moderna regulação deixa de ser estritamente econômica, alinhando às suas competências, o caráter social que se exige dentro do novo conceito de interesse público.

### 1.3. Uma nova teoria da regulação

A busca pela definição do conceito de regulação acompanha os debates acadêmicos desde a aceitação da existência de um modelo de intervenção do Estado no domínio econômico. As primeiras linhas de conceituação do tema tinham grande influência dos economicistas que definiam o instituto como sendo muito mais um instrumento de política econômica do que um instrumento jurídico de controle do mercado.

Todavia, os pensadores do direito começaram a se debruçar sobre os aspectos jurídicos do instituto da regulação, o qual não só detinha movimentos econômicos em suas linhas mestres, mas também problemas sociais que necessitavam ser conjugados e disciplinados pelo Direito. Duas escolas podem ser rotuladas como precursoras deste debate: a Escola do Interesse Público e a Escola Neoclássica da regulação.

A Escola de Interesse Público defende um afastamento da justificativa para a regulação dos valores econômicos a serem preservados. O objetivo, como em toda a atividade estatal, é a busca do bem público e não a preservação do mercado. O problema, entretanto, é como desenhar um conceito para a expressão interesse público. Calixto Salomão Filho[19], ao abordar o tema, prescreve que *"a definição de interesse público é multifacetada – ora política, ora econômica –, não permitindo que a mesma seja colocada em termos precisos. Aliás, a experiência prática põe sérias dúvidas à existência de um conceito – verdadeiro e coerente – de interesse público para fins de intervenção do Estado na economia."*

---

[19] SALOMÃO FILHO, Calixto. op. cit., p. 23.

E é no meio desta ausência de definição clara sobre o conceito de interesse público que, em muitos países, ele se traduz juridicamente como exercício de um serviço público. Essa afirmação torna-se importante, posto que, para a Escola de Interesse Público, a utilização de regime de serviços públicos é a principal forma de regulação da economia, principalmente com a teorização do institudo da concessão do serviço público.

O regime de utilização dos serviços públicos, em especial a sua concessão a particulares, ganha espaço em meados do século XX. O Estado, impossibilitado de realizar diretamente todos os serviços a ele competentes, desenvolveu a noção de concessão, *"baseada na construção teórica do regime de direito público ao centro da noção de serviço público"*[20]. Desta forma, não sendo possível o ente estatal desenvolver com eficiência todas as atividades econômicas, ele passa a delegá-las aos particulares, criando dentro do sistema jurídico público meios para controlar a atividade privada – regulação.

A Escola Neoclássica ou Econômica da regulação, por outro lado, nega qualquer fundamento de interesse público na regulação. Afirma que esta forma de intervenção estatal no domínio econômico tem como único objetivo a substituição ou correção do mercado.

Ainda em seus estudos sobre a teoria da regulação, Calixto Salomão Filho[21] descreve que *"a teoria econômica da regulação, orientada pelo neoclassicismo, crê poder prever os resultados e, conseqüentemente, indicar os fins da atividade econômica. A regulação serve apenas como substituto do mercado. O regulador é ou deveria ser capaz de reproduzir o mercado em laboratório ou, melhor dizendo, nos gráficos de oferta e demanda. Evidentemente, porque baseada na crença cega no mercado, para tal teoria a regulação só será necessária enquanto não existir solução de mercado mais eficiente!"*.

Muito embora a fundação da Escola Neoclássica da regulação seja atribuída, geralmente ao trabalho de G. Stigler[22], *"The theory of economic regulation"*, dois outros textos devem ser colocados como fomentadores da doutrina emanada da aclamada Escola de Chicago. O primeiro, de autoria do próprio G. Stigler em parceria com C. Friedland[23], publicado em 1962 e intitulado *"What can regulators regulate? The case of eletricity"*, tem como

---

[20] SALOMÃO FILHO, Calixto. op. cit., p. 25.
[21] Id. Ibid., p. 27-28.
[22] STIGLER, George J. op. cit.
[23] STIGLER, G.; FRIEDLAND, C. What can regulators regulate? The case of electricity. *Journal of Law & Economics*, v. 5, n. 2, 1962.

foco principal a negação da efetividade da regulação como substitutiva do mercado, usando como paradigma o fracasso da regulação norte-americana de monopólios no setor de energia elétrica. O segundo, de autoria de H. Demsetz[24] e intitulado *"Why regulate utilities"*, traz os marcos que mais tarde balizariam os ideais da Escola de Chicago. Este trabalho apresenta a utilização de leilões para a prestação de serviços como forma de regulação do Estado[25]. Muito embora tenha contribuído com a doutrina que disciplinou o regime jurídico das concessões de serviços públicos, H. Demsetz em sua conclusão aponta na direção de que a regulação deve, primordialmente, servir como mecanismo de proteção da indústria e não a qualquer motivo de interesse público.

Assim, para a linha desenvolvida pela Escola Neoclássica, a regulação se traduz na aplicação do direito para a real correção dos efeitos do mercado. O núcleo central baseia-se na crença de que, nos setores econômicos onde as condições de mercado não podem ser reproduzidas naturalmente, podem elas sê-lo através das agências reguladoras. Portanto, em setores caracterizados por monopólios naturais, nos quais há informação inadequada ou condições estruturais que levem a uma concorrência inexistente, excessiva ou predatória, deve o Estado intervir através de seus instrumentos regulatórios.

Entretanto, as teorias sobre a regulação desenvolvidas, tanto pela Escola do Interesse Público quanto pela Escola Neoclássica de regulação, não conseguem, na prática, fundamentar os reais nortes do Estado para intervir no domínio econômico. Para isto, necessário apontar as inconsistências destas teorias e arregimentar uma nova concepção sobre a moderna atividade regulatória.

Sob a égide da Escola de Interesse Público, fundamentar a atividade regulatória exclusivamente no interesse público, sem a preocupação com as questões econômicas, pode ocasionar distorções setoriais graves, capazes de transformar o Estado em facilitador de interesses particulares. Como bem salienta R. Posner[26], em sua teoria da captura, os interesses privados, nas concessões de serviços públicos, ainda que não prevaleçam no início do contrato, acabam por sobrepujar os motivos de interesse público,

[24] DEMSETZ, H. Why regulate utilities. *Journal of Law & Economics*, v. 11, n. 1, Apr. 1968.
[25] Esta metodologia apresentada restou conhecida como *Demsetz Auction*.
[26] POSNER, R. Theories of economic regulation. *Bell Journal of Economics and Management Science*, v. 2, n. 1, 1971.

visto que as agências reguladoras acabam por se sujeitar à influência dominante dos regulados – ou ser capturada por seus interesses.

Já no âmbito da Escola Neoclássica da regulação, a aplicação prática e pura da teoria desenvolvida acaba por erradicar qualquer tipo de controle do Estado sobre os mercados passíveis de regulação. Baseada na reprodução em laboratório das regras de mercado através das agências reguladoras, a teoria econômica da regulação se apresenta sem condições de aplicação prática. Calixto Salomão Filho[27] ao analisar o problema aponta que *"são as próprias origens teóricas dessa Escola a indicar o caminho a ser seguido. É a desregulamentação ou desregulação*[28]. *Se o mercado é a solução considerada ideal e sua reprodução teórica não é possível, então, o melhor é fazer com que o mercado funcione por si só. Surge naturalmente, da ratio da regulação liberal, a desregulação. Ambas têm a mesma origem e a mesma inspiração."*

Diante destas constatações conclui-se que os fundamentos apresentados por ambas as Escolas Clássicas não conseguem justificar a intervenção do Estado no domínio econômico através da regulação. A realidade apresentada reclama uma atuação estatal mais ampla, não limitada ao interesse público, consubstanciado nos serviços públicos, nem a simples manutenção da atividade privada no mercado. A convivência dos aspectos econômicos e sociais torna-se imperativa no ambiente regulatório, até porque é dever do Estado desenvolver estes dois pólos da sociedade, ainda que possa haver preponderância de um sobre o outro de acordo com as características do setor controlado. Necessário, assim, a proposição de uma nova teoria da regulação que atenda melhor os anseios do mundo contemporâneo.

O ponto de partida para o desenvolvimento de uma moderna teoria da regulação é a afirmação de que a atividade regulatória é uma atividade privativa do Estado. E como tal, só deve ser realizada na busca de uma finalidade específica: o interesse público. Mas não o interesse público

---

[27] SALOMÃO FILHO, Calixto. *Regulação da atividade econômica (Princípios e fundamentos jurídicos).* 2. ed. São Paulo: Malheiros, 2008. p. 29.

[28] Calixto Salomão Filho, no debate sobre o tema, afirma que *"o neoclassicismo da Escola de Chicago está, evidentemente, por trás dos movimentos de desregulamentação ou desregulação. Por essa mesma origem histórica e ideológica, a desregulação vem geralmente acompanhada da auto-regulação. A desregulação faz-se através de mecanismos de auto-regulação, exatamente porque é através da auto-regulação que se pretende criar as condições ideais para tornar efetiva a "mão invisível" do mercado."* (SALOMÃO FILHO, Calixto. op. cit., p. 29-30).

restrito aos chamados serviços públicos. Nem tão pouco ao conceito que emprestam os doutrinadores defensores da existência da supremacia do interesse coletivo sobre o particular[29]. O interesse público que se está a mencionar refere-se à preservação das garantias e direitos individuais que são base da construção da maioria dos ordenamentos jurídicos atualmente em vigência, colocando-se como verdadeiras normas fundamentais dos sistemas jurídicos.

A polêmica sobre o conceito de interesse público tem balizado as discussões acadêmicas. A existência de um interesse próprio da Administração, que representaria os reclamos do coletivo social, parece estar cada vez mais esvaziada A visão moderna sobre a questão traz o indivíduo como fundamento da atuação estatal, sendo prerrogativa da Administração a proteção dos direitos e garantias individuais. Seus atos, portanto, só estariam legitimados em caso de comprovada finalidade de preservação destes. É a nova dimensão do conceito de interesse público.

Dessa forma, a dicotomia pregada entre interesse público e interesse particular não parece vingar perante os sistemas jurídicos modernos. Muitas vezes a atividade estatal justifica-se para a preservação de um interesse particular, que, no caso concreto, representa o interesse público, finalidade única dos atos administrativos. Humberto Ávila[30], ao analisar o ordenamento jurídico brasileiro, identifica que o *"interesse privado e o interesse público estão de tal forma instituídos pela Constituição brasileira que não podem ser separadamente descritos na análise da atividade estatal e de seus fins. Elementos privados estão incluídos nos próprios fins do Estado (p. ex., preâmbulo e direitos fundamentais)."*

---

[29] Para Celso Antonio Bandeira de Melo, *"o interesse público deve ser conceituado como interesse resultante do conjunto de interesses que os indivíduos pessoalmente têm quando considerados em sua qualidade de membros da Sociedade, e pelo simples fato de o serem"* (BANDEIRA DE MELLO, Celso Antonio. *Curso de direito administrativo*. 17. ed. São Paulo: Malheiros Ed., 2004. p. 53). Para o mesmo autor, *"independentemente do fato de ser, por definição, encarregado dos interesses públicos, o Estado pode ter tanto quanto as demais pessoas, interesses que lhe são particulares, individuais, e que tal como os interesses delas, concebidas em suas meras individualidades, se encarna do Estado enquanto pessoa"* (BANDEIRA DE MELLO, Celso Antonio. op. cit., p. 57).

[30] ÁVILA, Humberto Bergmann. Repensando o "Princípio da supremacia do interesse público sobre o particular". In: SARLET, Ingo Wolfgang (Org.). *Direito público em tempos de crise*. Porto Alegre: Livr. do Advogado, 1999. p. 111.

Também, na linha sobre as novas dimensões do conceito de interesse público, Gustavo Binenbojm[31] preconiza a *"existência de um ordenamento pautado por garantias e direitos individuais ao qual deve submeter-se o Estado; a assertiva vai além, traduzindo a ideia de que a realização de interesses particulares quando em confronto com interesses públicos não constitui desvio de finalidade para a Administração, pois aqueles que são também fins públicos."*

Portanto, o interesse público está intimamente ligado à satisfação de um direito ou garantia individual, podendo ele representar os anseios de uma determinada coletividade ou de um único indivíduo. O problema surge quando um ou mais direitos e garantias individuais aparentemente colidem num determinado caso concreto. E como o agente estatal vai definir em qual vertente está a finalidade pública, qual representa o verdadeiro interesse público.

Para tal assertiva foi desenvolvido pela doutrina e incorporada pelos ordenamentos jurídicos contemporâneos o postulado[32] da proporcionalidade. Tal postulado orienta a interpretação e aplicação das normas no sentido de acomodar os bens jurídicos dispostos no caso concreto, sem que se exclua um em detrimento do outro. Todos os direitos e garantias individuais são otimizados em algum nível, cabendo ao ente estatal o dever de ponderação[33] antes da efetivação de seu ato.

Humberto Ávila[34], em seus estudos sobre a Teoria dos Princípios, afirma que *"a compreensão concreta do Direito pressupõe também a implementação de algumas condições. Essas condições são definidas como postulados normativos aplicativos, na medida em que se aplicam para solucionar questões que surgem com a aplicação do Direito, especialmente para solucionar antinomias contingentes, concretas e*

---

[31] BINENBOJM, Gustavo. *Temas de direito administrativo e constitucional*: artigos e pareceres. Rio de Janeiro: Renovar, 2008. p. 77.

[32] Humberto Ávila classifica a proporcionalidade como um postulado normativo aplicativo cuja definição assim entabula: *"postulados normativos aplicativos são normas imediatamente metódicas que instituem os critérios de aplicação de outras normas situadas no plano do objeto da aplicação. Assim, qualificam-se como normas sobre a aplicação de outras normas de segundo grau. Nesse sentido, sempre que se está diante do postulado normativo, há uma diretriz metódica que se dirige ao interprete relativamente à interpretação de outras normas. Por trás dos postulados, há sempre outras normas que estão sendo aplicadas."* (ÁVILA, Humberto Bergmann. *Teoria dos princípios*: da definição à aplicação dos princípios jurídicos. 9. ed. São Paulo: Malheiros Ed., 2009. p. 122).

[33] O dever de ponderação está intimamente ligado ao postulado da proporcionalidade.

[34] ÁVILA, Humberto Bergmann. *Teoria dos princípios*: da definição à aplicação dos princípios jurídicos, cit., p. 133-134.

*externas: contingentes, em vez de necessárias, porque surgem ocasionalmente diante de cada caso; concretas, em vez de abstratas, porque surgem diante de um problema concreto; e externas, em vez de internas, porque não surgem em razão de conflitos internos ao ordenamento jurídico, mas decorrem de circunstâncias externas a ele. Entre os principais postulados aplicativos estão a proporcionalidade, a razoabilidade e a proibição de excesso."*

De tal sorte, o interesse público não é um conceito exato e aplicado de maneira uniforme em todos os casos. Ele deve variar de acordo com as circunstâncias específicas apresentadas ao agente estatal, que, utilizando as regras de interpretação e aplicação disponíveis, deve apontar, dentre a pluralidade de interesses jurídicos em jogo, a solução capaz de realizá-los ao máximo. Assim, somente a partir da concretização das normas constitucionais e legais vigentes pode-se alcançar, em determinada circunstância, a dimensão do que seja o interesse público.

Se a questão do interesse público evolui em seu conceito a fim de colocar no centro de sua preocupação o indivíduo e não o Estado, também a questão da proteção do mercado defendida pela Escola Neoclássica de regulação também deve ser revista para enquadrar os aspectos econômicos aos objetivos da moderna regulação.

Desta forma, nada justifica, de acordo com as finalidades públicas apresentadas, a intervenção do Estado por meio da regulação apenas para preservar o mercado. Os objetivos econômicos perseguidos devem corresponder à defesa de garantias fundamentais, onde o mercado se torna meio para atingir tais fins. A garantia da concorrência torna-se, assim, peça fundamental no novo processo regulatório, desde a preservação do mercado até o respeito aos direitos do indivíduo.

Para tanto, as regras de concorrência desempenham duas funções nítidas no funcionamento do mercado: facilitar a escolha individual e reconhecer o elemento valorativo no processo de escolha. Calixto Salomão Filho[35] descreve que as regras da concorrência, *"em primeiro lugar, possibilitam a escolha individual; e, em segundo, sendo regras eminentemente procedimentais, permitem a descoberta das melhores opções econômicas através, única e exclusivamente, de seu próprio exercício. Uma vez atribuída importância a uma regra de procedimento econômico, permitem a participação individual (do consumidor) no processo de escolha dos objetivos econômicos. Finalmente, cumprem um terceiro*

---

[35] SALOMÃO FILHO, Calixto. op. cit., p. 45.

*e fundamental objetivo: o de difundir o conhecimento econômico, necessariamente redistributivo. A difusão de conhecimento é incompatível com a existência de poder econômico. A democracia cognitiva proporcionada pela concorrência traduz-se também em maior isonomia econômica."*

A competição no mercado faz com que os agentes econômicos busquem, em sua atuação, um processo de eliminação das chamadas falhas de mercado, através da busca da redução de custos e preços, do lançamento de novos e melhores produtos e do caminho da eficiência para o bem-estar social. Caso a concorrência não seja suficientemente vigorosa os preços tendem a ser altos, a qualidade dos produtos tende a cair e não há estímulo à inovação tecnológica e ao lançamento de novos produtos.

Assim, a concorrência, e não o mercado, é o valor econômico a ser protegido, posto que é através dela que a reconhecida assimetria das informações será compensada, fator vital à preservação do mercado com respeito aos direitos individuais dos consumidores.

Não obstante este novo enfoque, não se pode desconsiderar resquícios da concepção clássica de regulação de monopólios. A existência, mesmo que como exceção à regra geral sobre a necessidade de competição em todos os mercados, de setores onde a concorrência é impossível, ou seja, o chamado monopólio natural, faz com que a atividade regulatória tente substituir todas as variáveis concorrenciais, criando, de maneira virtual, as mesmas condições de mercado competitivo. O interesse público, neste caso, está na busca pelo equilíbrio das forças atuantes no setor monopolista a fim de que, mesmo sem a presença de concorrentes, o agente econômico procure, além de sua lucratividade, a excelência de seus produtos e serviços e o respeito aos direitos e garantias dos consumidores.

A moderna regulação, portanto, pode ser resumida, como a forma de intervenção estatal indireta no domínio econômico, aplicada a setores essenciais dentro da sociedade contemporânea, e que visa, na busca pela eficiência e na preservação dos direitos e garantias individuais, o equilíbrio entre os interesses privados e a consecução do interesse público. Não pode ser resumida ao exercício do poder de polícia, quer pela prática de atos de força quer pela interdição da exploração de uma atividade à iniciativa privada. Deve a atividade regulatória moderna aliar ao poder de polícia estatal instrumentos de mediação e arbitragem, posto que, através da união de todos estes mecanismos se consegue atingir os objetivos de ordem pública.

Floriano de Azevedo Marques Neto[36], ao traçar as bases da moderna regulação, aponta que *"a moderna noção de regulação remete a ideia de equilíbrio dentro de dado sistema. Como dito, a regulação busca equilibrar interesses internos a um sistema econômico (um setor ou uma atividade econômica). Porém, o equilíbrio buscado pela regulação poderá envolver também a introdução de interesses gerais, externos ao sistema, mas que tenham de ser processadas pelo regulador de forma que a sua consecução não acarrete inviabilidade do setor regulado."*

Identificado que o Estado só deve atuar na busca pelo interesse público, e que este representa a concretização dos direitos e garantias fundamentais consagrados nas normas constitucionais e legais, um segundo aspecto deve ser construído na formulação da teoria moderna da regulação: quais mercados carecem da atuação estatal específica para que esta finalidade seja atingida.

O crescimento da intervenção estatal por meio de políticas indiretas de atuação, o pluralismo da sociedade e o tecnicismo das atividades econômicas fez que o Estado se movimentasse em direção à especialização de sua atuação de acordo com os setores de interesse. Surge a necessidade da regulação setorial.

Entendida a regulação como meio para se perseguir o objetivo de afirmar os direitos e garantias individuais, base dos modelos de Estado contemporâneos, a setorização da atividade regulatória faz-se essencial para que este fim seja alcançado. As peculiaridades de cada setor econômico obrigam diferentes formas técnicas, e até de ordem política, de agir por parte do regulador, que busca equilibrar o interesse econômico do particular com o interesse público norteador de sua atividade.

Existe, todavia, a questão de quais setores econômicos apresentam relevância a fim de que não possam prescindir da atuação estatal sob pena de risco aos direitos e garantias individuais. Para resolver esta indagação, uma regra sobre a incidência da regulação setorial foi desenvolvida. Ela deve incidir sobre serviços públicos, bens escassos, setores sensíveis da economia, utilidades públicas, setores considerados monopólios naturais e setores em que a competição ainda não se encontra estabelecida. Esta regra, por sua vez, apresenta um caráter abstrato, carecendo de concretude a ser formalizada por cada sociedade em seu processo de auto-análise.

---

[36] MARQUES NETO, Floriano Azevedo. *Agências reguladoras independentes*: fundamentos e seu regime jurídico. Belo Horizonte: Fórum, 2005. p. 33-34.

Floriano de Azevedo Marques Neto[37], ao fazer esta análise sobre a sociedade brasileira, aponta que *"a regulação estatal sobre a economia pode se voltar para uma atividade econômica (em sentido amplo) cuja fruição seja considerada essencial para a coletividade a ponto de ela ser titularizada pelo Estado como um serviço público, justificando sua prestação em regime de direito público (como ocorre em algumas atividades do setor de telecomunicações, energia elétrica e transportes)"*. Continuando o autor a análise sobre a incidência da regulação setorial, afirma que pode ela se voltar, também, a atividades relevantes, mas que não justificam a sua sujeição ao regime derrogatório das regras de mercado (como ocorre com os setores de saúde, medicamentos ou financeiro), a atividades que envolvam a utilização de um bem escasso essencial à vida coletiva (como acontece com os setores de petróleo, gás e recursos hídricos) ou a atividades desenvolvidas em setores onde se caracteriza o chamado monopólio natural.

Não obstante a importância da regulação setorial dentro das sociedades contemporâneas na busca pela técnica e pela eficiência, outro aspecto da atividade regulatória estatal vem ganhando relevância, principalmente na concretização do objetivo de garantir o respeito aos direitos e garantias individuais. Uma atividade mais ampla, que não tem por escopo segmentos específicos da economia, mas sim a tutela de interesses gerais consagrados nos textos constitucionais.

Em sua análise sobre a atividade regulatória estatal brasileira, Floriano de Azevedo Marques Neto[38] afirma que *"ao contrário do que ocorre com a regulação setorial, há a macro regulação cujo foco não é um setor da economia, mas a tutela de interesses gerais consagrados como centrais para a ordem econômica. Neste quadrante estamos diante da regulação estatal que se justifica na defesa de objetivos gerais da ordem econômica, particularmente a defesa dos interesses do consumidor e da competição. De uma maneira simplista, o principal bem jurídico tutelado numa e noutra forma de regulação geral (consumidor e antitruste) acaba sendo o indivíduo, pois, se o beneficiários imediatos da regulação antitruste são os competidores de dado segmento, de forma mediata a tutela da competição também tenderia a proteger o consumidor, principal prejudicado das práticas anticompetitivas."*

---

[37] MARQUES NETO, Floriano Azevedo. Regulação setorial e autoridade antitruste: a importância da independência do regulador. In: CAMPILONGO, Celso Fernandes; MATTOS, Paulo Todescan Lessa; ROCHA, Jean Paul Cabral Veiga da (Coords.). *Concorrência e regulação no sistema financeiro*. São Paulo: Max Limonad, 2002. p. 98.
[38] Id. Ibid., p. 98-99.

Pois bem, a moderna regulação apresenta duas modalidades de atividades: a que é aplicável a todos os setores econômicos, chamada de regulação geral, e a que é aplicada a determinados mercados escolhidos pela importância hodierna para a sociedade, chamada de regulação setorial. Um aspecto importante a ser salientado é que mesmo nos mercados afetados pela regulação setorial há a aplicação da regulação geral, não se tornando os primeiros imunes a tal incidência.

Por último, deve ser ressaltado que tanto a regulação setorial quanto a geral são manifestações do poder estatal que tem como finalidade única o interesse público. Interesse público este consubstanciado pelo atingimento do bem-estar do indivíduo através da preservação de seus direitos e garantias constitucionalmente consagrados

## 1.4. Instrumentos jurídicos da regulação

A regulação se apresenta como um dos tópicos mais expressivos do Direito Público contemporâneo. Sua importância encontra-se na busca pelo aperfeiçoamento da decisão administrativa com vista a que ela seja eficiente em seu desempenho e legítima em seu resultado, transpondo as linhas tradicionais, onde a burocracia tomava o lugar da eficiência e da legitimidade.

Para Diogo de Figueiredo Moreira Neto[39] *"o escopo da atividade reguladora vem sempre definido como o atingimento de um resultado prático, que alie a maior satisfação do interesse público substantivo com o menor sacrifício possível de outros interesses constitucionalmente protegidos, bem como, secundariamente, com o menor dispêndio dos recursos públicos disponíveis."* O referencial de juridicidade deve alcançar um grau de rigorosidade em face de que as decisões reguladoras, na busca pelo interesse público, podem acabar por mitigar ou relativizar outros preceitos protegidos pelo ordenamento jurídico.

A criação de órgãos independentes reguladores traz uma nova dimensão ao aparelho estatal ao dotá-lo de novos centros de poder especializados e autônomos, com o acréscimo de novos controles sociais sobre a preservação dos direitos e garantias individuais.

Tal mudança no modelo jurídico do Estado alavanca a discussão sobre a tradicional fórmula doutrinária de tripartição de poderes. Os poderes conferidos a estes órgãos independentes rompem com a ideia de pureza

---

[39] MOREIRA NETO, Diogo de Figueredo. *Direito regulatório*, cit., p. 93.

nas funções desempenhadas por cada Poder estatal. Este conceito de que os poderes orgânicos são restritos a uma função única, mesmo que não passe de um devaneio utópico desde a origem da teoria da separação dos poderes, deu lugar a aplicação técnica das funções do Estado, com a consequente distribuição e limitação da força pública e a criação de controles sociais sobre qualquer manifestação estatal.

Alexandre de Moraes[40], ao comentar a evolução da teoria da separação de poderes, aponta que *"nos Estados Modernos deve prevalecer o objetivo inicial e principal da clássica separação de funções do Estado e distribuição entre órgãos autônomos e independentes, qual seja, a finalidade de proteção das liberdades individuais contra o arbítrio de um governante onipotente; porém, o Direito Constitucional contemporâneo, apesar de permanecer na tradicional linha de ideia de Tripartição de Poderes, já entende que essa fórmula, se interpretada com rigidez, torna-se inadequada para um Estado que assumiu a missão de fornecer a todo o seu povo o bem-estar, devendo, pois, separar as funções estatais, dentro de um mecanismo de controles recíprocos, denominado 'freios e contrapesos' (checks and balances)."*

A eficiência e a legitimidade como fundamentos da decisão administrativa, que se unem aos já consagrados Princípios da eficácia e legalidade, exigiram que a ação pública buscasse resultados práticos. As decisões carecem, assim, de justificativas, principalmente aquelas tomadas no desempenho de funções administrativas sensíveis e sobre necessários conceitos indeterminados e exercício do poder discricionário. O aumento do controle da sociedade sobre os aparelhos estatais transforma a outrora democracia formal em democracia material.

Chamada por Robert Alexy[41] de *teoria da argumentação*, a exigência de justificação das decisões públicas para espelhar, clara e plenamente, a preocupação do agente estatal com a rigorosa submissão dessas aos novos valores da legitimidade e da eficiência, bem como a todos os demais valores jurídicos relevantes e que demonstram a justeza da decisão, inaugura a denominada era da motivação do Direito. O processo argumentativo, como vislumbra o autor, expõe não só todos os argumentos tradicionais e considerações de valor que concorrem para a decisão jurídica, mas também reflexões sobre as consequências do ato a ser praticado.

---

[40] MORAES, Alexandre de. *Agências reguladoras*. In: _____ (Org.). *Agências reguladoras*. São Paulo: Atlas, 2002. p. 11.
[41] ALEXY, Robert. *Teoria da argumentação jurídica*. Trad. Zilda Hutchinson Schild Silva. São Paulo: Landy, 2001.

Desta maneira, a decisão administrativa para ser considerada justa à hipótese apresentada deve considerar não só os argumentos retrospectivos, ou seja, dados do passado, mas também elementos justificadores voltados para o futuro, através de um exercício perspectivo, de modo a demonstrar que a solução encontrada, uma vez aplicada, não compromete outros valores que merecem salvaguardas ou, pelo menos, caso necessário, o faça em nível proporcionalmente tolerável em relação a esses valores fundamentais, que a própria ordem jurídica declara e preserva.

Diogo de Figueiredo Moreira Neto[42] declara a aplicação da teoria da argumentação às decisões provenientes do *"exercício da função reguladora, uma vez que, se é certo que qualquer intervenção do Estado, em Princípio, traz uma exceção às ordens espontâneas da sociedade e da economia, que estão protegidas pelos direitos fundamentais, haverão de ser redobradas e agravadas as responsabilidades públicas de quem as deva tomar e, por isso, as exigências de visibilidade das razões por que o faz."*

A busca pelo justo regulatório, portanto, deve ser obtido por um processo racional de ponderação de valores, não existindo um direito acima dos demais. A eficiência e a legitimidade, novas características do processo decisório administrativo, mostram que os Princípios fundamentais devem ser aplicados ao setor regulado na medida em que o interesse público exige. A ponderação é a única forma de garantir a sua real efetivação.

Para tanto, surgiu a necessidade de diferenciação dos instrumentos jurídicos através dos quais se desenvolve a atividade regulatória do Estado. Marçal Justen Filho[43], referindo-se ao trabalho de Luisa Torchia[44], aponta três manifestações diversas: regulação do tipo finalístico, regulação do tipo prudencial e regulação do tipo condicional.

A regulação do tipo finalístico envolve uma ponderação entre interesse público e interesse privado através da produção de regras com comandos específicos que permitem avaliar a compatibilidade de ventos concretos com a determinação abstrata predeterminada.

A regulação do tipo prudencial envolve a eleição inicial, por parte da autoridade competente, de certo valor ou Princípio geral, cuja realização deve promover-se no caso concreto. Não existe um interesse a prevalecer,

---

[42] MOREIRA NETO, Diogo de Figueredo. *Direito regulatório*, cit., p. 102.
[43] JUSTEN FILHO, Marçal. op. cit., p. 45-46.
[44] TORCHIA, Luisa. Gli interessi affidati allá cura delle autorità indipendenti. In: CASSESE, Sabino; FRANCHINI, Claudio (a cura di). *I garanti delle regole*. Bologna: Il Mulino, 1996. p. 55-85.

mas sim a escolha discricionária do agente estatal em face da contraposição concreta dos diversos interesses.

A regulação do tipo condicionada não envolve um valor de conteúdo material a ser realizado nem a imposição de um interesse a prevalecer. Através dela se estabelecem regras acerca das condutas a serem seguidas, reconhecendo que qualquer resultado produzido pode ser admissível, se e quando tiverem sido respeitadas as regras.

Diante desta realidade, percebe-se que toda atividade regulatória tem como marco a escolha de valores a serem realizados. Os instrumentos jurídicos criados no arcabouço regulatório possibilitam que esta escolha seja feita através de um processo argumentativo, em que a ponderação dos interesses deve balizar a decisão administrativa, a qual deverá buscar o justo dentre todos os direitos fundamentais colocados em questão que, por aparente conflito entre eles, devem ser relativizados para se encontrar a melhor solução ao caso concreto.

# Capítulo 2
# A atividade financeira e a atividade bancária

**2.1. A atividade financeira e as demais atividades econômicas: evolução histórica**

O ponto inicial do estudo da denominada regulação bancária é a narrativa histórica sintetizada do nascimento da atividade financeira e dos bancos em sentido lato, e os fatos que marcaram esta atividade como algo de relevante importância que obrigava os Estados recém-formados a exercerem efetivo controle sobre os agentes que operavam neste ramo do mercado econômico.

A existência dos bancos é tão antiga quanto a própria existência da moeda, contudo a necessidade de controle de sua atividade só ganhou relevância durante os tempos feudais. Segundo Françoise Dekeuwer-Déffosez[45], já era possível encontrar a existência de bancos entre os fenícios, passando pelos gregos e pelos romanos.

Algumas atividades financeiras já podiam ser percebidas no século VI a.C, como o empréstimo em dinheiro, procedimento habitual nas civilizações da Babilônia, do Egito e da Fenícia. Foi, porém, no mundo greco-romano que, nas palavras de Giacomo Molle, se *"tornou conhecida grande parte das operações em uso no banco moderno, como aceitar depósitos de moeda ou de valores; fazer empréstimos a juros, garantidos ou a descoberto, interpor-se nos pagamentos também sobre praças distantes; assumir obrigações por conta dos clientes etc., embora tais operações não fossem praticadas em série, devido às condições econômicas de um mundo no qual a poupança decorria dos investimentos dos*

---

[45] DEKEUWER-DÉFFOSEZ, Françoise. *Droit bancaire*. Paris: Dalloz, 1991. p. 1.

*proprietários de terras e modesto era o porte industrial, tendo sido os templos dos deuses o verdadeiro berço das operações bancárias como o atestam os negócios em Delos, Delfos e Artêmis."*[46]

Durante a Idade Média, a Igreja Católica exercia grande poder sobre a sociedade, fragmentada em feudos e sem qualquer poder político central. Dentro de seus dogmas, a vedação peremptória da prática da usura marcou a atividade financeira[47], que restou estigmatizada por este conceito por todos os séculos que se sucederam[48].

A proibição da usura pela Igreja, em uma época definida pela existência de uma economia de subsistência, sem qualquer estrutura econômica organizada, buscava, de certo, a erradicação da retomada de um processo de desenvolvimento rompido na Idade Média. Assim, inexistindo atividade econômica e baseando-se a economia feudal em regime de produção para subsistência, tendo como única fonte de riqueza a terra e limitando o acesso à propriedade à nobreza e ao próprio clero, assegurados estariam a perpetuação do regime e o controle da sociedade por estas duas classes.

Todavia, mesmo com todo o poder de que a Igreja dispunha, a eliminação da prática financeira não foi absoluta, de vez que alguns povos, como os judeus e os lombardos[49], não se subordinavam a seus decretos. Até mesmo os Cavaleiros da Ordem dos Templários praticavam atividades bancárias tradicionais, como a recepção e transferência de fundos, a concessão de crédito e a guarda de valores.

O aperfeiçoamento das atividades dos *campsores* ou *cambiatores*, agentes que praticavam a troca manual de moedas nas feiras das cidades italianas durante a Alta Idade Média, acarretou o surgimento da atividade creditícia

---

[46] MOLLE, Giacomo. *I contratti bancari*. Milano: Giuffrè, 1973. p. 4-5.

[47] J. Petrelli Gastaldi relata que a proibição de cobrança de juros existiu por toda a Antiguidade (lei mosaica) e menciona exemplo legislativo de Roma – Lei Genucia de 322 A.C. (GASTALDI, J. Petrelli. *Elementos de economia política*. São Paulo: Saraiva, 1992. p. 388).

[48] César Sepúlveda Latapiat, citando a filosofia de Aristóteles, ensina que *"dinheiro não pare dinheiro (pecúnia non paret pecuniam), significando que não havia justificação moral e que não havia cabimento de operações financeiras na vida econômica."* (LATAPIAT, César Sepúlveda. *Derecho econômico II*. Santiago: Universidad Católica de Chile, 1994. v. 1, p. 120).

[49] Na Itália, o importante papel desempenhado pelos "montes", encarregados de receber contribuições compulsórias em favor de órgãos públicos (empréstimos forçados), os quais reaplicavam com juros, faz surgir, em 1171, o Banco de Veneza. Outro banco expoente na época medieval foi a *Casa di San Giorgio*, fundado na cidade de Genova, em 1408, e que constituiu a primeira sociedade anônima conhecida.

propriamente dita. Surge a denominação, no século XII, de banqueiros que depois se confundiram com os grandes mercadores[50]. Também neste período, a atuação dos Cavaleiros Templários, que financiavam as Cruzadas, principalmente nas incursões a mando do Rei da França Felipe, O Belo (Felipe IV), que, em atrito com a justificativa apresentada pela Igreja Católica, deixava claro que o motivo único dos embates no Oriente era o financeiro.[51]

No estudo sobre este período da história da atividade financeira, Lauro Muniz Barreto divide a atividade bancária em dois períodos distintos; "um primeiro dos bancos monetários, em que preponderavam as operações de câmbio manual de moedas; o comércio de metais preciosos; os depósitos em custódia; as operações de empréstimos; as operações de pagamentos, por caixa e por contabilidade e o câmbio trajectício. No segundo período surgem os bancos de crédito, que representavam um estágio mais evoluído e no qual se faria presente a intermediação financeira, ou seja, a captação de recursos em depósitos e a concessão de empréstimos sobre esse depósito."[52]

Com o desmoronamento do regime feudal e com o reinício do exercício de atividades econômicas, a manutenção da vedação à prática da usura[53] se mostrou totalmente inexequível, com a consequente alteração da doutrina da própria Igreja Católica, o que consolidou a obrigatoriedade da presença da atividade de intermediação financeira nesse processo.

A descoberta de novas terras (o Novo Mundo), a intensificação do tráfico mercantil, a multiplicação das feiras, a abundância de metais preciosos e o aumento do apelo dos Estados ao crédito transformaram a função dos bancos, fazendo-a migrar de mera cobrança, pagamento e câmbio para a intermediação financeira, cuja atividade essencial passou a ser tomar a crédito dos depositantes os fundos monetários por esses poupados para distribuí-los a crédito a seus clientes[54]. A nova realidade da atividade financeira fez com o número de bancos se multiplicasse principalmente na Itália, França e Alemanha.

---

[50] MOLLE, Giacomo. op. cit., p. 6.
[51] RODIÈRE, René; RIVES-LANGE, Jean Louis. *Droit bancaire*. Paris, 1980. p. 13.
[52] BARRETO, Lauro Muniz. *Direito bancário*. São Paulo: Leu, 1975. p. 18.
[53] É de notar que a usura à qual se fez referência é aquela que se caracteriza pela cobrança de qualquer quantia a título de juros, ou pela obtenção de qualquer vantagem a eles assemelhada.
[54] MOLLE, Giacomo. op. cit., p. 7.

Nos estudos de Otavio Yazbek[55], "*a atividade de intermediação financeira, de origem neoclássica, trata desses agentes especializados como se eles apenas intermediassem, de forma neutra, quase que passivamente, a transferência de recursos entre os demais agentes, sem que seu modus operandi ou sua forma de organização pudessem gerar outros efeitos*". Entretanto, a evolução mostrou que esta nova atividade econômica, a de intermediação financeira, era por demais complexa, merecendo atenção do Estado, tanto na forma de atuação, quanto na remuneração auferida na prestação do serviço. A preocupação em garantir a liquidez para que os depositantes não viessem a ser prejudicados, foi o primeiro fundamento da intervenção estatal no domínio econômico através do instituto da regulação.[56]

O Código Civil francês, promulgado no início do século XIX, concedeu ampla liberdade quanto à cobrança de taxas de juros. Contudo, esta irrestrita fixação durou até o dia três de setembro de mil oitocentos e sete, quando uma lei aprovada pelo Parlamento francês limitou a taxa de juros. E esta luta entre liberdade total e limite se desenrolou dentro do ordenamento jurídico francês até a edição, em 1935, de um decreto-lei que limitou a taxa de juros de modo que esta não pudesse ultrapassar em mais da metade aquela que fosse cobrada por um "mutuante de boa-fé"[57].

Portanto, no decorrer do século XIX e início do século XX, o conceito de usura foi se transformando, deixando de representar a obtenção de qualquer vantagem econômica, para enquadrar o abuso na cobrança e na obtenção da vantagem.[58]

Não só a atividade financeira, como descrita, mas as demais atividades econômicas que, potencialmente, resultassem na obtenção do lucro eram condenadas. O lucro era assemelhado à usura, situação essa que só veio

---

[55] YAZBEK, Otávio. op. cit., p. 146.
[56] A partir do século XIX, instaura-se o regime da livre iniciativa, tanto para a criação quanto para o funcionamneto dos bancos. Todavia, a insolvência de certos bancos e os apelos feitos ao crédito pelo Estado levaram à colocação dessa instituições sob o controle de organismos estatais.
[57] RIPERT, Georges. *O regime democrático e o direito civil moderno*. São Paulo: Saraiva, 1937. p. 201.
[58] Nos estudos de Washington Peluso Albino de Souza, juros são, na atualidade, como o preço e o aluguel que é pago ao dono do dinheiro por aquele que, não o possuindo, dele vai se servir. (SOUZA, Washington Peluso Albino de. *Primeiras linhas de direito econômico*. São Paulo: LTr, 1994. p. 451).

a ser alterada, como narra Paula Forgioni[59], com a doutrina do preço justo desenvolvida, especialmente, por Santo Tomás de Aquino, que autorizava os cristãos a obterem o lucro e retirava o caráter criminoso das atividades produtivas.

Por outro lado, para a atividade financeira, a legitimidade da cobrança de juros somente foi reconhecida muito tempo depois, pela escola de Direito da Espanha, iniciada por Francisco de Vitória no século XVI. Esta diferença na evolução dos conceitos aplicados demonstra ter a atividade financeira uma configuração específica em relação às demais atividades econômicas. É de se notar que o exercício da atividade financeira pressupõe a existência da moeda que, em sua forma originária, era a moeda metálica cunhada. E complementa André de Laubadère[60] que a atividade de cunhagem, desde Felipe o Belo, constitui monopólio do Estado e atributo de sua soberania.

A atividade financeira, por sua própria origem, encontra-se atrelada à atuação estatal, o que não ocorre, obrigatoriamente, com as demais atividades econômicas. Pode-se dizer que, no regime capitalista, enquanto a atividade econômica em geral se constitui em atividade fim, a financeira, embora indispensável, se constitui em atividade meio, isto é, fomentadora das demais atividades econômicas.

## 2.2. As modalidades de atividades financeiras

### 2.2.1. Atividade financeira pública

A moeda pode ter sua presença identificada na história da sociedade com o advento da primeira grande revolução agrícola, caracterizada pela fixação de certos grupos humanos em diversas áreas e o início da prática da agricultura organizada, onde surgiu certa complexidade da vida econômica e a especialização e divisão social.

A evolução do sistema monetário levou ao abandono da moeda metálica, que possuía valor intrínseco, em prol do regime de moeda legal, em que o Estado define, legalmente, uma determinada moeda e declara que ela será recebida para o pagamento de impostos e que terá eficácia legal para o pagamento de obrigações.

---

[59] FORGIONI, Paula. *Os fundamentos do antitruste*. São Paulo: Ed. Revista dos Tribunais, 1998. p. 45.
[60] LAUBADÈRE, André. *Direito público econômico*. Coimbra: Almedina, 1985. p. 179.

Desta feita, a atividade financeira pública está intimamente ligada à emissão da moeda, em torno da qual transita toda a estrutura social, política e econômica do mercado financeiro.

A emissão ou criação da moeda é atividade pública pela sua própria natureza, sendo função privativa do Estado, que a exerce de forma monopolista, ligada à noção de soberania. Tal definição decorre de um longo processo histórico, que se consolida no final do século XIX com a atribuição exclusiva aos bancos estatais de emissão do papel- moeda.[61]

No âmbito jurídico, o conceito de moeda pode ser delimitado, nos estudos de Antônio Carlos dos Santos, Maria Eduarda Gonçalves e Maria Manuel Leitão Marques[62], como *"uma unidade de medida e um bem econômico plurifuncional, objeto de apropriação e de propriedade: uma unidade de medida ou de conta que se aplica a valores, custos e preços; um bem que funciona como instrumento de investimento, de crédito e de entesouramento e como meio geral e definitivo de pagamentos, suscetível de extinguir, por equivalência, as dívidas de natureza contratual, tributária ou delitual."*

O exercício desta função pelo Estado, sob esta nova definição de moeda, rompe com o antigo estigma que caminhava com a tradicional moeda metálica, no qual seu valor era definido pelo valor do metal que carregava. O papel moeda, ao contrário, não possui este valor intrínseco, mas um valor determinado pela autoridade estatal, de acordo com os Princípios da ciência econômica.

Esta atividade monopolista exercida pelo Estado, através de seu poder de soberania, personificado por um ato legislativo, que obriga a todas as pessoas sob sua jurisdição, foi muito bem compreendida por Letácio Jansen. Para ele[63], *"tanto o valor, como a norma, destinam-se a possibilitar uma avaliação da realidade. Se, ao, promovermos essa avaliação da realidade, usamos palavras, estamos diante de uma norma jurídica. Se usamos números – ou mais exatamente, quantias –, estamos diante de um valor monetário, ou – como a moeda emitida integra a ordem jurídica monetária – de uma norma monetária. A norma monetária é um valor nominal que atribui sentido ao ato jurídico da emissão, e aos demais atos jurídicos monetários que se praticam na sociedade."*

---

[61] SADDI, Jairo. *O poder e o cofre*. São Paulo: Textonovo, 1997. p. 40.
[62] SANTOS, Antônio Carlos do; GONÇALVES, Maria Eduarda; MARQUES. Maria Manuel Leitão. *Direito econômico*. Coimbra: Almedina, 2002. p. 375.
[63] JANSEN, Letácio. *Introdução à economia jurídica*. Rio de Janeiro: Lumen Juris, 2003. p. 31-32.

Esse entendimento é compartilhado por Carlos Villegas, o qual afirma que o Estado contemporâneo tem o monopólio da emissão de moeda e que, controlando o crédito bancário, controla, também, a criação secundária da moeda. Exerce, assim, o Estado, o que se tem chamado de *"soberania monetária. Esse poder do Estado lhe permite criar dinheiro do nada"*.[64]

A simples emissão de moeda, contudo, é tecnicamente inviável[65]. Não se pode deixar de considerar que a emissão da moeda deve ser correspondente à quantidade de bens a ser com ela adquirida e a falta de confiança nesta relação pode gerar problemas sócio-econômicos graves, como a inflação[66]. Portanto, a atividade estatal não é apenas de pura e simples emissão de dinheiro, mas, também, a de desenvolver uma política monetária[67] que assegure a estabilidade do valor da moeda, controle sua quantidade (e de seus sucedâneos[68]), discipline as taxas de juros e o sistema de câmbio.

Incumbe ao Estado, assim, dentro da sua competência principal de formulação de políticas públicas, desenvolver uma política econômica, e de forma específica, uma política monetária. João do Carmo Lopes e José

---

[64] VILLEGAS, Carlos Gilberto. *Compêndio jurídico, técnico y práctico de la actividad bancaria.* Buenos Aires: Depalma, 1989. p. 160.

[65] O perigo da criação irresponsável de dinheiro provoca danos a economia da grande monta. A história recente da Argentina demonstra isso. Quando o governo federal local, a fim de evitar o descontrole monetário decorrente da mudança de regime cambial, promoveu o confisco de depósitos em moeda estrangeira e provocou uma absoluta falta de liquidez na economia, uma vez que a maioria dos depósitos se fazia em moeda estrangeira. Com isso, governos provinciais e o próprio governo federal passaram a emitir títulos de dívida que passaram a ser utilizados como moedas paralelas, em valores de vários bilhões de pesos. Tal fato gerou um colapso nos meios de pagamento da Argentina e uma ruptura de ralação com o Fundo Monetário Internacional. Atualmente, a busca pela regularização monetária passa pela retirada de circulação destes títulos.

[66] Para Carlos Sepúlveda Latapiat, o valor do dinheiro é a *quantidade de bens que se pode comprar com ele e o valor do dinheiro depende da quantidade de dinheiro e bens existentes, e da confiança das pessoas na estabilidade do dinheiro*. (LATAPIAT, César Sepúlveda. Op. cit., v. 2, p. 244).

[67] Para Alberto Venâncio Filho o poder monetário se estabelece como um quarto poder ao lado dos tradicionais Poderes Legislativo, Executivo e Judiciário. (VENÂNCIO FILHO, Alberto. *A Intervenção do Estado no domínio econômico*. Edição Fac-Similar da de 1968. Rio de Janeiro: Renovar, 1998. p. 274)

[68] O crédito é um sucedâneo da moeda e como tal carece de controle na sua concessão. O excesso de crédito, assim como o excesso de moeda, pode vir a constituir em fator de perda de valor da moeda ou em causa de inflação.

Paschoal Rosetti[69], em obra conjunta, definem a política monetária como "controle da oferta da moeda e das taxas de juros, no sentido de que sejam atingidos os objetivos da política econômica global do governo", ou, alternativamente, como "a atuação das autoridades monetárias, por meio de efeito direto ou induzido, com o propósito de controlar a liquidez global do sistema econômico."

Todavia, a ciência econômica diverge quanto à importância que se deve dar à política monetária como fator principal de estabilidade ou instabilidade do sistema financeiro. O certo é que esta política tem por essencialidade a interação com as demais políticas públicas que, muitas vezes encontram-se sob a competência de outros organismos do Estado, que não as autoridades monetárias. Pode-se destacar dentre estas diversas políticas, as políticas fiscal, cambial e de rendas, bem como as políticas de segurança de mercado, como os sistemas de proteção à concorrência e de defesa dos consumidores.

Os instrumentos da política monetária podem ser enunciados, segundo João do Carmo Lopes e José Paschoal Rossetti[70], da seguinte forma: a fixação das taxas de reservas bancárias que significa a quantidade de depósito que os bancos devem manter, voluntária ou compulsoriamente, depositada em seu caixa ou em poder de uma autoridade monetária; o redesconto ou empréstimo de liquidez concedido pela autoridade monetária aos bancos para atender às suas necessidades de curtíssimo prazo, tendo impacto direto na concessão do crédito, na medida da regulação das taxas de juros e do prazo de resgate do redesconto e dos limites; as operações de mercado aberto, ou seja, a compra e venda de títulos da dívida pública como forma de injetar recursos no sistema financeiro; e o controle e seleção do crédito, adotando posicionamentos mais ou menos cautelosos, dependendo da necessidade do mercado.

Além destas funções descritas, pode-se definir mais uma atividade financeira pública característica do Estado contemporâneo. Nos dizeres de Celso Ribeiro Bastos[71], o funcionamento deste Estado contemporâneo

---

[69] LOPES, João do Carmo; ROSETTI, José Paschoal. *Economia monetária*. São Paulo: Atlas, 1995. p. 196.
[70] LOPES, João do Carmo; ROSETTI, José Paschoal. op. cit., p. 198-209.
[71] BASTOS, Celso Ribeiro. *Curso de direito financeiro e de direito tributário*. São Paulo: Saraiva, 1991. p. 1.

conduz, necessariamente, "*à existência de uma atividade financeira consistente na obtenção de recursos, na sua gestão e, ao final, na sua aplicação*".

Como já alertado, o Estado não pode exercer arbitrariamente o poder de emissão de moeda. Deste modo, e dentro das regras do direito financeiro orçamentário, não pode o ente estatal produzir gastos[72] não compatíveis com suas receitas. Para tanto, como muitas vezes ele não é auto-suficiente para executar todas as políticas públicas, surge a necessidade de o Estado se financiar junto ao mercado financeiro obtendo empréstimos em face da impossibilidade de emissão de moeda. Surge, então, o Estado como tomador de recursos financeiros no mercado, e não apenas como regulador da política monetária.

Porém, esta atividade do Estado como tomador de recursos financeiros deve, também, ser controlada, para que seu nível de endividamento não comprometa as metas da política monetária, nem das demais políticas públicas.

Portanto, percebe-se que o rol de atividades financeiras públicas, ou seja, aquelas desenvolvidas diretamente pelo Estado pode ser assim explicitado: emissão da moeda; elaboração e aplicação de políticas públicas; e tomada de recursos perante o mercado para equilibrar os gastos de gestão.

### 2.2.2. Atividade financeira privada

A atividade financeira privada pode ser, de maneira abrangente, definida como a modalidade de atividade econômica exercida profissionalmente com o intuito de lucro. Encontra-se na finalidade da atividade financeira privada, ou seja, a busca pelo lucro, a grande diferença conceitual da atividade financeira pública que busca a eficiência e segurança do sistema financeiro através da regulação econômica e a aplicação das políticas públicas entabuladas como essenciais à sociedade.

Normalmente, a atividade financeira privada é caracterizada como atividade-meio ou intermediação. Nas palavras de Sidnei Turczyn[73]

---

[72] César Sepúlveda Latapiat classifica gasto público em rentável e não rentável. O rentável consubstancia-se em investimentos em empresas públicas ou de economia mista para a prestação de serviços públicos diretamente pelo Estado. O não rentável pode ser relatado como os gastos em pessoal, aquisição de bens e serviços e pagamento da dívida pública. (LATAPIAT, César Sepúlveda. op. cit., v. 2, p. 169.

[73] TURCZYN, Sidnei. *O sistema financeiro nacional e a regulação bancária*. São Paulo: Ed. Revista dos Tribunais, 2005. p. 47.

"*o exercício dessa intermediação, que se desenvolve no mercado financeiro, deve permitir a eficiente interação entre poupadores e tomadores de recursos, promovendo a aproximação entre os vários agentes econômicos a um custo mínimo e a um nível reduzido de risco, promovendo assim a liquidez do mercado*".

Dentro deste conceito de atividade financeira privada como intermediação financeira, costuma-se subdividi-la em duas partes: "*o mercado monetário, que inclui o mercado bancário e no qual a mercadoria negociada é o dinheiro, e o mercado de valores mobiliários, no qual a mercadoria negociada são títulos.*" [74]

No mercado monetário, a atividade financeira reveste-se de sua característica mais marcante, aquela que originou a própria criação do setor bancário[75]: captar recursos de terceiros (poupança) e repassar estes recursos a quem deles necessite (concessão de crédito), sob a forma de mútuo, na mais tradicional das vertentes da intermediação financeira. Segundo Carlos Kawall Leal Ferreira, Maria Cristina Penido de Freitas e Gilson Schwartz[76], em obra conjunta, "*nesse mercado monetário, seriam transacionados os instrumentos de curto prazo, que apresentam características de liquidez próximas às da moeda.*"

No mercado de valores mobiliários, ou mercado de capitais, o papel principal, embora com a tangência da intermediação financeira clássica, é o investimento direto em atividade produtiva. Este investimento faz--se pela emissão de títulos e valores mobiliários pelos próprios agentes produtivos, representativos, em geral, de participações societárias. Este título, normalmente, reveste-se sob a forma de ação, sendo negociada em um mercado secundário, bolsa de valores, com a exclusiva finalidade de lhe dar liquidez, num movimento de inversão de capital. Carlos Kawall Leal Ferreira, Maria Cristina Penido de Freitas e Gilson Schwartz[77], no estudo conjunto sobre o tema, afirmam que "*o mercado de capitais é o segmento dos instrumentos de longo prazo: ações, bônus, hipotecas e empréstimos bancários de longo prazo.*"

---

[74] Id. Ibid., p. 48.
[75] A função bancária pode ser resumida em três grandes pilares: capturar e rentabilizar a poupança; financiar o consumo e a produção; e manter um sistema de pagamento e recebimento de contas.
[76] FERREIRA, Carlos Kawall Leal; FREITAS, Maria Cristina Penido de; SCHWARTZ, Gilson. A institucionalidade do sistema monetário. In: CINTRA, Marcos Antonio M.; FREITAS, Maria Cristina Penido de (Orgs.). *Transformações institucionais dos sistemas financeiros*: um estudo comparado. São Paulo: Fundap/FAPESP, 1998. p. 77.
[77] Id. Ibid., p. 77.

A distinção em duas modalidades de atividade financeira privada também se reflete quando da análise do sistema regulatória brasileiro.

A descrita atividade monetária possui sua atividade regulamentada pelo Banco Central do Brasil, sob a égide da Lei Complementar 4.595/1964. Esta será o alvo principal deste trabalho e seu estudo será aprofundado nos próximos capítulos, principalmente com relação à atuação dos bancos no mercado financeiro.

Por outro lado, a atividade de mercado de capitais teve sua regulamentação apartada do ente regulador bancário, fruto da reforma introduzida pela Lei Complementar 4.728 de 14 de julho de 1965 e finalizada com a Lei Complementar 6.385 de 07 de dezembro de 1976. Foi criada a Comissão de Valores Mobiliários e definidos como valores mobiliários sujeitos a sua competência regulatória as ações, partes beneficiárias e debêntures, os cupões desses títulos e os bônus de subscrição, os certificados de depósito de valores e outros títulos que venham a ser criados ou emitidos pelas sociedades anônimas, excluídos os títulos da dívida pública e os títulos cambiais de responsabilidade de instituições financeiras (exceto as debêntures).

No entanto, a constante evolução do mercado financeiro fez com que a distinção exata entre estas duas atividades não ficasse, na prática, tão clara. A criação e proliferação de uma série de instrumentos financeiros que combinam características de aplicações de mercado monetário com características de aplicações no mercado de capitais gerou a necessidade de regulamentação conexa para as duas autoridades competentes em disciplinar o mercado financeiro.

Sidnei Turczyn[78], ao comentar a existência destes instrumentos híbridos, aponta, como exemplo, *"o caso das debêntures e dos bônus conversíveis em ações e do surgimento de vários instrumentos de dívida de médio e longo prazo lastreados em títulos de curto prazo, tais como os euro-commercial papers e inúmeros outros instrumentos, produto da chamada 'engenharia financeira', engenharia essa que envolve a emissão de títulos negociáveis lastreados em empréstimos e hipotecas, tornando possível o surgimento de um mercado secundário para os empréstimos."*

Delimitada, pois, esta segregação entre atividade monetária e atividade de mercado de capitais, fato que se revela inclusive em modelos regulatórios, deve ser iniciado o estudo sobre a prescrita atividade bancária, nome

---

[78] TURCZYN, Sidnei. op. cit., p. 50.

normalmente usado como sinônimo da atividade monetária, e da qual a regulação é o tema central deste trabalho.

## 2.3. Conceituação de banco e abrangência da definição de atividade bancária

Ao se tratar do tema atividade bancária, necessário conceituar o agente responsável por praticá-la: o banco. Diversos autores têm se debruçado na missão de trazer um conceito preciso a esse agente econômico, o que, aparentemente, possa identificar uma variedade de formas para caracterizá-lo. Aparentemente, visto que, embora variem na forma, as conceituações do que seja banco são coincidentes ao terem como fulcro o tipo de atividade desenvolvida por ele.

Antes de discorrer sobre as diversas formas que o conceito de banco apresenta na doutrina e nas legislações nacional e estrangeira, vale ressaltar que a expressão "banco" é utilizada indiscriminadamente ao se cuidar da atividade financeira. Assim, dentro desta generalidade prática da terminologia, podem-se encontrar os chamados "bancos de emissão", ou seja, as entidades que detêm o poder legal de emitir moeda fiduciária. Contudo, não é neste sentido que a expressão será tratada neste trabalho nem é neste sentido que a doutrina aborda o tema.

Nos ensinamentos do jurista Cesare Vivante,[79] *"banco é o estabelecimento comercial que recolhe os capitais para distribuí-lo sistematicamente com operações de crédito"*. Utilizando os estudos do jurista italiano, J. X. Carvalho de Mendonça[80] definiu bancos como sendo *"empresas comerciais, cujo objetivo principal consiste na intromissão entre os que dispõem de capitais e os que precisam obtê-los, isto é, em receber e concentrar capitais para, sistematicamente, distribuí-los por meio de operações de crédito"*.

Assim, numa primeira análise, os bancos são agentes econômicos que servem de intermediários entre os capitais que desejam emprego e o trabalho que os procura, ou seja, são intermediários do crédito. A lei bancária italiana de 1938[81] também se posicionou a respeito do conceito

---

[79] VIVANTE, Cesare. *Trattato di diritto comerciale.* Milano: Minelli, 1922. v. 1, p. 92.

[80] MENDOÇA, J. X. Carvalho de. *Tratado de direito comercial brasileiro.* Rio de Janeiro: Freitas Bastos, 1947. v. 7, 3ª parte, p. 13-14.

[81] Idêntico tratamento dá a lei francesa de 1941: *"São considerados bancos as empresas ou estabelecimentos que fazem profissão habitual receber do público toda forma de depósitos ou mantém fundos que empregam por sua própria conta, em operações de desconto, crédito ou financiamento."*

de banco, assumindo esse como um verdadeiro intermediário do crédito. Comentando a lei italiana, Giacomo Molle[82] afirma que *"a função de intermediação no crédito, essencial do ponto de vista econômico, à noção do banco moderno, é assumida na lei bancária de 1938, para sujeitar a uma disciplina particular os estabelecimento de crédito que, qualquer que seja sua natureza (pública ou privada) ou dimensão, recolhem do público a poupança a curto prazo e exercitam o crédito assim chamado ordinário".*

Aumentando o espectro da atuação dos bancos, Fran Martins[83] argumenta que a função destes supera a de simples intermediários de crédito. Para ele, *"os bancos são mobilizadores de crédito, agindo sempre como sujeito das operações e dos contratos que realizam"*. Conceitua-os, assim, como *"empresas comerciais que têm por finalidade realizar a mobilização do crédito, principalmente mediante o recebimento, em depósito, de capitais de terceiros, e o empréstimo de importâncias, em seu próprio nome, aos que necessitam de capital".*

Nelson Abrão[84], por sua vez, em seus estudos sobre direito bancário, simplifica a conceituação e define banco como sendo *"a empresa que com fundos próprios, ou de terceiros, faz da negociação de crédito sua atividade principal"*. Dessa definição pode-se extrair uma das principais peculiaridades da atividade bancária: a utilização de recursos de terceiros, embora, também, operem eles com recursos próprios.

Todavia, não se pode deixar de realçar que, além da função de intermediário ou mobilizador de crédito, os bancos modernos vêm executando uma série de serviços que também podem ser enquadrados como parte da atividade bancária, muito embora nada impeça que venham a ser prestados por empresas não financeiras. Como exemplo pode-se citar os serviços de cobrança, recebimento de contas e de administração de patrimônio.

Mas, ao contrário do que afirma Nelson Abrão, não parece ser a utilização de recursos de terceiro em suas operações a característica mais peculiar da atividade bancária. O fato mais importante na conceituação de atividade bancária, e traz impactos na necessidade de sua regulação, é que ela não se limita à mera intermediação bancária, mas envolve, também, o fenômeno descrito por Sidnei Turczyn[85] de *"criação de moeda"* ou *"multiplicação dos meios de pagamento"*. Este fenômeno pode começar a

---

[82] MOLLE, Giacomo. op. cit., p. 10-11.
[83] MARTINS, Fran. *Contratos e obrigações comerciais*. Rio de Janeiro: Forense, 1981. p. 498.
[84] ABRÃO. Nelson. *Direito bancário*. 11. ed. São Paulo: Saraiva, 2008. p. 23.
[85] TURCZYN, Sidnei. op. cit., p. 55.

ser entendido quando se identifica que os bancos reservam apenas parte dos recursos neles depositados para atender solicitações de resgate[86] e destinam o saldo remanescente a operações de créditos em suas distintas modalidades. Estes empréstimos, por sua vez, ao chegarem à posse dos tomadores, se convertem em novos depósitos em bancos, que, deduzidos de nova reserva para resgate, retornam ao mercado em novas operações de crédito. Assim, a moeda inicialmente lastreada pela emissão oficial estatal (atividade financeira pública privativa do Estado) multiplica-se por meio da atividade bancária, criando um contingente monetário existente apenas nos registros dos bancos operadores (moeda escritural).[87]

Thomas Mayer[88], em obra conjunta e traduzida para o português por Luiz Carlos do Nascimento e Silva, ao analisar o fenômeno, explica que, na prática, não existe qualquer diferença entre a moeda física, emitida pelo poder estatal, e a moeda escritural, decorrente do processo de multiplicação de meios de pagamento, posto que ambas funcionam como meio de troca, padrão de valor, padrão de pagamento diferido e estoque de riqueza extremamente líquido.

Todo este fenômeno pode ser percebido pelo fato de o sistema bancário trabalhar, como fundamento de sua sobrevivência, sob a presunção que os depositantes de um banco não irão pleitear o resgate integral, e ao mesmo tempo, os depósitos que mantêm, especialmente os depósitos à vista. Caso esta presunção não se confirme, todo o sistema bancário se encontrará em grande risco de desaparecimento.

Em virtude desta característica especial da atividade bancária ela não pode prescindir de um controle estatal.

---

[86] Esta parte reservada para atender aos pedidos de resgate pode receber a denominação de "encaixe".

[87] Fábio Nusdeo apresenta exemplo significativo: *"Admitindo-se, em cada passagem de numerário por um banco, a retenção a título de encaixe de 0,25 e o empréstimo de 0,75, um simples cálculo matemático revelará que um depósito de 100 reais terminou multiplicado por 4, tendo gerado depósitos globais no montante de 400. Daí o conceito de multiplicador dos meios de pagamento, extremamente importante em economia monetária. Claramente o valor desse multiplicador variará em função da percentagem de encaixe em cada estágio do circuito de empréstimos-depósitos-empréstimos. Quanto menor este encaixe, maior a capacidade multiplicativa do sistema bancário. Caso não houvesse qualquer encaixe ela seria infinita."* (NUSDEO, Fábio. Curso de economia. 2. ed. São Paulo: Ed. Revista dos Tribunais, 2000. p. 302).

[88] MAYER, Thomas; DUESENBERRY, James S.; ALIBIER, Robert Z. Moedas, bancos e a economia. 4. ed. Trad. Luiz Carlos do Nascimento e Silva. Rio de Janeiro: Campus, 1993. p. 10.

Desta forma, pode-se perceber que atividade bancária tem como foco principal a intermediação financeira, mas não na simplicidade de seu termo. Os bancos não restringem sua atividade à captação e concessão do dinheiro. Pelo contrário, eles criam todo um sistema negocial complexo que acaba por gerar um valor monetário descasado com aquele emitido pelo poder estatal. Por isto, deve a atividade bancária ser regida por regime jurídico específico, com a proximidade do Estado dentro deste mercado, a fim de controlar e evitar que todo o sistema financeiro rompa com as barreiras de segurança capazes de sustentar esta operação de criação de moeda escritural. Esse regime jurídico específico será mais à frente dissecado quando se caracterizar o setor bancário como setor carente de regulação estatal.[89]

Por fim, devem também ser compreendidos no conceito de atividade bancária os serviços acessórios muitos vezes prestados pelas instituições financeiras. Assim, atividade bancária é tanto o processo de captação de moeda, rentabilização desta e concessão de crédito, quanto os serviços de cobrança, de pagamentos e de administração de patrimônio. Assim, por todos estes estarem ligados aos bancos, e pela importância que o processo detém dentro da sociedade contemporânea, devem receber tratamento jurídico específico como acima afirmado.

### 2.4. Os riscos da atividade bancária

A atividade bancária é, portanto, uma atividade especial, diferente das demais atividades econômicas. O sistema financeiro, fundado precipuamente no correto desenrolar da atividade bancária, depende, para seu regular funcionamento, da existência de confiança por parte daqueles que o abastecem dos recursos necessários à sua operação: os depositantes. Para alcançar tal confiança, e, por conseguinte manter todo o mercado em desenvolvimento contínuo, necessário se identificar os riscos aos quais a atividade bancária está sujeita para que meios de prevenção à concretiza-

---

[89] Para Roberto Luis Troster, os bancos e a moeda estão entre as instituições sociais mais disciplinadas pelo Estado, pelas razões que enumera: *"os impactos de uma crise bancária são maiores do que aqueles de uma crise em outras atividades, tendo os bancos fragilidade acentuada e a indispensabilidade dotada dos meios de pagamento e o fato de sua indispensável utilização como canal estável para a política monetária."* (TROSTER, Roberto Luis. *Regulamentação prudencial no Brasil.* 1994. Tese (Doutorado) – Faculdade de Economia e Contabilidade da Universidade de São Paulo, São Paulo, 1994. p. 18-26.

ção dessas riscos, ou minimização de seus efeitos possam fazer parte da atividade regulatória estatal.

Para tanto, o primeiro paradigma a ser relacionado à atividade bancária é o que alicerça todas as modalidades de atividade econômica: aquele que estabelece a proporcionalidade entre o risco e o lucro. E mais, na atividade bancária o risco assume uma relevância bastante especial, seja pela diversidade de formas que se faz presente, seja pela ideia de sistema, posto que o risco assumido por um determinado banco pode gerar consequência aos demais bancos presentes no setor financeiro. Um estudo detalhado sobre a questão deve analisar os riscos isolados de cada banco e o risco ameaçador da própria existência do sistema bancário.

Neste tópico serão estudados os riscos individuais de cada instituição bancária, deixando a análise do risco sistêmico a um tópico independente em razão das consequências que sua não-prevenção pode trazer ao mercado.

A atividade bancária tem como característica principal a captação de recursos, a prazo ou à vista, e a transformação destes em crédito contra terceiros.

Carlos Villegas[90] delimita a concessão do crédito como *"a troca de um bem presente por um bem futuro"*, ou seja, de uma maneira mais profunda, *"a transferência temporal do poder aquisitivo em troca da promessa de reembolso dessa quantia acrescida de juros em um prazo determinado e na unidade monetária convencionada".*

Desta visão defendida por Carlos Villegas, dois pontos importantes podem ser relacionados e que se constituem, porventura, em riscos da atividade bancária.

O primeiro é com relação aos custos de captação. Salvo as hipóteses de depósitos à vista, as demais modalidades de captação implicam custo para a instituição bancária, que é a remuneração paga ao investidor ou aplicador. Assim, os recursos, ao serem concedidos aos tomadores, devem ser remunerados em taxas superiores àquelas pagas na captação[91].

---

[90] VILLEGAS, Carlos Gilberto. op. cit., p. 50.
[91] A diferença entre a taxa de captação perante o investidor/aplicador e a taxa de repasse ao tomador é o que cotidianamente se denominada de *spread* bancário. Esta diferença deve ser suficiente para que o banco pague seus custos operacionais, tributos e demais encargos, além de uma taxa líquida de retorno, ou seja, o lucro que justifica a atividade bancária.

O segundo refere-se ao lapso temporal existente entre a transferência do crédito ao tomador e a obrigação contratual de reembolso. Durante este período diversos acontecimentos podem interferir no cumprimento dessa obrigação com reflexos diretos na saúde da atividade bancária.

As diversas modalidades de riscos específicos da atividade bancária são tratadas na doutrina de forma diversa. Jairo Saddi[92], sob a influência da obra de Derrik Ware, enumera oito fatores de risco: mercado, político, força maior, crédito, liquidez, operacional, legal e fora de balanço. Rosa Maria Lastra[93], por sua vez, refere-se a riscos de crédito, mercado, liquidez, taxa de juros, cambial, operacional e de regulamentação de empréstimos. No presente trabalho os riscos foram divididos em cinco situações, a saber: risco de liquidez, risco de mercado, risco de crédito, risco operacional e risco regulatório ou legal.

Pela importância do tema para o desenvolvimento do trabalho, cada um dos cinco riscos específicos da atividade bancária será analisado a seguir.

### 2.4.1. Risco de liquidez

O risco de liquidez pode ser considerado o risco inerente à atividade bancária. Desde a sua origem, o banco tem a responsabilidade de manter reservas capazes de atender a demanda por liquidez do mercado. A estrutura da atividade bancária obriga os bancos a não suspender saques mesmo que isto custe a sua solvência, ou seja, não pode ele fechar as portas e alienar seus ativos, sem grandes perdas, para cobrir seus depósitos e, após, continuar a operar normalmente.

Os ativos bancários são compostos, principalmente, de créditos contra terceiros. Portanto, não possuem liquidez imediata. Essa espécie de risco da atividade bancária consiste na dificuldade de coordenação entre a demanda por resgate de depositários ou aplicadores e a reserva de liquidez consistente na realização dos ativos bancários.

Carlos Villegas[94] pondera que, dentre os ativos bancários, se encontram, por ordem decrescente de liquidez: dinheiro, depósitos no Banco Central; depósitos em outras entidades; moeda estrangeira; títulos públicos e

---

[92] SADDI, Jairo. *Crise e regulação bancária*. São Paulo: Textonovo, 2001. p. 98.
[93] LASTRA, Rosa Maria. *Banco Central e regulação bancária*. Trad. Dan Markus Kraft. Belo Horizonte: Del Rey, 2000. p. 83.
[94] VILLEGAS, Carlos Gilberto. op. cit., p. 389-390.

privados; demais empréstimos e bens de uso próprio. Vale ressaltar, que, excluídos os bens de uso próprio, os ativos mais líquidos são os menos rentáveis. Por isso, os bancos procuram manter os níveis de liquidez dentro do mínimo possível a fim de que não seja comprometida a rentabilidade. E é nesta equação composta por liquidez e rentabilidade que aparece o risco da atividade bancária.

Deste modo, caso ocorra uma demanda por saques anormal, os bancos são obrigados a liquidar antecipadamente seus ativos, ou seja, diminuir a rentabilidade da sua atividade. Esta situação pode gerar duas consequências claras para a instituição bancária: liquidação destes ativos a um custo extremamente oneroso, agravando a situação financeira da instituição ou a impossibilidade de liquidação destes ativos com o consequente comprometimento da operacionalidade da instituição.

A coordenação entre liquidez e rentabilidade deve nortear qualquer movimentação comercial do banco, sob pena de concretização de uma das situações descritas. Esta preocupação é, ainda, agravada, segundo anota Roberto Luis Troster[95], pelo fato de que inexiste um mercado secundário[96] de ativos dos bancos capaz de lhes propiciar liquidez. Assim, a necessidade de transformação rápida de um ativo em moeda, liquidez, pode acarretar pesadas perdas financeiras que podem conduzir à insolvência da instituição.

Em virtude desta peculiaridade da atividade bancária, as instituições devem tentar prevenir que ocorra um desequilíbrio entre os dois fatores integrantes da equação de estabilidade. Para isto, devem entender quais os movimentos que possam gerar esta situação e as razões deste movimento.

O mercado bancário, pela sua composição, apresenta uma dificuldade em relação à liquidação antecipada e apressada de seus ativos, justamente pela falta de um mercado secundário. Portanto, este lado da equação deve ser solucionado com a provisão suficiente de dinheiro para atender a uma demanda normal de resgate.

O grande risco, todavia, é quando a demanda de saques se afasta da linha normal e gera um volume incompatível com as reservas existentes.

---

[95] TROSTER, Roberto Luis. Os bancos são diferentes. In: CAMPILONGO, Celso Fernandes; MATTOS, Paulo Todescan Lessa; ROCHA, Jean Paul Cabral Veida da (Coords.). op. cit., p. 290.
[96] A inexistência de um mercado secundário de ativos é conhecida como "questão dos mercados incompletos". (*missing markets*)

E esta situação é, habitualmente, ocasionada por um déficit de informações. Nas palavras de Sidnei Turczyn[97], *"uma das razões determinantes das corridas bancárias é a chamada assimetria informacional (ou falhas informacionais), caracterizada pelo fato de os depositantes não possuírem informações completas sobre a situação econômico-financeira das instituições. Isso faz com que, em caso de alguma ocorrência ou mesmo boato que possa colocar em dúvida a sua solvência, a única forma de o depositante testar a instituição é tentando reaver seus depósitos. Na medida em que essa desconfiança se alastre entre os depositantes, caracterizada estará a corrida."*

Isto posto, o risco de liquidez, consistente na não provisão de dinheiro para atender a demanda de retirada gerada pelos depositantes, pode ser ocasionado pela junção dos mercados incompletos, inexistência de um mercado secundário de ativos bancários, com a da assimetria das informações. Cabe à instituição financeira eliminar as razões que levam ao risco de liquidez, seja através de posturas mais conservadoras com relação à suas provisões em dinheiro, seja através da eliminação do déficit informacional com a publicação de dados transparentes sobre sua situação econômico-financeira.

### 2.4.2. Risco de mercado

A consolidação da globalização dos mercados, fruto de um processo de integração econômica, trouxe o aumento de sua complexidade em razão de novas modalidades de operações financeiras surgidas deste movimento e a super interdependência entre os acontecimentos, com um consequente crescimento da sensibilidade do mercado em virtude de crises internacionais que geram volatilidade e potencializam desequilíbrios econômicos.

Esta sensibilidade em relação às crises internacionais e que ocasiona mudanças acentuadas de taxas de juros e de câmbio, pode gerar um descasamento extremamente comprometedor entre taxa de retorno sobre ativos e custos de captação, com redução da taxa de lucratividade e até eventuais prejuízos. Este fenômeno de volatilidade dos preços do mercado financeiro é que circunscreve o denominado risco de mercado.

---

[97] TURCZYN, Sidnei. op. cit., p. 65.

Esse risco, para Almir Rogério Gonçalves[98], se divide em quatro grandes áreas: acionária, câmbio, juros e *commodities*[99].

O risco de mercado sempre esteve presente nas atividades financeiras. Entretanto, o processo de globalização e o contínuo desenvolvimento de novos instrumentos de atuação do mercado financeiro, dentre os quais ressalta o mercado de derivativos[100], fizeram com que os bancos diversificassem suas atividades além dos simples contratos de mútuo.

É nos mercados emergentes em que esta espécie de risco se faz mais presente, posto que os movimentos de taxa de câmbio, as subidas das taxas de juros e os altos e baixos dos mercados de ações têm maiores probabilidades de serem acelerados do que nos mercados desenvolvidos. Também, a internacionalização colabora com o aumento do risco de mercado nas economias em desenvolvimento.

Desta feita, o risco de mercado aglomera todas as movimentações dos diversos produtos financeiros que podem gerar desequilíbrio e incapacidade econômica nos atores que desenvolvem à atividade bancária[101]. Dentre as atividades que geram tal preocupação podem ser citadas a emissão dos títulos da dívida pública, o mercado de valores mobiliários, o câmbio e a movimentação das taxas de juros.

### 2.4.3. Risco de crédito

O risco de crédito ou risco de inadimplência advém da própria natureza da atividade bancária. O banco, como regra geral, tem por objetivo captar recursos de depositantes, os quais devem ser rentabilizados e disponibi-

---

[98] GONÇALVES, Almir Rogério. Uma análise jurídica do estudo e seu gerenciamento dos riscos envolvidos na atividade financeira e seu tratamento atual no Brasil. *Revista de Direito Mercantil, Industrial, Econômico e Financeiro*, São Paulo, v. 41, n. 128, p. 113, out./dez. 2002.

[99] *Commodities* são mercadorias ou matérias-primas (produtos agrícolas, metais preciosos etc.) que tem sua negociação efetivada nas bolsas de mercadorias, mediante liquidação financeira dos produtos negociados.

[100] Para Alexandre Assaf Neto, os derivativos se situam no mercado de futuros e de opções e o risco de mercado a eles ligado exprime o potencial de perda devido a uma variação desfavorável na cotação do ativo-objeto do contrato de derivativo, promovendo uma situação de perda ao investidor, (ASSAF NETO, Alexandre. *Mercado financeiro*. São Paulo: Atlas, 1999. p. 301).

[101] Rosa Maria Lastra faz distinção entre risco de mercado (aquele que afeta os valores de títulos da dívida e valores mobiliários) e risco cambial e de taxa de juros como modalidades específicas de risco. (LASTRA, Rosa Maria. op. cit.).

lizados ao resgate, a fim de emprestá-lo a terceiro que terá por obrigação devolvê-los corrigidos e, ainda, remunerar o tempo em que ficou com sua posse. É nesta remuneração que a instituição financeira fundamenta, não só a rentabilização aos depositantes, como também o lucro necessário e justificador de sua atividade econômica.

Portanto, esta modalidade de risco da atividade bancária consiste na possibilidade de o tomador de recursos não devolver o valor emprestado, seja por sua insolvência seja por outro fator volitivo. Esta possibilidade, se concretizada, rompe com a cadeia normal de acontecimentos, podendo gerar a impossibilidade de resgate do depositante em virtude da insolvência do banco, o que colocaria em risco a continuidade da operação da instituição financeira.

Em face desta situação específica da atividade bancária, um dos critérios da avaliação dos bancos pelo mercado deve ser, sem dúvida, a qualidade de seus créditos contra terceiros. Quanto melhor esta qualidade, menor o risco de não recebimento e, consequentemente, menor o risco de insolvência. Além do mais, é através desta avaliação que novos depositantes vão confiar seus recursos à instituição financeira, dando maior lastro à atividade econômica desenvolvida por ela.

Sidnei Turczyn[102], ao tratar do assunto, afirma que *"a avaliação do risco de crédito dá a medida da qualidade dos ativos dos bancos, que, por sua vez, vai influenciar diretamente a avaliação do próprio banco credor"*.

Por sua vez, Almir Rogério Gonçalves[103] utiliza o termo "risco de crédito" para caracterizar a concentração de crédito em um único tomador, o que expõe a instituição financeira a uma situação de insolvência em caso de evento fortuito acontecido a este devedor. Dentro desta hipótese de risco de crédito surge uma subespécie creditada como risco soberano. O risco soberano se configura quando o tomador que concentra o crédito da instituição financeira é o Estado ao qual, além da hipótese de não pagamento por razões econômicas, alia-se a eventual decisão política de não honrar seus compromissos[104].

---

[102] TURCZYN, Sidnei. op. cit., p. 67.
[103] GONÇALVES, Almir Rogério. op. cit., p. 114.
[104] Exemplo trazido por Sidnei Turczyn é o rebaixamento do *rating* dos bancos em razão de sua exposição ao denominado risco Brasil por ocasião da crise financeira de 2002, gerado pela descrença na possibilidade de o país honrar ou negociar seus débitos de curto prazo em moeda estrangeira. O rebaixamento do *rating* teve como consequência a dificuldade de

Para Jairo Saddi[105], questão importante correlata ao risco de crédito é a obrigatoriedade dos bancos em avaliar as garantias apresentadas pelos tomadores, o tempo necessário para executá-las e a situação do sistema jurídico para essa finalidade.

Desta forma, os bancos devem, a fim de diminuir o risco de crédito, conhecer seu tomador, visto que, a concessão de crédito de maneira inconsciente, pode tornar sua exposição à inadimplência fator de fuga de novos depositantes, colocando em perigo a continuidade de sua atividade, sem contar com a situação de insolvência em que possa adentrar em caso de concretização do não pagamento por parte dos devedores mal avaliados.

### 2.4.4. Risco Operacional

A atividade bancária se desenvolve através de um processo de decisão, seja quanto à captação dos recursos, seja quanto à alocação deste capital arrecadado para poder rentabilizá-lo. Esse processo decisório pode apresentar falhas em seu desencadear. Estas falhas podem ser de três ordens: do sistema informatizado de gerenciamento; pelo erro da pessoa encarregada de tomar a decisão ou pela má-fé desta. À possibilidade de falhas no processo decisório é que se dá o nome de risco operacional.

Alguns exemplos podem ser apresentados para melhor delimitação do chamado risco operacional.

O primeiro, apontado por Rosa Maria Lastra[106], foi a quebra do Banco Barrings, que teve como causa operações fraudulentas e desautorizados de um único funcionário e que não foram identificadas pela administração da referida instituição financeira[107]. Outro, agora apontado por Almir Rogério Gonçalves[108], foi a liquidação, em 1994, do Fundo Municipal do Condado de Orange, nos Estados Unidos, o qual era administrado exclusivamente pelo Secretário Municipal da Fazenda e que não tinha mecanismos efi-

---

captação de novos recursos, seja pela recusa de certos atores, seja pela elevação de seu custo. (TURCZYN, Sidnei. op. cit., p. 68).
[105] SADDI, Jairo. *Crise e regulação bancária*, cit., p. 99.
[106] LASTRA, Rosa Maria. op. cit., p. 88.
[107] Luís Paulo Figueiredo Carvalho, ao analisar o caso do Banco Barrings, menciona que o funcionário responsável pelas operações fraudulentas e desautorizadas, expôs a instituição a riscos correspondentes a valores entre 75% e 100% de seu capital, muito além do que se pode admitir como razoável ou prudente. (CARVALHO, Luís Paulo Figueiredo. *Os sistemas de supervisão prudencial na União Europeia*. Coimbra: Almedina, 2003. p. 35).
[108] GONÇALVES, Almir Rogério. op. cit., p. 105-106.

cientes de controle de exposição a riscos. O mesmo autor traz um terceiro exemplo: o caso do Banco Daiwa no Japão, onde, em 1995, foi descoberto um prejuízo bilionário ocasionado por um funcionário que, ao mesmo tempo, controlava e supervisionava as operações.

A modalidade de risco operacional pode se manifestar, com visto, de diversas formas. Andrew Cunningham[109] enumera as mais frequentes: erros de gestão devidos à inexperiência (especialmente em mercados recentemente desregulamentados); fraudes ou erros devido a controles pouco firmes, muitas vezes facilitados por sistemas jurídicos deficientes; tecnologia incorreta ou mal utilizada; e risco de perda de reputação, que pode decorrer da divulgação de prejuízos em transações ou de investigações em curso envolvendo a instituição.

Cabe, assim, à instituição financeira concorrer para a diminuição do risco operacional, desenvolvendo processos de supervisão eficientes sobre a atividade desenvolvida por seus funcionários e utilizando sistemas eletrônicos de operação confiáveis, posto que, neste último caso, a automação de certas decisões pode gerar a postergação da identificação da falha para um momento em que a reversão do sentido das perdas não possa mais ocorrer.

Desta forma, pode-se concluir que o risco operacional está ligado, diretamente, aos controles administrativos sobre erros humanos ou sistêmicos que possam influenciar no posicionamento das operações advindas da atividade bancária. Quanto maior o controle, menor o risco operacional.

## 2.4.5. Risco Legal ou Regulatório

O risco legal ou regulatório deriva do fato de a atividade bancária estar enquadrada dentro de um ordenamento jurídico, onde leis, no sentido estrito do termo, e atos normativos regulatórios disciplinam as diversas operações e condutas que os agentes devem praticar no mercado. Portanto, qualquer alteração neste ordenamento pode gerar consequências positivas ou negativas no desempenho das instituições financeiras.

Jairo Saddi[110] define esta espécie de risco como o *"risco de desvalorização de ativos ou de valorização de passivos em intensidade inesperada perante mudanças na legislação ou regulação bancária, rumos de uma demanda judicial, parecer ou*

---

[109] CUNNINGHAM, Andrew. *Risco de crédito bancário nos mercados emergentes.* New York: Giles O'Flynn, 1999. p. 34.
[110] SADDI, Jairo. *Crise e regulação bancária,* cit., p. 101.

*orientação de cunho legal*". Já Rosa Maria Lastra[111] entende este risco como a incompetência do agente regulador que, na esteira de melhorar o mercado, acaba por gerar riscos para sua sadia continuação. A autora chama esta situação de perversão do sistema e aponta o sistema tributário como um potencial risco legal.

Esse conceito de risco legal ou regulatório pode ser ampliado de modo a abranger os diversos desvios de conduta e baixa eficiência da regulação. Eduardo J. Rodriguez Chirillo[112] afirma que os riscos regulatórios podem ser sintetizados em três hipóteses: ordenamentos inflacionados, falhos e inadequados; reguladores que se mostrem maus, venais ou incompetentes; e captura do regulador pelos interesses dos regulados.

Importante, assim, para o bom desenvolvimento da atividade bancária que esta modalidade de risco seja diminuída. A moldagem de um mercado que extravase segurança jurídica é essencial para a manutenção do mercado em harmonia. Luis Roberto Barroso[113], ao tratar o tema da diminuição do risco regulatório, afirma que a autoridade deve *"atuar com a firmeza e equilíbrio necessários, editando normas e definindo metas pautadas pela razoabilidade, fiscalizando com rigor o seu cumprimento, bem como assegurar a adequada remuneração do concessionário e a satisfação dos usuários".*

Muitas vezes o risco legal ou regulatório interage com outras modalidades de riscos da atividade bancária, como risco de crédito através da eficácia do sistema judicial e o risco operacional com a falha na regulamentação do processo fiscalizatório.

Desta forma, o ordenamento jurídico é peça importante na continuidade da atividade bancária. Não apenas na elaboração de leis ou atos normativos regulatórios que possam prejudicar mercado, mas também na interpretação dada pelos órgãos julgadores, sejam eles judiciais ou administrativos. Nos tempos atuais, o maior risco legal ou regulatório da atividade bancária são as decisões do Poder Judiciário, que muitas vezes afastadas da melhor técnica e pressionadas por movimentos sociais e políticos geram tal insegurança jurídica, que os agentes financeiros não conseguem prever

---

[111] LASTRA, Rosa Maria. p. 83.
[112] RODRIGUEZ CHIRILLO, Eduardo J. *Privatización de la empresa publica y post privatización.* Buenos Aires: Abeledo-Perrot, 1995. p. 486.
[113] BARROSO, Luís Roberto. Natureza jurídica e funções das agências reguladoras de serviços públicos. Limites da fiscalização a ser desempenhada pelo Tribunal de Contas do Estado. *Revista Trimestral de Direito Público*, São Paulo, n. 25, p. 78, 1999.

a viabilidade de sua operação. O simples cumprimento da legislação não mais atesta segurança nas práticas comerciais, ficando estas à mercê do intérprete, que, muitas vezes, julga em conformidade com suas ideologias, afastando-se da boa técnica e do próprio Direito posto.

## 2.5. A questão do risco sistêmico

A atividade bancária possui uma grande capacidade de geração de externalidades, fruto de suas peculiaridades e da estrutura patrimonial dos bancos. Essa capacidade de geração de externalidades é potencializada pela centralidade das instituições financeiras nas economias contemporâneas, seja como provedoras de serviços diversos de crédito ou de investimento, seja como operadoras do sistema de pagamentos.

Como intermediários financeiros, os bancos recebem ou captam valores sob a forma de depósito, com a promessa de rentabilizá-los, para em seguida emprestá-los, em relações creditícias diversas, para terceiros. Assim, na formação desta relação jurídica complexa, o passivo dos bancos (depósitos) é, na maior parte das vezes, exigível de imediato ou em curto prazo, enquanto que seu ativo (crédito a terceiros) apenas será exigível em data futura, com o vencimento das respectivas operações. A estrutura patrimonial das instituições financeiras tem como marca o descasamento entre a liquidez dos ativos e dos passivos e um elevado grau de endividamento.

Como operadores do sistema de pagamentos, os bancos têm atuação de grande relevância na integração entre as atividades financeiras. Qualquer atraso ou inadimplência neste serviço pode gerar problemas de liquidez em instituições não-financeiras dependentes dele para prover sua exigência de caixa para atuações cotidianas, ou mesmo para honrar obrigações assumidas. Portanto, uma falha isolada pode gerar instabilidade em todo o mercado, causando reflexos não mensuráveis nos agentes não financeiros, sejam eles pessoas físicas ou jurídicas.

Estas duas atividades desenvolvidas pelo setor bancário, por si sós, tornam a preservação da solidez do sistema bancário e, por consequência, de cada uma das instituições integrantes dele, essencial para a manutenção da estabilidade financeira de qualquer economia global. Por outro lado, a própria configuração estrutural-patrimonial dos bancos possibilita a ocorrência de crises que podem gerar o chamado risco sistêmico.

São estas interligações entre o sistema bancário e os demais setores da sociedade que delimitam a questão do risco sistêmico. O risco sistêmico no sistema bancário compreende uma externalidade negativa do próprio setor.

Segundo Leandro Novais e Silva[114], *"uma externalidade ocorre quando possibilidades de bem-estar de um consumidor ou as possibilidades de produção de uma firma são diretamente afetadas pelas ações de outro agente da economia. No entanto, o consumidor ou a firma afetada não possuem controle sobre as transações econômicas e as ações do agente econômico que geram a externalidade. Geralmente a externalidade é negativa, isto é, produz efeito prejudicial (decréscimo do bem-estar ou aumento dos custos de produção), razão pela qual se torna importante a existência da regulação, de forma a evitar o efeito prejudicial".*

O risco sistêmico, assim, aproxima-se da noção de efeito prejudicial provocado pelo abalo econômico de uma instituição do mercado financeiro, causado normalmente por revés na atividade de intermediação ou em problemas na prestação de serviços de pagamento, o que gera descrédito e desconfiança também em relação aos demais agentes solventes do setor bancário, os quais acabam por ser penalizados por ações não praticadas por eles.

Todavia, seu conceito ainda não possui os contornos totalmente delineados, o que acarreta especial relevância à discussão de diversos assuntos relacionados à atividade bancária, gerando inúmeras tentativas de definir em que consiste o denominado risco sistêmico.

Tiago Machado Cortez[115], citando texto de autoria de Olivier De Brandt e Philipp Hartmann[116], apresenta uma definição de risco sistêmico baseada no evento sistêmico, afirmando que *"um evento sistêmico pode ser tanto um evento em que a divulgação de informações sobre uma instituição financeira, ou sua própria quebra, acarrete efeitos adversos sobre uma ou mais instituições financeiras (hipótese em que se fala em evento sistêmico singular), como também o evento em que se verifiquem vários acontecimentos que tenham efeitos adversos sobre uma ou mais instituições financeiras (nesse caso, fala-se em evento sistêmico amplo). Assim, um evento sistêmico pode ser originado por fato isolado, relacionado inicialmente a uma única instituição financeira ou por um acontecimento cujos efeitos*

---

[114] SILVA, Leandro Novais e. *Direito bancário: regulação e concorrência.* Belo Horizonte: Melhoramentos, 2005. p. 60.

[115] CORTEZ, Tiago Cortez. O conceito de risco sistêmico e suas implicações para a defesa da concorrência. In: CAMPILONGO, Celso Fernandes; MATTOS, Paulo Todescan Lessa; ROCHA, Jean Paul Cabral Veiga da (Coords.). op. cit., p. 316.

[116] DE BRANDT, Olivier; HARTMANN, Philipp. Systemic risk: a survey. *Working Paper*, n. 35, Banco Central Europeu, Working Paper Series, Nov. 2000.

*refletem sobre várias instituições financeiras simultaneamente, como por exemplo, uma alteração abrupta nas condições macroeconômicas".*

Entretanto, para o referido autor, a simples ocorrência do evento sistêmico não implica necessariamente o aparecimento do risco sistêmico Assim, afirma que *"o risco sistêmico ao menos no que se refere ao setor bancário, se baseia em três elementos: choques, contágio (ou mecanismos de transmissão) e resultados que incluam a possibilidade de quebra de outras instituições financeiras. Considerando-se esses três elementos básicos, pode-se dizer que o risco sistêmico no setor bancário é o risco de que a quebra de um banco, ou de que qualquer outro fato, contagie uma ou outras instituições que, anteriormente se encontravam solventes"* [117].

Pode-se, com base nas lições de Tiago Machado Cortez, concluir que o risco sistêmico não está diretamente ligado ao evento sistêmico, mas sim às consequências deste. O risco sistêmico surge apenas quando ocorrem eventos sistêmicos fortes, ou seja, quando duas ou mais instituições financeiras venham a quebrar em razão de acontecimentos independente de suas ações[118].

Numa linha mais moderada sobre a caracterização do risco sistêmico, aparece a definição de Julia Black[119], para quem risco sistêmico é o *"risco que uma quebra (de uma firma, de um segmento de mercado, do sistema de pagamentos, etc.) cause dificuldades generalizadas em outras firmas, outros segmentos de mercado, ou no sistema financeiro como um todo, através de contágio de efeito dominó, expectativas convergentes, rumores e especulação".* Para ela, a quebra de instituições financeiras não é fator essencial para o surgimento do risco sistêmico.

Já para Fernando J. Cardim de Carvalho[120], *"riscos sistêmicos são aqueles sofridos pela sociedade, resultantes da atividade financeira que, não custando nada aos participantes do mercado financeiro, não são incluídos nos cálculos de custo de serviços financeiros. No caso mais importante e geral, trata-se, na verdade, do risco*

---

[117] CORTEZ, Tiago Cortez. op. cit., p. 318.
[118] O evento sistêmico gera um choque inicial do qual decorrem mecanismos de propagação que estenderiam os efeitos desse choque para outras instituições. A consequência da propagação desse choque inicial pode ser um simples prejuízo para o regular funcionamento das instituições afetadas (evento sistêmico fraco) ou a insolvência de uma ou mais instituições (evento sistêmico forte).
[119] BLACK, Julia. Perspectives on derivatives and law. In: HUDSON, A. (Ed.). *Modern financial techniques, derivatives and law.* Londres: Kluwer Law, 2000. p. 18.
[120] CARVALHO, Fernando J. Cardim de. O papel do Banco Central no processo de regulação financeira. In: CAMPILONGO, Celso Fernandes; MATTOS, Paulo Todescan Lessa; Rocha, Jean Paul Cabral Veiga da (Coords.). op. cit., p. 260.

*de perder um benefício que é gerado como externalidade da atividade bancária e que, em si, tem pouco valor para o banco, exatamente por que terceiros são beneficiados, dos quais os bancos não podem exigir remuneração pela satisfação que dão".*
Tornando o argumento mais concreto, cita o exemplo da concessão de crédito a uma empresa. À sombra desta operação, existe a chamada captação de recursos consubstanciada, normalmente, por um depósito à vista. A partir do momento do efetivo cumprimento do contrato de concessão de crédito, a operação terminou para as partes. Todavia, para a sociedade essa operação gera externalidades positivas, consistentes na utilização que a empresa tomadora dos recursos fará, efetuando pagamentos a seus fornecedores e gerando outros depósitos à vista, que se tornaram meios de pagamento alternativos ao papel-moeda. A ocorrência de situação de risco sistêmico privaria a sociedade dessas externalidades positivas decorrente da operação bancária.

Isabel Vaz[121] define risco sistêmico como o *"fenômeno que pode ocorrer no setor bancário e se caracteriza pela possibilidade de extensão dos efeitos de uma falência, por exemplo, às demais instituições financeiras, com a contaminação de todo o setor".*

O risco sistêmico também é potencializado pela vulnerabilidade que as instituições financeiras apresentam. Vulnerabilidade esta resultante da submissão dos bancos aos mesmos riscos. Uma situação temida pelo setor bancário e que ressalta esta vulnerabilidade é a chamada corrida bancária. Roberto Luis Troster[122] explica que *"os bancos são vulneráveis a corridas. Uma corrida a banco é um fenômeno muito conhecido: cada depositante busca retirar seus depósitos antes que os demais o façam. No caso de uma corrida por liquidez a um banco, este é obrigado a atender a todas as demandas. Na falta de liquidez e na falta de um emprestador de última instância [Banco Central] a instituição deve vender ativos rapidamente para atender ao aumento inesperado da demanda. Essas vendas rápidas implicam pesadas perdas de capital que levam muitas instituições à insolvência, apesar de solventes sem a ocorrência da corrida".*

Desta forma, a delimitação do conceito de risco sistêmico, apesar das divergências doutrinárias, possui pontos comuns capazes de traçar a importância de sua diminuição dentro do mercado financeiro. A presença

---

[121] VAZ, Isabel. Fundamentos constitucionais da livre concorrência no setor bancário. In: CAMPILONGO, Celso Fernandes; MATTOS, Paulo Todescan Lessa; ROCHA, Jean Paul Cabral Veiga da (Coords.). op. cit., p. 205.
[122] TROSTER, Roberto Luis. op. cit., p. 288.

de fatos que possam contaminar os agentes bancários, ameaçando o desenvolvimento de suas atividades e, por conseguinte, trazendo prejuízo a toda a sociedade, é fator por demais preocupante em razão da interdependência anteriormente citada. Portanto, o risco sistêmico é constituído pela presença de fatores, externos ou internos, no sistema bancário capazes de iniciar um processo de colapso das instituições financeiras que terminam pela paralisação da atividade por elas desenvolvida a ponto de externalizar o prejuízo a toda a sociedade.

Vale ressaltar, ainda, que modernas técnicas de controle de risco vêm sendo desenvolvidas, aumentando a capacidade dos bancos em absorver choques derivados da volatilidade da economia moderna. Então, a fim de não banalizar o conceito de risco sistêmico, parece prudente entendê-lo, pelo menos no setor bancário, somente em casos em que de fato exista a possibilidade de quebra de instituições financeiras sólidas em razão de fatos delas independentes.

# Capítulo 3
# Regulação da atividade bancária

**3.1. Caracterização da atividade bancária como atividade regulada**
A atividade bancária tem como fundamento básico ser uma atividade econômica cuja exploração cabe à iniciativa privada em regime de livre concorrência. A atividade bancária não pode, portanto, ser confundida com uma espécie de serviço público concedido à execução do particular.

Tal assertiva inicial vem a derrogar noções idealizadoras que tratavam a atividade bancária como serviço público[123]. Contudo, a importância por ela assumida dentro da sociedade contemporânea e sua indispensabilidade perante o processo de desenvolvimento econômico fazem com que ela tenha, dentro do ordenamento jurídico, um tratamento diferenciado, com a inclusão de muitos preceitos de direito público, ou seja, uma maior influência dos poderes do Estado.

Carlos Gilberto Villegas[124], ao analisar o regime jurídico afeto à atividade bancária, afirma que a atividade de criação e administração de meios de pagamentos, exercida em caráter monopolista pelos bancos e entidades

---

[123] José Maria Souvirón Morenilla aponta teorias sobre os denominados serviços públicos virtuais ou impróprios, os quais abrangem atividades de interesse geral dirigidas ao público, que, se exercidas por um ente público, será serviço público – em sentido próprio –, e, se exercidas por particulares, mediante autorização do ente estatal, será um serviço público impróprio. Estariam, portanto, dentro do conceito de serviço público virtual ou impróprio a própria atividade bancária além dos serviços de ensino de transporte. (MORENILLA, José Maria Souvirinón. *La actividad de la administración y el servicio público*. Granada: Comares, 1998. p. 64).
[124] VILLEGAS, Carlos Gilberto. op. cit., p. 19-20.

financeiras, faz com que tão importante função não possa estar desvinculada de um interesse comum, nem alheia a uma finalidade pública. Por este motivo, o ente estatal deve regulamentar tal atividade de modo sistematizado, dispondo-se a controlar a atuação dos bancos para que cumpram o objetivo de servir, também, ao bem-estar de toda a sociedade.

Desta feita, apesar de não poder ser enquadrada como serviço público na sua acepção conceitual, a atividade bancária, pelo grau de importância que desempenha no bom funcionamento da sociedade, deve ser tratada de maneira especial, posto que há interesse público no controle de tal atividade privada. Assim, apesar de se constituir em atividade econômica cuja exploração direta cabe à iniciativa privada em regime de liberdade de iniciativa, o acesso ao seu exercício não é livre, havendo uma série de restrições legais para seu desenvolvimento.

Esse fato, ou seja, necessidade de controle de acesso ao exercício da atividade bancária, já impõe ao Estado o dever de intervir através da regulação. Gaspar Ariño Ortiz[125], corroborando a ideia de que a atividade bancária é uma atividade carente de regulação estatal, afirma existir consenso na doutrina de que uma das características fundamentais da regulação econômica se constitui no controle de acesso e permanência em determinadas atividades, afetando as condições em que essas atividades se desenvolvem.

Todavia, a necessidade de imposição da autoridade do Estado à atividade bancária, não é privilégio dos tempos modernos, mas remontam a discussões passadas, com exemplos que mostram a criação de regras estatais específicas dos bancos, como as leis de usura, que impunham restrições ao uso do dinheiro. Roberto Luis Troster[126] delimita os fundamentos para o início da regulamentação estatal da atividade bancária, sendo o primeiro deles a necessidade de controlar a capacidade dos bancos em criar dinheiro. A este seguiu a necessidade de aumentar a base tributária do Estado e de conseguir acesso a crédito a juros mais baixos, sendo que, com o passar do tempo, outras preocupações foram surgindo, tais como a estabilidade financeira, financiamentos a longo prazo e acesso ao crédito pelos pequenos produtores.

O tratamento dado à atividade bancária, nitidamente de origem privada, padece de interveniência estatal, em face de sua relevância no processo

---

[125] ARIÑO ORTIZ, Gaspar *Princípios de derecho público económico*: modelo de Estado, gestión pública, regulación económica. Granada: Comares, 1999. p. 550.
[126] TROSTER, Roberto Luis. *Regulamentação prudencial no Brasil*, cit., p. 27.

de desenvolvimento econômico e sua indispensabilidade na realização do interesse público, principalmente em seu viés social. Portanto, não surpreende que esse tratamento se assemelhe a outras atividades classificadas como serviços públicos puros, onde o Estado, antes provedor, se transforma em regulador. E justificativas não faltam na conversão para um mesmo modelo de regulação econômica dada ao serviço público e à atividade bancária, posto que esta última apresenta um alto grau de interesse público na sua regular operação.

Jairo Saddi[127] elenca três justificativas para a regulação bancária: do ponto de vista do consumidor (e cidadão), protegê-lo do risco desmedido, já que os efeitos de qualquer crise bancária se alastram por toda a economia e afetam gravemente a sociedade; do ponto de vista sistêmico, garantir a eficiência, liquidez e solidez do sistema, através da redução de custos de transações e informação, ao aumentar a transparência nas relações bancárias; e do ponto de vista concorrencial, garantir que não haverá competição predatória ou monopolista e que, na atividade bancária, todos serão tratados igualmente. Já para José Wilson Nogueira de Queiroz[128], as justificativas para regulação financeira seriam: eficiência do mercado; diminuição de custos; equidade nas relações investidor/agente; confiança do público no mercado; política fiscal de incentivo e prevenção de concentração de poder econômico capaz de causar imperfeições no mercado.

Das causas citadas como justificativas para a regulação bancária, nota-se uma diversidade de perspectivas sobre como tratar o tema. Algumas remetem a regulação bancária à função de assegurar a concorrência e garantir a liquidez do sistema, enquanto outros acrescentam a busca pela eficiência econômica. Todas elas, no entanto, visam corrigir falhas do mercado surgidas do processo de intermediação financeira, como a existência de mercados incompletos, a assimetria informacional, o risco moral e as externalidades negativas decorrentes do risco sistêmico. Segundo Roberto Luis Troster[129] *"manter a eliminação de falhas de mercado relativas à instabilidade estrutural do mercado, além de contribuir para a estabilidade, propiciaria, também, a eficiência microeconômica, de modo que não se podem isolar estabilidade estrutural e eficiência. Ambas concorrem para o correto funcionamento do mercado, de modo que assegurando um desses elementos estar-se-á propiciando o outro".*

[127] SADDI, Jairo. *Crise e regulação bancária*, cit., p. 62.
[128] QUEIROZ, José Wilson Nogueira de. *Direito econômico*. Rio de Janeiro: Forense, 1982. p. 194.
[129] TROSTER, Roberto Luis. *Regulamentação prudencial no Brasil*, cit., p. 27.

Entretanto, não se pode justificar a regulação bancária apenas com fundamentos econômicos. No caminho da moderna regulação, os fundamentos econômicos devem estar interligados com a implementação de políticas públicas que visam a preservação de direitos e garantias individuais através de atividades econômicas, que por sua essencialidade são alvos da intervenção estatal.

Resta claro que os fundamentos técnico-econômicos da regulação convivem sempre com decisões políticas. A opção pela intervenção estatal em atividades privadas, como o setor bancário, além das razões ideológicas ou conjunturais, funda-se, principalmente na implementação de políticas públicas. Mas não políticas públicas fruto da vontade do administrador público, mas sim, fruto de determinações constantes do texto constitucional, como, por exemplo, a proteção dos direitos e garantias individuais.

Parece inegável que a atividade bancária é atividade carente de regulação estatal. As operações desenvolvidas pelos bancos, tanto como intermediário financeiro quanto como prestador exclusivo do serviço de pagamentos, o tornam essencial para o desenvolvimento econômico, seja no desempenho do próprio Estado seja na afirmação dos direitos e garantias individuais. Portanto, a regulação estatal deve ter como finalidade preservar o setor bancário como agente social e econômico importante, preocupando-se com três áreas fundamentais: garantia da estabilidade sistêmica, com o controle de externalidades que podem decorrer da atividade bancária; garantia da concorrência, com o controle das posições de mercado; e proteção dos consumidores, em face da assimetria de informações característica da relação entre cliente e instituições financeiras.

### 3.1.1. O controle das externalidades

O sistema bancário lida com o crédito, com a moeda, com a economia popular, com as poupanças, os capitais produtivos, os meios de pagamento de uma nação e outros valores e serviços financeiros que a especialização tecnológica e as comunicações permitem oferecer à sociedade. Por toda sua dimensão, é direito do administrado, usuário e consumidor desses serviços que o país possua um sistema bancário sólido, seguro e regido por normas transparentes. Além do mais, esses predicados garantem aos investidores externos e demais parceiros o adimplemento e a pontualidade em relação aos compromissos assumidos.

Por toda abrangência que a atividade bancária apresenta dentro do mercado contemporâneo, bem como por sua essencialidade no desenvolvimento da sociedade, o setor bancário é, de alguma forma, especial, devendo ser tratado de forma diferenciada dentro do ordenamento jurídico. Daí a necessidade de sua regulação.

Prova de seu caráter especial é a existência, a cada momento, de um grande número de regras de operações e restrições a negócios impostas às instituições e mercados financeiros. Essa grande exposição a externalidades faz com que uma extensa rede de segurança que visa proteger a operação do setor de riscos maiores seja desenvolvida como parte importante da atividade regulatória estatal.

As ideias de Stephen Breyer[130] trazem as razões clássicas para a regulação: o controle do poder de monopólio, o controle do excesso de lucros, a compensação por externalidades negativas, a regulação em face de informações inadequadas e a competição excessiva – características específicas das falhas de mercado. No entanto, o mesmo autor crítica a eficiência da regulação sob os mais diversos aspectos: altos custos do aparato regulatório; ineficiência das regras que impõe; injusta, complexa e frequentemente atrasada; irresponsável em face do controle democrático e a inerente imprevisibilidade do resultado final. Assim, somente reconhece a alternativa do modelo de regulação quando este realmente se torna imprescindível ao controle de determinado setor, ou seja, quando a intervenção regulatória, mesmo não tão eficiente, traz mais benefícios do que a liberação completa do mercado, sujeita a falhas que acarretam inúmeros prejuízos e trazem um custo social altíssimo. É o que ocorre em alguns casos, como na compensação por externalidades negativas.

O setor bancário é um caso onde o modelo regulatório traz maiores benefícios do que a liberdade total do mercado. É imprescindível ao setor financeiro a existência de um aparato regulatório de natureza sistêmica, de forma a controlar e prevenir que uma instabilidade localizada não seja desencadeadora de uma crise bancária generalizada. Isso ocorre de diversas maneiras, como a falência de uma instituição financeira ou uma corrida bancária. Portanto, os benefícios da regulação superam os custos sociais de uma falha sistêmica em um mercado bancário totalmente desregulado.

---

[130] BREYER, Stephen. *Regulation and its reform*. Cambridge: Harvard University Press, 1982. p. 4-28.

Desta maneira, como apontado no detalhamento do chamado risco sistêmico, três pontes ligam o setor bancário ao resto da sociedade, gerando interdependência e necessidade de preservação como forma de garantir a normalidade social. A estrutura do sistema de pagamento, o modelo de intermediação financeira com probabilidade de corridas bancárias e a alta volatilidade dos mercados[131] são as externalidades do setor financeiro que devem ser controladas pelo aparato regulatório, posto que qualquer abalo sério que possa gerar o colapso destas atividades bancárias reflete no bom funcionamento da sociedade contemporânea.

### 3.1.2. O controle das posições de mercado

Outro ponto importante que justifica a essencialidade de uma forte regulação do setor bancário é a existência de uma importante falha de mercado: a possibilidade de abuso de poder econômico por parte das instituições financeiras.

O abuso de poder econômico das instituições financeiras pode-se configurar em práticas concertadas para a fixação das taxas de juros, de venda casada de produtos e de criação de barreiras artificiais para a entrada de novas instituições. Para evitar a utilização de procedimentos prejudiciais ao bom funcionamento do mercado, é necessário o controle das posições, dentro deste, das instituições financeiras através da imersão do setor bancário ao ambiente competitivo. Ou melhor, é afirmar a aplicação das regras antitruste ao setor, ou seja, introduzir a regulação concorrencial como parte do aparato regulatório estatal.

O efeito da regulação sem qualquer competição, ou sem temor às regras concorrenciais, nos setores onde é possível a existência de competição, é a ineficiência e a acomodação do setor. No caso do setor bancário, a falta da regulação concorrencial pode gerar a ineficiência distributiva.

---

[131] Otavio Yazbek afirma que *"usualmente não se aponta este tipo de questão como portadora de relevância sistêmica, mas não há como negar, no caso, a presença de externalidades. Trata-se do problema da volatilidade dos preços dos ativos financeiros e da sua delicada correlação com outras variáveis (como se pode ver, aliás, na crise dos subprime, descrita no início deste capítulo). Da já referida 'financeirização' da riqueza e, mais concretamente, da cada vez maior incorporação de posições de risco a instrumentos negociáveis, com o aumento do volume das atividades especulativas e a integração dos mercados globais, decorre um natural aumento da volatilidade dos mercados."* (YAZBEK, Otavio. Regulação do mercado financeiro e de capitais. 2. ed. Rio de Janeiro: Elsevier, 2009. p. 191).

Contudo, a grande indagação surgida é a possibilidade de, no setor bancário, coexistirem as regulações sistêmicas e prudenciais com a regulação concorrencial. Num primeiro momento se entendeu que o Estado, ao regular de forma tão profunda e extensa o setor bancário, acabaria por afastar o potencial competitivo dentro do mercado. Para aparar esta aresta dentro do ambiente regulatório moderno, e mostrar não só a possibilidade da coexistência destes tipos de regulação, mas a exigência de que elas atuem dentro do setor bancário, invocamos os ensinamentos de Calixto Salomão Filho e o entendimento das teorias norte-americanas do *State action doctrine* (teoria da ação política) e do *Pervasive power* (teoria do poder amplo).[132]

A teoria da ação política situa-se dentro da própria estrutura do federalismo norte-americano. Diante da autonomia administrativa e legislativa conferida aos Estados da Federação, com a competência de expedir normativos sobre diversas áreas da economia, surge a possibilidade de um conflito entre os regulamentos locais e as regras antitruste de alçada federal. Assim, poderia o Estado Membro, ao elaborar sua regulamentação local, regular de tal forma determinado setor econômico que as regras antitruste federais ficassem subjugadas diante da denominada regulação total.

Já a teoria do poder amplo, entendida como a teoria da ação política reforçada por outros elementos, não tem em conta propriamente a aplicação da lei antitruste federal a uma regulação imposta por um Estado Membro, mas sim o estudo da extensão e da profundidade da regulação imposta por qualquer agência, desautorizando a interferência de mecanismos estrangeiros a ela de aplicar as regras concorrenciais. Assim, o poder conferido a uma agência reguladora norte-americana é extenso o suficiente para abarcar toda a atividade desenvolvida por aquele setor econômico, inclusive no que se refere à concorrência.

Calixto Salomão Filho[133], conjugando as noções das duas teorias, aponta que *"a conclusão que se pode tirar é no sentido de que, tratando-se de agência de regulamentação federal independente, a questão de aplicação do direito antitruste se resolve em uma discussão de competência dos órgãos envolvidos. A falta de competência da agência governamental responsável por determinado mercado não exclui a aplicação do direito concorrencial, mas apenas caracteriza a ilegalidade da*

---

[132] SALOMÃO FILHO, Calixto. op. cit., p. 168-172.
[133] Id., loc. cit.

*regulamentação que desconsidera a tutela antitruste (por não ser ele poder extenso o suficiente). Da mesma maneira, a existência de competência mas a falta de seu pleno exercício, sem levar em conta os aspectos concorrenciais de uma situação, torna a regulamentação ilegal, Isto porque o poder não foi exercido. Portanto, não é profundo o suficiente, Por este motivo, a casuística existente a respeito resolve a questão da ilegalidade concorrencial de determinada regulamentação, respectivamente, em termos de excesso no exercício da competência regulatória, ou, então, de desvio de finalidade."*

A atividade bancária, desta feita, deve se submeter às regras antitruste. Caso contrário, algumas instituições financeiras poderiam abusar de sua força econômica para alçarem posições dentro do mercado que as favorecessem e ao mesmo tempo prejudicassem a saúde do setor e os direitos dos consumidores. Ademais, as regulações sistêmicas e prudenciais, apesar de dependerem do controle destas posições no mercado, não cuidam especificamente do aspecto concorrencial, e é possível evitar certas falhas de mercado, que ameaçam a própria sobrevivência dele, com uma forte regulação concorrencial para o setor financeiro.

### 3.1.3. O problema da assimetria de informações.

A atividade bancária, como já explicado neste trabalho, está sujeita a inúmeros riscos. Risco de crédito, quando sua carteira de crédito sofre deterioração, com alta inadimplência; risco de mercado, com grandes oscilações nos juros e taxas de câmbio, risco legal, com a lentidão do sistema legal; riscos de fraudes e tecnológicos. Estes riscos aumentam a possibilidade de insolvência de uma instituição financeira por três motivos essenciais: vulnerabilidade a corridas, falhas informacionais e os mercados incompletos.

O problema da assimetria de informações é uma das falhas de mercado que justificam a regulação do setor bancário e que mal solucionado pode gerar o desaparecimento de um ou mais agentes financeiros.

Dentro do quadro de riscos e da insuficiência de informações disponíveis, os consumidores não possuem o conhecimento necessário sobre as instituições financeiras que contratam, não conhecendo, por exemplo, o nível de alavancagem, a adequação de seu capital e a solidez de sua carteira de crédito. E mesmo que os consumidores tivessem acesso a todas estas informações, muitos não saberiam como analisá-las para aferir a situação da instituição financeira com quem quer se relacionar.

Otavio Yazbek[134], ao comentar o problema da assimetria de informações, afirma que *"são diversos os exemplos possíveis, relacionados à natureza das atividades de intermediação, à falta de especialização daqueles que não atuam cotidianamente no mercado e mesmo ao emaranhado de arranjos e de relações internas nas estruturas de conglomerado. Assim, os clientes dos bancos não dispõem de informações acerca da atividade e do nível de endividamento destes."*

O resultado desta falha informacional é o perigo de que, o consumidor, alimentado por um simples boato, ou mesmo um sinal macroeconômico, como a alteração de uma política monetária ou da taxa de câmbio, proceda a um teste em sua instituição financeira, de forma a sacar o dinheiro depositado, e assim por diante. Isto pode ser o início de uma corrida bancária, motivada não por uma falência bancária comprovada, mas sim por um déficit informacional. Desta feita, a assimetria da informação passa a alimentar um processo que pode abalar a saúde financeira de instituições que, antes, apresentavam-se totalmente solventes.

Para Roberto Luis Troster[135], *"o importante para explicar as corridas é o fato de existirem informações incompletas. A ideia por trás da corrida é que ou uma mancha solar é o estopim da crise, ou os investidores recebem sinais ruidosos (noisy signals), indicando a insolvência do banco, precipitando, dessa forma, a corrida. Na prática, a informação sem custos inexiste, como também os indivíduos não têm a capacidade de avaliar rapidamente a saúde dos bancos."*

Da mesma forma também se vislumbra o problema de assimetria de informações nas relações entre instituições financeiras, dificultando a avaliação de riscos a que elas se expõem quando operam entre si.

Concluindo seu estudo sobre o tema, Otavio Yazbek[136] aponta que *"na maior parte desses casos, sendo as relações eminentemente fiduciárias, configuram-se relações de agency entre os envolvidos. Daí podem advir aquelas situações de moral hazard em que o agente mais informado se beneficia da hipossuficiência dos demais, e, já em um outro plano, também mecanismos de seleção adversa, tendo em vista a generalizada perda de confiança nos mecanismos de mercado".*

Além dos tradicionais exemplos de falha informacional, um novo fato, e tão importante quanto, vem despertando no hodierno processo de inclusão financeira. Consumidores que antes não tinham acesso aos serviços e produtos financeiros, passam a se integrar ao mercado. Esses novos consu-

---

[134] YAZBEK, Otávio. op. cit., p. 192.
[135] TROSTER, Roberto Luis. Os bancos são diferentes, cit., p. 289.
[136] YAZBEK, Otávio. op. cit., p. 192.

midores, fruto do fenômeno da bancarização da economia, não possuem informação alguma sobre a natureza dos serviços e produtos que começam a consumir dentro de um mercado altamente competitivo e agressivo. O conceito da *moral hazard*[137] toma um maior vulto, gerando a necessidade de se equilibrar as forças dentro desta relação jurídico-comercial,

Este processo força o mercado a se adaptar à nova realidade. Os produtos e serviços devem sofrer transformações em seu sistema de comunicação a fim de garantir compreensão por parte destes novos consumidores. Um grande projeto de educação financeira é essencial para que a assimetria de informações seja diminuída, sendo este um aspecto importante dentro da atividade regulatória estatal.

A responsabilidade do setor bancário nesse processo de inclusão financeira volta-se, assim, ao aspecto social, posto que, o citado déficit informacional faz surgir o risco do desenvolvimento de problemas graves na base da sociedade, como o denominado superendividamento, que, a longo prazo, pode colocar em risco, além da estabilidade macroeconômica do mercado como um todo, a saúde financeira das instituições concedentes de crédito em razão da inadimplência crescente em sua carteira de clientes.

Desta feita, a assimetria das informações apresenta-se como uma das principais falhas de mercado, impeditiva da plena eficiência do setor bancário, e justificadora de uma regulação cada vez mais específica, com persecução da finalidade, além da proteção sistêmica, de proteção dos consumidores.

### 3.2. Evolução das modalidades de regulação bancária e globalização

A regulação da atividade bancária evoluiu no decorrer das últimas décadas. As formas de intervenção estatal por meio da regulação no setor bancário mudaram substantivamente nesse período, sempre buscando novas formas de conciliar o bom funcionamento do mercado e o interesse público e atentas às novas realidades socioeconômicas que mudam, rotineiramente, os objetivos diretos a serem perseguidos.

---

[137] No *Dictionary of economics* a expressão aparece definida como a situação na qual uma das partes de um contrato é incentivada, após a contratação, a agir de modo a obter benefícios em proveito próprio às custas da outra parte. O verbete remete ao assunto assimetrias informacional, estabelecendo relação entre ambas. (PASS, Cristopher; Lowes, Brian; Davies, Leslie. *Dictionary of economics*. Glasgow: Harper Collins, 2000. p. 359).

Jairo Saddi[138], em seus estudos sobre a evolução da regulação da atividade bancária, constata que, até a década de 1980, qualquer sistema financeiro apresentava três características básicas: era fechado, com pequeno número de participantes; cada banco possuía atuação limitada em mercados específicos, cada qual com seu escopo de atividade reduzido por lei; e, como regra geral, o mercado de atuação de cada banco era seu país de origem.

Nos caminhos da evolução dos mecanismos e objetivos da regulação bancária, Nazaré da Costa Cabral[139], apresentou um estudo profundo dos sistemas existentes nos Estados Unidos, Japão, Reino Unido, Bélgica, França e Holanda. Nesses países, a atuação estatal sobre o mercado financeiro e especialmente bancário possuía uma preocupação centrada na higidez do sistema. Essa atuação adotava, em geral, instrumentos assecuratórios dessa higidez, segmentando a atividade financeira em dois pólos: comercial e investimentos. Outros instrumentos utilizados na regulação dos países objeto do estudo eram o controle da envergadura das instituições e o controle do nível de suas atividades.

A partir de 1980[140], o mercado financeiro mundial sofreu grandes alterações, fruto, principalmente, do avanço da globalização e da implantação das ditas políticas neoliberais. Este avanço na política econômica internacional fez com que a quase totalidade dos países abrisse seus mercados nacionais à invasão do capital estrangeiro e à instalação de instituições financeiras internacionais.

Pode-se, diante do processo de globalização financeira, apresentar três novos desafios para a regulação dos sistemas bancários nacionais ou regionais: comércio de serviços financeiros supranacionais; investimentos de instituições multinacionais em mercados financeiros no exterior; e

---

[138] SADDI, Jairo. *Crise e regulação bancária*, cit., p. 67.
[139] CABRAL, Nazaré da Costa. O princípio da desregulação bancária. *Revista da Faculdade de Direito da Universidade de Lisboa*, Lisboa, v. 38, n. 2, p. p.428-436, 1997.
[140] Alguns pensadores, entre eles Reinaldo Gonçalves, defendem a ideia de que a globalização dos mercados para a atividade bancária é um processo já em curso desde os anos 60, a partir do desenvolvimento do mercado de eurodólares, bem como da reciclagem de petrodólares e do financiamento bancário às economias em desenvolvimento e da Europa Oriental nos anos 70. Ganhou porém, ímpeto ainda maior a partir do início dos anos 80. (LIMA, Gilberto Tadeu. Evolução recente da regulação bancária no Brasil. In: SOBREIRA, Rogério (Org.). *Regulação financeira e bancária*. São Paulo: Atlas, 2005. p. 189).

transações entre instituições financeiras situadas em países distintos, as quais dão margem a riscos de crédito de natureza interjurídica.

Novos instrumentos financeiros foram surgindo com o aumento de fluxo de capitais e o progresso tecnológico, com a crescente facilidade e rapidez na transmissão de dados. Esses instrumentos trouxeram um dinamismo inédito ao setor bancário, com impacto direto no campo da concorrência, impulsionando os bancos a buscarem, cada vez mais, eficiência e competitividade nas suas operações.

A atividade bancária, assim, foi afetada diretamente por este novo mercado financeiro mundial, de caráter altamente concorrencial e com instrumentos novos de operação. Sidnei Turczyn[141] atesta que *"dentre os novos instrumentos financeiros que surgiram se podem citar a securitização (por meio do qual os bancos buscam formas menos arriscadas de concessão de empréstimos, passando a fazê-lo mediante o recebimento de títulos lastreados em outras operações) e o fenômeno da desintermediação (por força do qual surgem formas alternativas de financiamentos, sem passar pela tradicional intermediação bancária, seja pelo financiamento direto ao consumidor pelas empresas comerciais, seja por meio de consórcios, cooperativas e diversas outras modalidades)."*

Essas condições de mercado, com a queda das fronteiras comerciais nacionais, o desenvolvimento de modalidades de atividades bancárias internacionais e o surgimento de novos atores, não bancários, no processo de concessão de crédito, traz a percepção geral de que a atuação do Estado no controle do setor financeiro é essencial para a manutenção do mesmo e a preservação dos direitos e garantias individuais, principalmente no âmbito da defesa dos consumidores, agora expostos às práticas comerciais de grandes conglomerados multinacionais ou de pequenas empresas sem os controles de solidez de uma instituição financeira regulada

Portanto, embora a desregulação seja, no dizer de Nazaré da Costa Cabral[142], assumida como Princípio fundamental da época atual, principalmente nas vozes dos pensadores norte-americanos que vêem esta como mecanismo de reforço do papel do mercado, de liberalização e de concorrência no ambiente internacional, um setor com as especificidades e com a elevada propensão a riscos como o setor bancário necessita da intervenção estatal.

---

[141] TURCZYN, Sidnei. op. cit., p. 351.
[142] CABRAL, Nazaré da Costa. op. cit., p. 440-441.

Todavia, este processo de globalização, além de não afastar a necessidade de intervenção do Estado no mercado bancário, gera uma vital evolução dos mecanismos e objetivos da regulação estatal. Pode-se até afirmar que a internacionalização do mercado, com a ampliação do risco sistêmico, evidenciou que o controle do setor bancário deve ter sua intensidade ampliada. Não basta apenas evitar o colapso do sistema bancário, com a proteção dos depositantes. Deve-se, também, preservar o interesse público que a atividade bancária detém na sociedade moderna, ou seja, a essencialidade dos bancos na implantação de políticas públicas e garantia dos direitos individuais, principalmente como prestadores de serviços e fomentadores do desenvolvimento socioeconômico.

### 3.3. Formas específicas de regulação bancária

A atividade bancária, como anotado, está sujeita a uma multiplicidade de riscos, que vão desde o problema da liquidez até o engajamento sistêmico que as instituições integrantes do setor apresentam. Essas peculiaridades fizeram com que formas qualificadas específicas de atuação do Estado sobre o setor bancário fossem criadas com a finalidade primordial de prevenir crises financeiras.

As diversas maneiras pelas quais a atuação regulatória estatal se apresenta no setor bancário são alvo de várias classificações pela doutrina estudiosa da matéria. Uma passagem por estas diferentes visões torna-se precípua antes da apresentação detalhada das formas específicas de regulação bancária adotadas neste trabalho.

Rosa Maria Lastra[143], tendo como base seus estudos acerca do direito europeu, transforma a atuação regulatória estatal num "processo de supervisão padrão", o qual se decompõe em "supervisão bancária" e "regulamentação bancária". Nesse entendimento, a supervisão bancária se desenvolveria em quatro fases distintas: autorização para operar no mercado; fiscalização das atividades; punição aos que infringirem as regras postas e administração de crises com impacto no setor. Já a regulamentação bancária seria o estabelecimento de regras, incluindo atos do legislativo e instrumentos ou regras emanadas tanto de autoridades delegadas quanto de organizações autorreguladas.

---

[143] LASTRA, Rosa Maria. op. cit., p. 90-92.

Ao trabalhar o tema da regulação bancária em espécie, Jairo Saddi[144] aponta três instrumentos que qualifica como clássicos, a saber: regulação prudencial; seguro garantia de crédito bancário e mecanismos de prestamistas de última instância.

Roberto Luis Troster[145], ao tratar os aspectos da regulação prudencial, define outra forma de atuação do Estado no setor bancário, a qual denomina de "persuasão moral". Por "persuasão moral" entende o autor, citando literatura estrangeira, especialmente casos ingleses, o simples aviso dado pelo agente regulador do mercado aos responsáveis pelos bancos, da necessidade de certo comportamento.

Por sua vez, Antonio Menezes Cordeiro[146], traz ao debate uma nova maneira de se enxergar a supervisão bancária. Aproximando o conceito de regulação ao de supervisão, afirma que a supervisão exercida sobre o setor bancário seria a forma de sujeitar as instituições financeiras ao poder do Estado. O autor divide a supervisão em dois aspectos: supervisão geral e supervisão prudencial. A supervisão geral inclui o acompanhamento dos mercados monetário e financeiro e o acompanhamento do setor econômico bancário, propiciando a confecção de determinações genéricas e de medidas de manuseio das taxas de juros. Já a supervisão prudencial inclui o controle individual de cada instituição financeira de modo a assegurar os valores dos bancos, baseado na ideia de prudência na atividade bancária e da confiança do público.

Tiago Machado Cortez[147] afirma que sob a denominação geral de regulação bancária se apresentam dois instrumentos básicos: a regulação prudencial e a regulação sistêmica. O autor discorre que, enquanto a regulação prudencial tem como objetivo principal a proteção ao depositante, buscando preservar a higidez e a solidez de cada instituição individualmente, a regulação sistêmica visa proteger o sistema bancário como um todo e o depositante individual como consequência.

---

[144] SADDI, Jairo. *Crise e regulação bancária*, cit., p. 173.
[145] TROSTER, Roberto Luis. *Regulamentação prudencial no Brasil*, cit., p. 41-43.
[146] CORDEIRO, Antonio Menezes. *Manual de direito bancário*. Coimbra: Almedina, 1999. p. 126-127.
[147] CORTEZ, Tiago Cortez. op. cit., p. 324-325.

De encontro às ideias de Tiago Machado Cortez, Paulo Coutinho[148] distingue, dentro da atividade regulatória estatal bancária, a realização de uma regulação prudencial e de uma regulação sistêmica. Para ele, regulação prudencial é aquela que promove práticas bancárias seguras e sólidas, eficiência no setor bancário, proteção dos depositantes e manutenção da estabilidade do setor financeiro. Continua, afirmando que regulação sistêmica é o conjunto de medidas adotadas pelo Estado para lidar com os riscos sistêmicos, seguindo três direções: criação de um emprestador de última instância para fornecer liquidez em momentos de crise; estabelecimento de esquemas de garantia de depósitos; e estabelecimento de medidas de regulação e de supervisão, como a adoção de padrões de capital.

Eduardo Luís Lundberg[149], examinando o caso concreto do Sistema Financeiro brasileiro, enuncia seis mecanismos de "proteção bancária", a saber: licenciamento das instituições financeiras; regras prudenciais de funcionamento das instituições financeiras; fiscalização; janela de redesconto; saneamento do Sistema Financeiro Nacional (intervenções e liquidações) e seguro depósito. Já Ivo Waisberg[150] promove pequenas adaptações à enunciação de Lundberg, tratando de supervisão e fiscalização, em vez de apenas fiscalização, e abrindo a possibilidade, dentro do item saneamento do Sistema Financeiro Nacional, de decretação de regimes especiais, de modo a não abranger apenas as hipóteses de intervenções e liquidações.

Respeitadas todas as diversas formas de se enumerar as regulações bancárias em espécie, para fins deste trabalho, o critério utilizado é o de classificar as atividades regulatórias impostas ao setor financeiro de acordo com a finalidade que cada movimento apresenta e o aspecto do mercado que pretende preservar ou corrigir. Desta maneira, a somatória de todos estes tipos de modalidades de atividade regulatória é que vai conduzir o setor bancário a uma situação de solidez, eficiência e atingimento do interesse público, fim de qualquer ato estatal.

---

[148] COUTINHO, Paulo. Regulação prudencial e concorrência no setor bancário. In: SEMINÁRIO INTERNACIONAL SOBRE REGULAÇÃO E DEFESA DA CONCORRÊNCIA NO SETOR BANCÁRIO. Brasília, 1999. p. 214-216.
[149] LUNDBERG, Eduardo Luís. Rede de proteção e saneamento do sistema bancário. In: SADDI, Jairo (Org.). *Intervenção e liquidação extrajudicial no sistema financeiro nacional:* 25 anos da Lei 6.024/74. São Paulo: Textonovo, 1999. p. 36-37.
[150] WAISBERG, Ivo. *Responsabilidade civil dos administradores de bancos comerciais.* São Paulo: Ed. Revista dos Tribunais, 2002. p. 55-62.

Além do mais, qualquer das formas específicas de regulação bancária possui, como característica básica deste modo de intervenção do Estado no domínio econômico, as competências de organização, de coordenação, de regulamentação, de supervisão e de punição dos atores operantes no setor. Portanto, classificar a atividade regulatória bancária utilizando como critério as competências gerais intrínsecas ao conceito de regulação seria não considerar as peculiaridades do setor financeiro, principalmente com relação aos riscos que apresenta e que demandam atuações diferenciadas e direcionadas a diminuí-los ou evitá-los.

Assim, com base nas finalidades específicas perseguidas pela regulação bancária, sugere-se a sua divisão em três grandes grupos: regulação de condutas, regulação prudencial e regulação sistêmica. Porém, todas devem se harmonizar, não sendo núcleos independentes, posto que o erro na dosagem de uma delas pode causar aumento dos riscos objeto das demais modalidades de regulação bancária.

### 3.3.1. A regulação de condutas

A regulação de condutas tem como objeto disciplinar e supervisionar as práticas adotadas pelas instituições financeiras nas suas relações negociais, ou seja, a criação de regras diversas, autorizando ou vedando determinadas práticas ou, ainda, delimitando operações e estruturas de mercado.

O principal fundamento desta modalidade de regulação bancária é a existência, dentro do mercado financeiro, de assimetrias informacionais. Todavia, deve-se reconhecer, no âmbito da regulação de condutas, o aparecimento de relações de negócios independentes uns dos outros, os quais devem ser tratados de maneira específica pelo agente estatal, a fim de que o déficit de informações seja realmente compensado pela atividade regulatória. Cumpre, assim, diferenciar a proteção dos intermediários da proteção das estruturas negociais e mecanismos de formação de preços e, também, da proteção dos consumidores ou dos investidores.

Um ponto, essencial ao objetivo deste trabalho, a ser abordado é o da proteção dos consumidores de produtos e serviços financeiros como objetivo da regulação de condutas.

Todo o processo se inicia com a conclusão de que a proteção a ser dada aos consumidores no setor bancário não pode se restringir, apenas, à tutela das posições individuais desses, mas também à necessidade de garantir a confiabilidade dos mercados, sua estabilidade e eficiência. Otavio Yazbek[151], ao tratar sobre o tema, afirma que *"mais do que a qualidade do produto adquirido, não raro de difícil, senão impossível, reconhecimento a priori, cumpre garantir a legitimidade dos processos adotados. Naturalmente, tal distinção não é, por si, impeditiva da aplicação de dispositivos comuns de defesa do consumidor, mas ela se impõe quando da elaboração de mecanismos específicos para tal."*

A regra de proteção e defesa dos consumidores de produtos e serviços bancários deve obrigatoriamente pautar a atividade regulatória estatal, presente em sua forma de regulação de condutas, e deve incidir sobre a instituição financeira como intermediário ou prestador de outros serviços, como, por exemplo, o de pagamento, seja em sua organização interna ou sobre atos comerciais diversos praticados com terceiros. Portanto, o agente regulador deve atuar no sentido de que sejam criados mecanismos formais de controle da atividade bancária, com regras de qualificação técnica, ou mesmo moral, aplicáveis aos bancos, seus administradores e representantes, bem como de padronização de procedimentos e modelos de negócio, com a obrigatoriedade de envio de informações para os consumidores e também para os reguladores e de vedação ao uso de informações obtidas através da posição privilegiada que detêm.

Dentre todas as situações de proteção aos consumidores e redução de sua situação de vulnerabilidade, ou mesmo de hipossuficiência, em relação aos agentes bancários, a regulação de condutas deve conceder especial atenção às obrigações de prestar informações (ou dar acesso a elas) e de não fazer uso de informações privilegiadas. O cumprimento destas obrigações talvez se transforme no mecanismo mais simples para a redução das desigualdades geradas pela assimetria informacional existente na relação de consumo consubstanciada pela atividade bancária, e, por conseguinte, uma diminuição nos conflitos de interesses exacerbados nos mercado contemporâneo.

Igualmente, vem se tornando cada vez mais comum, no exercício da atividade regulatória bancária, a valorização de Princípios gerais de conduta, como honestidade, correção, zelo e ética. Esses Princípios são incorporados à legislação vigente ou à regulamentação, cabendo às instâncias encarregadas de regular o setor estabelecer as regras e os procedimentos mais adequados.

---

[151] YAZBEK, Otávio. op. cit., p. 224.

Outro ponto importante a se destacar é que é no campo da regulação de condutas que os mecanismos de autorregulação se desenvolvem com maior eficiência. Como cada vez mais a Princípiologia da conduta vem ganhando força no regramento das atividades econômicas, uma autorregulação, nas palavras de Otavio Yazbek[152], *"bursátil permite tanto a proteção dos demais intermediários e das estruturas de mercado, quanto, em certa medida, a proteção de investidores finais, que são assegurados da legitimidade das estruturas de negociação e da existência de procedimentos assecuratórios contra os eventuais desvios de conduta dos intermediários. Toda esta estrutura de auto-regulação, de abrangência mais restrita que a regulação estatal, com ela convive e nela se insere."*

Desta feita, a regulação de condutas tem como objetivo a superação dos problemas decorrentes da assimetria das informações, principalmente na redução da desigualdade negocial existente entre a instituição financeira e os que com ela contratam. E entre estes que adquirem produtos e serviços bancários, está o consumidor que quer pela sua vulnerabilidade legal ou por sua hipossuficiência factual, necessita ser protegido pelo agente estatal regulador do setor, visto que na preservação de seus direitos básicos é que floresce o interesse público que legitima o ato interventivo do Estado.

### 3.3.2. A regulação prudencial

A regulação prudencial tem como objetivo principal proteger os depositantes contra perdas em caso de insolvência de um ou mais bancos, com permanente supervisão dos requisitos mínimos de capital e estabelecimento de restrições às atividades desenvolvidas. Para tanto, duas regulamentações básicas devem disciplinar o setor bancário: a primeira que estabelece as condições de acesso ao mercado e a segunda que estabelece as condições de exercício da atividade bancária.

Tiago Machado Cortez[153], ao tratar do tema, afirma que *"a justificativa econômica da regulação prudencial é a incapacidade dos depositantes de avaliarem e supervisionarem a evolução patrimonial dos bancos. Diante desta situação, o Estado cria uma série de normas a serem observadas pelos bancos nas suas operações diárias, que visam garantir a sua higidez ao impor exigências de capital mínimo, bem como limites à concentração de riscos e à exposição de grupos ou a setores específicos da economia."*

---

[152] YAZBEK, Otávio. op. cit., p. 226.
[153] CORTEZ, Tiago Cortez. op. cit., p. 325.

A limitação dos efeitos dos riscos assumidos pelas instituições financeiras no desempenhar de suas atividades diárias é, portanto, a causa a ser tutelada pela regulação prudencial no seu objetivo de proteger os depositantes contra a insolvência bancária. Contudo, ao contrário da regulação sistêmica, que será alvo de análise adiante, a regulação prudencial busca a proteção do depositante através da preservação da solvência e higidez de cada banco isoladamente considerado. Assim, pode-se afirmar que o objetivo da regulação prudencial é assegurar a manutenção das condições normais em que o mercado bancário opera com a aplicação de controles aos riscos ordinários das atividades efetuadas pelos bancos.

Diante desta constatação, unida à necessidade de a regulação prudencial regulamentar as condições de acesso e de exercício da atividade bancária, surge um grande papel a ser desempenhado pela defesa da concorrência na atividade regulatória.

Nesse sentido, a regulação prudencial tem objetivos comuns com a regulação geral de defesa da concorrência, devendo a primeira inserir em sua atividade a análise da segunda. O desafio do agente regulador bancário é encontrar o equilíbrio entre a prudência e a concorrência. Uma regulação prudencial excessiva e desnecessariamente rígida engessa o mercado, desestimula entradas e novos investimentos e inibe os benefícios inerentes à concorrência. Por outro lado, a aplicação da lei antitruste de maneira inadequada ao mercado bancário pode, ao invés de proteger o setor, colocá-lo em risco sistêmico.

A ideia de que a necessidade de regulação prudencial no setor bancário afastaria a possibilidade de aplicação da legislação antitruste é inconsistente. A experiência internacional indica, mais do que a obrigatoriedade da análise conjunta, os benefícios dessa união. Mas para o sucesso deste processo de integração, o sistema regulatório bancário tem que contar com garantias de decisão rápida, diante da própria característica do setor.

Desta feita, os argumentos da regulação prudencial de proteger os interesses dos depositantes-consumidores e ao mesmo tempo manter a viabilidade econômica do setor bancário se coadunam com os objetivos da defesa da concorrência. Um mercado competitivo e transparente é fundamental para manter o equilíbrio entre o interesse público tutelado e o interesse privado de lucratividade. Para tanto, a concorrência deve ser incentivada até o nível em que não se coloque em risco a sobrevivência do setor bancário, seja pela falta ou pelo excesso de competição.

Carlos Baptista Lobo[154] assinala que, enquanto o objetivo essencial da política da concorrência consiste em assegurar a melhor repartição possível dos recursos econômicos por meio do bom funcionamento do mercado, em determinados setores (como o financeiro) algumas de suas características particulares poderão impor certas formas de regulação pública que limitem ou controlem as opções concorrenciais, manifestando-se por restrições sobre as condições de acesso ao mercado, à produção, aos serviços, aos preços, aos lucros e às fusões.

Essa forma de enquadramento do assunto leva à conclusão de que o controle da concorrência no setor bancário seria matéria afeta ao processo de regulação prudencial, visto que, é nesse momento que ocorre a definição dos controles de acesso ao mercado e de execução da atividade bancária. Portanto, as regras concorrenciais devem balizar, por Princípio, a definição destes controles, a fim de preservar a competição do mercado sem colocar em risco o desenvolvimento e a segurança da atividade bancária. É o exercício, pelo Estado, de um controle restritivo da concorrência em prol da preservação da higidez do sistema.

Entretanto, este pensamento não é compartilhado por todos os defensores da aplicação das regras antitruste ao setor bancário, posto que boa parte da doutrina aponta a regulação concorrencial como atividade autônoma em relação às modalidades classificadas neste trabalho.

Muito embora as regras de defesa da concorrência devam ser aplicadas nas formas de controle sobre o acesso ao mercado bancário e sobre a execução das atividades das instituições financeiras, e, portanto, dentro da regulação prudencial, não se pode afastar o efeito sistêmico que o excesso ou falta de competição pode gerar no setor como um todo. Assim, em diversas oportunidades, a regulação concorrencial está, também, presente dentro da regulação sistêmica.

Além das questões concorrenciais, matéria transversal alvo de todas as modalidades de regulação bancária, a regulação prudencial passa por um processo de intensificação quanto ao estabelecimento de padrões gerais e de valorização de regras e mecanismos de adequação, de administração de riscos e de controles internos por parte das instituições financeiras.

---

[154] LOBO, Carlos Baptista. *Liberdade de acesso e restrições à concorrência*: estudos de direito bancário. Coimbra: Coimbra Ed., 1999. p. 30-31.

Os movimentos destas estratégias de regulação prudencial até os contornos encontrados atualmente no setor bancário, segundo Fernando J. Cardim Carvalho[155], podem ser divididos em quatro estágios distintos.

No primeiro destes estágios, o regulador se limita a proibir ou a permitir determinadas práticas, impondo aos bancos indicadores quantitativos objetivos para o julgamento da adequação das operações permitidas. O foco volta-se para as operações passivas das instituições financeiras com finalidade principal de garantir a liquidez dos depósitos efetuados pelos clientes.

O segundo estágio está relacionado à progressiva perda de importância dos depósitos e das operações bancárias mais tradicionais e ao reconhecimento dos estímulos de que os intermediários financeiros dispõem para a realização de novas formas de operações, assumindo, assim, novos e maiores riscos. Tendo como marco o Acordo de Basiléia de 1988, o foco deste novo modelo passa das operações passivas para as operações ativas das instituições financeiras e, sobretudo, para o risco de crédito decorrente destas operações.

O terceiro estágio surge com o reconhecimento das limitações no modelo contido no Acordo de Basiléia de 1988, em especial no que tange a riscos não considerados no modelo original e aos processos de inovação que se seguiram para fugir das limitações impostas. A incorporação de novos riscos ao modelo e o reconhecimento de que a avaliação deve ser sobre as carteiras de operações dos bancos e não sobre operações isoladas, tornou a função dos reguladores mais complexa.

Por fim, o quarto estágio é fruto das críticas ao modelo imposto pelo Acordo de Basiléia de 1988 e da complexidade surgida na atividade dos reguladores em face de novas operações e de inovações criadas pelas instituições financeiras. Estratégias internas de quantificação e monitoramento de riscos são objeto deste modelo, ficando o papel dos reguladores restrito à adequação destes processos. Esta nova estratégia se apoia sobre a prestação de informações ao mercado e o exercício de controles internos diversos. Para Gentil Corazza[156], a regulação prudencial neste estágio assemelha-se muito a uma supervisão procedimental.

---

[155] CARVALHO, Fernão J. Cardim; SOUZA, Eduardo Pires de; SICSÚ, João; PAULA, Luiz Fernando Rodrigues de; STUDART, Rogério. *Economia monetária e financeira*: teoria e política. Rio de Janeiro: Elsevier Editora, 2000. p. 324-328.

[156] CORAZZA, Gentil. Os dilemas da supervisão bancária. In: SOBREIRA, Rogério (Org.). *Regulação financeira e bancária*. São Paulo: Atlas, 2005. p. 94.

Postas as características que permeiam a regulação prudencial nos tempos atuais, importante definir dois nortes de sua atividade de controle de acesso ao mercado e de controle da execução das operações realizadas pelas instituições financeiras.

O primeiro é a preocupação com a legislação de defesa da concorrência, que embora atravesse todas as formas de regulação, deve ser trabalhada quando da imposição de limites ao acesso ao mercado bancário e na disciplina e supervisão das operações realizadas pelas instituições financeiras. Uma dose equivocada deste remédio pode gerar uma restrição ou um excesso de competição ou a possibilidade de práticas anticoncorrenciais no exercício de posições economicamente dominantes, tem como conseqüência o aumento dos riscos de mercado e sistêmico

O segundo é a implantação da nova estratégia de aprimoramento do processo de controles internos de operações e riscos realizados pelas instituições financeiras. A regulamentação sobre os requisitos mínimos de alocação de capitais para lastrear as novas formas de operações desenvolvidas pelos bancos e a exigência de que esses prestem informações sobre sua carteira de negócios ao mercado e aos reguladores, tornam a supervisão algo complexo e foco de preocupação constante na preservação da higidez das instituições financeiras.

### 3.3.3. A regulação sistêmica

A regulação sistêmica pode ser entendida como a instituição de uma rede de proteção para o sistema bancário destinada a impedir a ocorrência daquelas externalidades relacionadas ao alto grau de integração entre as instituições financeiras. Esta rede de proteção é derivada da atuação do Estado visando preservar o sistema bancário como um todo em face de um evento sistêmico, ou seja, de evento que possa propagar-se e desestabilizá-lo através da potencialização dos riscos próprios da atividade bancária, levando à situação de insolvência de instituições antes sadias.

Esta modalidade de atividade regulatória estatal apresenta alguns mecanismos específicos[157] de atuação no afã de evitar a ocorrência de eventos sistêmicos. Estes mecanismos são comumente enumerados da seguinte forma pela doutrina: criação de regimes excepcionais de intervenção e

---

[157] Tiago Machado Cortez afirma que "são instrumentos clássicos da regulação sistêmica o seguro depósito e a função de emprestador de última instância desempenhada pelo banco central." (CORTEZ, Tiago Cortez. op. cit., p. 325).

de liquidação das instituições financeiras insolventes, no lugar dos procedimentos típicos de reorganização e de quebra; criação de fundos ou seguros garantidores de crédito; organização do sistema de pagamentos, com a outorga de instrumentos impeditivos do alastramento de crises; e criação de instrumentos para que o regulador garanta a liquidez do sistema.

A regulação sistêmica implica, num primeiro momento, o auxílio a instituições financeiras com problemas de liquidez, a fim de que seja preservado seu regular funcionamento. Normalmente, o regulador coloca à disposição dos bancos com problemas uma linha de crédito, num processo denominado de redesconto. Na função de instrumento assecuratório da higidez sistêmica, o órgão que propicia o redesconto recebe a denominação de prestamista ou emprestador de última instância.

Caso o instrumento do redesconto se mostre insuficiente, resta concretizada a insolvência da instituição financeira, com a configuração de sua incapacidade de honrar seus compromissos. Nesse ponto, surge a demanda pelos demais instrumentos de regulação sistêmica, ou seja, aqueles que procuram evitar que os efeitos da insolvência de uma instituição afetem outra e assim sucessivamente.

Concretizada a impossibilidade de a instituição financeira de honrar seus compromissos e, portanto, definido seu estado de insolvência, um regime especial de intervenção e liquidação é alçado para minimizar os efeitos desta situação no setor bancário.

Rapidamente, são acionados os fundos garantidores de depósitos[158] ou seguros de crédito, existentes justamente para estas situações emergenciais.

Todavia, alguns autores apontam efeitos negativos dos seguros de depósitos. Assim, uma vez que os valores pertencentes aos clientes estariam assegurados, os bancos ficariam livres para assumirem maiores riscos. Da mesma forma, por terem seus bens protegidos, os clientes deixariam de se preocupar com a higidez das instituições financeiras por eles contratadas. George Benston[159] afirma que os sistemas de seguro de depósitos tenderiam a gerar problemas de 'agency', uma vez que os funcionários

---

[158] Otávio Yazbek assinala que *"a mais típica referência, neste caso, é o modelo do Federal Deposit Insurance Corporation (FDIC), criado nos Estados Unidos ainda na década de 1930, como mecanismo de proteção aos pequenos poupadores."* (YAZBEK, Otávio. op. cit., p. 238).

[159] BENSTON, George J. *Regulating financial markets*: a critique and some proposals. Washington (D.C): The AEI Press. 1999. p. 31.

encarregados da sua administração teriam incentivos para protelar o seu uso, evitando os conflitos e desgastes inerentes a atos de tamanha gravidade, envolvendo a liquidação de bancos.

Tais fundos e seguros, no entanto, podem não ser dotados de recursos suficientes para satisfazer a totalidade de credores da instituição financeira em estado "falimentar". Diante desta constatação, a regulação sistêmica traz outros instrumentos qualificados para tratar a insolvência no setor. Estes instrumentos possuem grande amplitude e variedade de mecanismos que objetivam assegurar aos credores um recebimento célere e integral de seus créditos, com um tratamento muito mais favorecido do que é concedido aos credores de empresas não financeiras.

Rosa Maria Lastra[160] constata que os regimes de intervenção e liquidação extrajudiciais aplicados ao setor bancário são comuns na maior parte dos países, os quais adotam regras de diferenciação das instituições financeiras, colocando-as sob um regulador especializado, encarregado da reestruturação do negócio ou da liquidação. Isto se deve ao fato, como enaltece Luiz Alfredo Paulin[161], de que *"na hipótese de uma instituição financeira deixar de adimplir suas obrigações, as conseqüências deste seu ato não se encerram em si mesmas."*

Uma das consequências peculiares da insolvência de uma instituição financeira é a ocorrência do fenômeno, já analisado neste trabalho, denominado de corrida bancária

Assim, como pontua Eduardo Luis Lundberg[162], as situações de insolvência bancária mostram-se bastante peculiares, exigindo uma posição privilegiada em relação ao mercado e uma capacidade de observação e de reação que não se presume haver nos procedimentos mais tradicionais.

Outro ponto importante para o controle das externalidades sistêmicas é a atuação do regulador na organização e manutenção do sistema de pagamentos. Por sistema de pagamentos deve-se entender o conjunto de instrumentos por meio dos quais são efetuadas as transferências de valores e de outros ativos financeiros em razão de quaisquer operações econômicas. De modo geral, as contratações realizadas entre agentes econômicos

---

[160] LASTRA, Rosa Maria. op. cit., p. 110.
[161] PAULIN, Luiz Alfredo. Das instituições financeiras de fato ou irregulares – análise com base na Lei nº 4.595/64. *Revista de Direito Mercantil, Industrial, Econômico e Financeiro*, São Paulo, v. 110, p. 125, 1999.
[162] LUNDBERG, Eduardo Luís. op. cit., p. 34.

tendem a refletir-se em transferências interbancárias, pela movimentação de reservas. Então, consubstanciada situação de insolvência de um banco, o banco beneficiário da transferência pode vir a apresentar problemas de liquidez, não conseguindo cumprir suas obrigações com terceiros. As consequências, no caso de colapso do sistema de pagamentos, podem extrapolar as fronteiras do setor bancário, chegando, mesmo, aos clientes das instituições financeiras.

Por tais razões, é essencial que o regulador regulamente e estruture de maneira adequada os sistemas de pagamentos, geradores de solidez e de eficiência nas movimentações financeiras. Marwan Nsouli[163], comentando a importância de um sistema de pagamentos bem disciplinado, afirma que, além de dar estabilidade ao setor bancário, ele propicia a utilização eficiente dos recursos financeiros, a melhora da liquidez do mercado e o implemento de uma política monetária mais eficaz.

Nota-se que é no sistema de pagamentos que a interligação entre as diversas modalidades de riscos se torna mais evidente. Os riscos operacionais concretizam-se em atrasos, postergações ou inadimplementos e os riscos de crédito e de liquidez assumem uma dimensão sistêmica.

Desta maneira, pode-se concluir que a regulação sistêmica envolve o rompimento de alguns padrões e regimes usuais, aplicáveis às atividades econômicas ordinárias e a consequente adoção de instrumentos próprios excepcionais. Isto justifica-se porque, em alguns casos, os custos sociais da insolvência de um banco podem superar os custos privados. Em obra conjunta, Glenn Hoggarth, Ricardo Reis e Victoria Saporta[164] apontam que crises bancárias de grandes proporções podem ter reflexos negativos generalizados não só em todo o sistema financeiro como na economia real, na medida em que geram uma contração significativa de liquidez, podendo levar a sociedade à recessão.

Não obstante se colocar a regulação sistêmica como forma específica autônoma da atividade regulatória estatal, percebe-se que ela apresenta uma característica de complementariedade em relação às regulações de conduta e prudencial. Os instrumentos dispostos pela regulação sistê-

---

[163] NSOULI, Marwan M. *Recherches sur lês critères d'une banque centrale moderne*: étude comparative entre la Banque du Liban, la Banque de France et la Banque Centrale Européenne. Paris: Libraire Générale de Droit et de Jurisprudence, 2003. p. 243.

[164] HOGGARTH, Glenn; REIS, Ricardo; SAPORTA, Victoria. Costs of banking system instability: some empirical evidence. *Financial Stability Review*, p. 148-165, June 2001.

mica visam impedir que eventos possam afetar de maneira geral o setor, colocando-se em risco a própria perenidade da atividade bancária. E eles só são utilizados quando, tanto a regulação de condutas quanto a regulação prudencial não obtêm êxito em evitar o acontecimento do fato gerador do risco sistêmico.

# Parte II
## Aplicação Contemporânea do Princípio da Subsidiariedade

# Capítulo 1
# Subsidiariedade como fundamento do Estado Regulador

**1.1. A Reforma da Sociedade**
A subsidiariedade, incluída recentemente como Princípio da ordem social traz como requisito, para sua correta aplicação, que a sociedade, seja, ao mesmo tempo, pluralista[165], organizada, forte, autônoma, livre e aberta. Assim, para alcançar sua efetividade necessita de uma reforma social que tenha por objetivo organizar sólidas entidades intermédias as quais devem reconhecer suas competências e realizar suas tarefas e objetivos.

As referidas entidades intermédias são aquelas, dentro de uma sociedade pluralista, que se colocam entre o indivíduo e o Estado, com o fim de preservar os direitos e garantias individuais contra eventuais abusos do poder público. Estas entidades podem ser entendidas como organismos sociais que, apesar de não fazerem parte do governo, integram o corpo político estatal, o qual reconhece suas esferas de competências próprias e cujo desempenho vem a cada dia ganhando importância. Podem ser citadas como exemplos as associações profissionais e sindicais, as organizações de vizinhos, as cooperativas, as fundações, entre outros.

---

[165] Norberto Bobbio aponta *que "com as teorias da sociedade e do Estado acontece uma autêntica inversão na interpretação do desenvolvimento histórico: enquanto da sociedade medieval até o grande Leviatã observa-se um processo de concentração de poder, de estatização da sociedade, com o advento da sociedade industrial está acontecendo um processo inverso, com a fragmentação do poder central, explosão da sociedade civil e posterior socialização do Estado."* (BOBBIO, Norberto. *As ideologias e o poder em crise*. 4. ed. Tradução de João Ferreira. Brasília: Ed. Universidade de Brasília, 1999. p. 240).

Estes organismos sociais encontram na subsidiariedade sua garantia de autonomia em face da ação estatal, passando a assumir, no contexto de reformulação da sociedade, a prática de atos de interesse público, antes privativos do Estado. O aparelho burocrático público não tem mais apenas a missão exclusiva de prestar serviços à sociedade, mas também de garantir a atuação dos grupos intermédios na administração de interesses públicos, abrindo espaço crescente à esfera pública não estatal.

Com efeito, as entidades incumbidas da gestão de interesses públicos se beneficiarão não só da proximidade social com os segmentos da sociedade diretamente interessados na solução de problemas, como também afastam o inconveniente de decisões unilaterais por parte do agente público.

Sobre a evolução da sociedade civil[166], o direito europeu tem sido receptivo às práticas descentralizadoras envolvendo atividades tradicionalmente executadas pelo Estado. Eduardo García de Enterría e Tomás-Ramón Fernández[167], ao dissertarem sobre *"a chamada atividade administrativa dos particulares"*, destacam, ao lado das tradicionais delegações de serviços públicos, aquelas outras atividades em que o delegado é *"um simples sujeito privado"* que *"atua no âmbito da delegação como se fosse a própria Administração Pública delegante."* Já Jean Rivero[168] vem reconhecendo esta tendência de aproximação entre pessoas coletivas públicas e privadas, sendo freqüente *"ver pessoas coletivas privadas assumirem a gestão e um serviço público",* até mesmo com *"prerrogativas de poder público."*

Fernando Garrido Falla[169], em posição crítica a este processo de reestruturação das funções da sociedade civil, afirma que a criação desses organismos que desempenham autênticas funções e atividades administrativas que constituem o próprio cerne da função administrativa, caracteriza, em síntese, uma nova descentralização funcional privatizadora, ou melhor, uma fuga para o direito privado.

---

[166] Norberto Bobbio afirma que, para Hegel, a Sociedade Civil não compreende mais o Estado na sua globalidade, mas representa apenas o primeiro momento de formação deste – o Estado Jurídico-administrativo. Assim, utiliza a Sociedade Civil como Estado, embora como uma forma inferior de Estado. (BOBBIO, Norberto. *Estado, governo, sociedade*: para uma teoria geral da política. Trad. de Marco Aurélio Nogueira. Rio de Janeiro: Paz e Terra, 1987. p. 42).

[167] GARCÍA DE ENTERRÍA, Eduardo; FERNANDEZ, Tomás-Ramón. *Curso de direito administrativo.* Tradução de Arnaldo Setti. São Paulo: Ed. Revista dos Tribunais, 1991. p. 41-42.

[168] RIVERO, Jean. *Direito administrativo.* Coimbra: Almedina, 1981. p 54-56.

[169] GARRIDO FALLA, Fernando. *Tratado de derecho administrativo.* 12. ed. Madrid: Tecnos, 1984. p. 350.

Muito embora possam aparecer críticas a este processo de descentralização, o fato é que as entidades intermédias apresentam sensíveis vantagens[170] sobre a ultrapassada burocracia estatal centralizadora. Diogo de Figueiredo Moreira Neto[171] aponta três vantagens na criação das entidades intermédias: a política, a técnica e a fiscal. A vantagem política reside no aumento da legitimidade das decisões das entidades intermédias devido à maior participação e colaboração do administrado. A vantagem técnica está na despolitização de muitas decisões posto que passam elas a serem negociadas pelos grupos sociais diretamente interessados ao invés de agentes políticos descomprometidos com o resultado. A vantagem fiscal situa-se no fato de que as entidades intermédias podem vir a ser criadas sem novos ônus para o Estado, uma vez que os recursos necessários para mantê-las podem vir a ser cobrados de todos os beneficiados diretamente.

Dentre os grupos intermédios que aparecem com destaque neste novo contexto social, o denominado terceiro setor aparece com destaque. Por terceiro setor pode ser entendido o organismo que se coloca entre os setores empresarial e estatal e que assume importantes funções nas atividades sociais, culturais, econômicas e políticas. A expansão dos organismos do terceiro setor vem assumindo, em substituição ao Estado, diversas atividades que já não se realizam com a necessária eficácia pelo poder público, em razão da já relatada crise fiscal que assola o modelo estatal contemporâneo.

O terceiro setor pode ter diversas denominações: setor não governamental, setor sem fins lucrativos ou setor público não estatal. Por ele, abre-se espaço à autonomia na construção da nova Sociedade Civil e reforça a cidadania em sua dimensão política e material. Ele contribui para assinalar a importância da sociedade como fonte de poder político e como agente crítico e controlador do Estado.

O controle da sociedade sobre os agentes públicos, ou seja, o controle social, deve estar orientado para o interesse público de forma que não seja exercido pelos sujeitos sociais na defesa de interesses particulares. O objetivo de fortalecer a presença da Sociedade Civil no espaço público

---

[170] Diogo Figueiredo Moreira Neto relata que o administrativista francês Guy Braibant sintetiza duas vantagens: a participação dos interessados e a leveza da gestão. (MOREIRA NETO, Diogo de Figueredo. *Mutações do direito administrativo*. 3. ed. rev. e ampl. Rio de Janeiro: Renovar, 2007. p. 213).

[171] Id. Ibid., p. 213-214.

é ampliar os benefícios das políticas públicas, e não tutelar interesses meramente privados.

Ao analisar os aspectos da nova sociedade civil, Liszt Vieira[172] verifica que, paradoxalmente, *"o mesmo processo de globalização que enfraquece o poder dos Estados nacionais fortalece a Sociedade Civil, que intensifica o grau de organização do terceiro setor para realizar funções sociais que o Estado deixa de cumprir e que o mercado jamais cumpriu."*

A autonomia e liberdade das entidades atuantes neste novo contexto social são garantidas pela subsidiariedade, a qual exige do Estado uma ação supletiva em relação a elas. Mas para que isto saia do plano teórico e encontre concretude, é imprescindível a existência de indivíduos e grupos que se sintam, de fato, responsáveis pelo bem comum e que estejam dispostos a assumir, por si próprios, suas responsabilidades.

Para Gaspar Ariño Ortiz[173], para que o Princípio da subsidiariedade possa conformar a ordenação social, negando ao Estado o direito de intervir, é condição prévia que haja uma manifestação de vontade moralmente responsável da sociedade ou que os indivíduos e os entes intermédios se conscientizem acerca de seus *"deveres irrenunciáveis",* dispondo-se a cumpri-los.

A Sociedade Civil decidida a solucionar suas próprias demandas, através de organismos híbridos, sem recorrer à ajuda do poder público mesmo em face de dificuldades econômicas e sociais, tornando subsidiária a intervenção do Estado, exige que os grupos sociais sejam, de fato, autônomos, que atendam às suas finalidades específicas, que atuem em prol do interesse público e que realizem suas atividades em colaboração mútua. Por outro lado, sabe-se que é extremamente complexo alcançar tal grau de consciência.

O declínio do Estado Providência e a revolução das comunicações, fenômeno que logrou despertar a consciência da sociedade sobre a pluralidade de seus interesses, são fatores, alinhados por Diogo Figueiredo Moreira Neto[174], propulsores da mudança de percepção política da sociedade em

---

[172] VIEIRA, Liszt. *Os argonautas da cidadania: a sociedade civil organizada.* Rio de Janeiro: Record, 2001. p. 81.

[173] ARIÑO ORTIZ, Gaspar. op. cit., p. 114.

[174] MOREIRA NETO, Diogo de Figueredo. *O sistema Judiciário brasileiro e a reforma do Estado.* São Paulo: Celso Bastos Editor, 1999. p. 50.

relação ao Estado, deixando ela de ver-se como mero instrumento da ação estatal, para assumir a execução de interesses gerais, os quais não mais se consideram exclusividade do poder público.

Os interesses da sociedade são, assim, progressivamente, confiados às entidades intermédias, que devem se articular para atender de maneira mais eficiente o que lhes diz diretamente e que o Estado já não mais é capaz de assumir, tal a sua diversidade.

A Reforma da Sociedade Civil, portanto, está intimamente ligada ao comportamento do Estado frente aos indivíduos e ao surgimento das entidades intermédias. Vital para o processo que o poder estatal contribua para a autorrealização destes entes sociais na vida política, econômica e social, motivando sua atuação protagonista no alcance do interesse público. Para isso, o Princípio da Subsidiariedade é um dos pilares desta transformação, na medida em que mantém o Estado dentro dos limites de sua função subsidiária e no respeito à liberdade e à afirmação da justiça. Todavia, esta autonomia dos entes sociais deve operar-se dentro dos rigorosos limites de razoabilidade e excepcionalidade, sob pena de tornar-se um privilégio injustificado em favor de alguns grupos sociais de um lado e de manter a sociedade sob a dependência constante do poder público do outro.

### 1.2. A Reforma da Administração Pública

Ao contrário do que se possa concluir na análise sobre a transformação da Sociedade Civil em face do Princípio da Subsidiariedade, a vigorosa autonomia dos entes intermédios e a consciência de seus interesses em direção ao cumprimento de seus objetivos públicos exige, para a concretização deste processo, um Estado forte. Como descreve Johannes Messner[175], a subsidiariedade *"não significa nunca um Estado fraco que enfrenta sem autoridade uma sociedade pluralista"*. Ao revés, a autonomia da sociedade, organizada em grupos que cuidam livremente de interesses variados, demanda um Estado com autoridade necessária à manutenção do interesse público.

O poder público, não podendo prescindir da autoridade para garantir a liberdade, vale-se de instrumentos jurídicos específicos que harmonizam o dualismo liberdade-autoridade, abstenção-intervenção, fomento--substituição. Tais instrumentos, todavia, na medida em que a aplicação do Princípio da subsidiariedade ganha espaço no ordenamento jurídico,

---

[175] MESSNER, Johannes. *Ética social*. São Paulo: Editora Quadrantes, [s.d.]. p. 288.

sofrem, cada vez mais, necessidade de revisão a fim de se adequarem ao novo desenho político, social e econômico do Estado.

José Roberto Dromi[176], diante da aplicação do Princípio da Subsidiariedade como conformador dos papéis do Estado e da sociedade, lembra que *"o Direito Administrativo tem o dever de considerar e estudar, porquanto compõem, precisamente, a harmônica relação entre indivíduo e sociedade, liberdade e autoridade, prerrogativa e garantia, em suma, o equilíbrio entre a autoridade e obediência."*

Estes modelos e formas jurídicas configuram uma nova forma de gestão da demanda social que afasta o Estado, em face da escassez de seus recursos, de ser o único ator na solução dos problemas públicos. Sob dita ideia, determinou-se que a atividade econômica é essencialmente privada, cabendo ao poder público, apenas, corrigir e evitar distorções produzidas pelo mercado.

A reforma do Estado visa adaptá-lo às transformações sociais que se vêm operando, demovendo-o de um papel destacado como agente produtor e distribuidor de riquezas e colocando-o como um instrumento da sociedade. Para tanto, o agente estatal deve transferir atividades que possuem real interesse público para os organismos sociais, a fim de que sejam essas prestadas sem o tratamento político-burocrático. Dobre o tema, Diogo de Figueiredo Moreira Neto[177] assevera que *"a perda do papel protagônico do Estado contemporâneo como agente produtor e distribuidor de riquezas devolveu a competição à sociedade e fê-lo retornar à sua função eminentemente pública, suscitando novas tendências, como a imparcialidade, a subsidiariedade, o papel competitivo da fiscalidade e o sócio-capitalismo."*

O primeiro aspecto a ser analisado gira em torno da ordem econômica contemporânea. Muito embora a subsidiariedade não seja, em muitos casos, colocada como Princípio da ordem econômica, ela acaba por influenciar a atuação estatal e a relação entre o Estado e o particular, de modo a harmonizar a coexistência do poder público e da liberdade de que goza a iniciativa privada.

A subsidiariedade surge com a finalidade de regular a intervenção estatal na economia, possibilitando a convivência harmônica entre a ordem econômica espontânea e a ação do Estado, a qual não é vedada, mas

---

[176] DROMI, José Roberto. Autoridade e liberdade no direito administrativo. *Revista de Direito Público*, São Paulo, n. 59/60, 1981. p. 171.

[177] MOREIRA NETO, Diogo de Figueredo. *Sociedade, Estado e administração pública*. Rio de Janeiro: Topbooks, 1995. p. 42.

limitada a correções em nome do interesse público. O Estado, assim, se afasta de atividades comerciais e industriais, bem como de grande parte dos serviços públicos. Todavia, sua intervenção ganha importância na defesa do interesse público em que o agente estatal mantém a competência geral de subordinar a economia à suas regras, sem retirar dos órgãos sociais a função legítima de desenvolver diretamente a atividade econômica.

Portanto, é através da subsidiariedade que se ponderam direitos, os quais, a Princípio, parecem antagônicos e excludentes: o direito à livre iniciativa e o direito de intervenção do Estado com vistas à preservação do interesse público. E é diante desse aparente antagonismo que pode ser modelada a competência interventiva do Estado. A função estatal na esfera econômica é, neste contexto, subsidiária em relação aos indivíduos e aos grupos sociais, sendo medida de exceção sua intervenção e pontual no que tange à eliminação de disfunções que desumanizam a ordem espontânea[178].

As intervenções legítimas do Estado na ordem econômica, diante do novo modelo apresentado, só ocorrem quando o interesse público[179] assim as justificar. Desta maneira, somente quando a atividade do particular ou o poder econômico de determinados grupo ponham em risco o bem comum e a própria ordem espontânea, é que a atuação estatal, seja ela regulatória, de fomento ou direta, encontra legitimidade. Deve ela ser subsidiária, devendo qualquer intervenção injustificada ser prontamente condenada.

Outro importante aspecto a ser trabalhado é o fato de que, neste novo modelo, a Administração Pública deixa de exercer a dominação da sociedade e passa a interagir com ela, abrindo-se ao diálogo e atribuindo um caráter consensual a essa relação. Tal tendência à consensualidade na relação sociedade-Estado conduz a um sistema de gestão pública que evita o exercício do poder coercitivo e resulta em uma relação mais justa entre os setores público e privado.

---

[178] Marçal Justen Filho observa que a intervenção estatal não pode ser instrumento de prejuízo à eficiência da empresa privada, devendo ser ela razoável e proporcional, onde o Estado deve justificar a necessidade de sua atuação no mercado. As regras acerca da atividade empresarial não podem ser rígidas ao ponto de tornar não competitivas determinadas organizações privadas. (JUSTEN FILHO, Marçal. Empresa, ordem econômica e Constituição. *Revista de Direito Administrativo*, Rio de Janeiro, n. 212, p. 122, abr./jun. 1998).
[179] O fundamento da intervenção deve harmonizar o interesse público e as exigências históricas de cada sociedade.

Como conseqüência do mecanismo da cooperação, o Estado se encontra com um cenário de redução de gastos, o que possibilita uma alocação de forças em funções onde sua atuação realmente seja necessária. Surge a possibilidade de uma Administração Pública de caráter gerencial, mais eficiente, que se concentra nos resultados e na satisfação dos anseios dos cidadãos.

A Administração Pública gerencial procura, na busca pela eficiência, romper com as pesadas estruturas centralizadas, hierárquicas e formais, visando uma atuação dinâmica, flexível e descentralizada, tendo como foco principal não mais os processos de controle mas os resultados que beneficiam o cidadão.

Para Luiz Carlos Bresser Pereira[180] *"aos poucos foram se delineando os contornos da nova administração pública: a) descentralização do ponto de vista político, transferindo-se recursos e atribuições para os níveis políticos regionais e locais; b) descentralização administrativa, através da delegação de autoridade aos administradores públicos, transformados em gerentes cada vez mais autônomos; c) organizações com poucos níveis hierárquicos, ao invés de piramidais; d) pressuposto de confiança limitada e não da desconfiança total; e) controle a posteriori, ao invés de controle rígido, passo a passo, dos processos administrativos; e f) administração voltada para o atendimento do cidadão, ao invés de autorreferida."*

Vale ressaltar que este modelo de Administração Pública não aponta para a configuração de um Estado mínimo, no qual os poderes estatais se restringem às áreas de proteção da segurança e da propriedade. Ao revés, essa nova tendência configura novos paradigmas para a atuação do poder público, cujas atividades clássicas de fomento, serviço público e polícia se revestem de novos contornos moldados pelo Princípio da Subsidiariedade.

E é nesse sentido que o Princípio da Subsidiariedade, ao atribuir elementos para as novas formas de atuação da Administração Pública, exerce papel norteador na elaboração de normas legislativas e regulamentares, de modo que sejam observadas suas verdadeiras aptidões para coordenar, dirigir, instigar e fiscalizar.

---

[180] PEREIRA, Luiz Carlos Bresser. Da administração pública burocrática à gerencial. In: _____; SPINK, Peter (Orgs.). *Reforma do Estado e administração pública gerencial.* Rio de Janeiro: Fundação Getúlio Vargas, 1998. p. 242.

## 1.3. A intervenção proporcional do Estado na economia e a Subsidiariedade

Critérios que expliquem e classifiquem as diversas formas de intervenção do Estado no domínio econômico são enumerados de maneira bastante diversificada na doutrina. Normalmente, eles têm relação com o grau de cada uma das formas de intervenção surgidas em momentos históricos distintos e que não eliminaram a maneira de atuação estatal existente na fase anterior.

Luis Roberto Barroso[181], em estudo sobre os critérios de classificação, propõe uma divisão tripartite das formas de intervenção do Estado no domínio econômico, a saber: *atuação direta*, relativa aos casos em que o Estado assume, ele próprio, o papel de produtor ou prestador de bens ou serviços, o que pode ocorrer sob o regime de monopólio ou de competição; *disciplina*, relativa atuação do Poder Público como agente regulador e fiscalizador; e *fomento*, modalidade de atuação dirigida ao apoio e estímulo à iniciativa privada, incentivando-a a adotar determinados comportamentos.

Igualmente, independente da classificação utilizada ou da nomenclatura atribuída às diferentes formas de atuação estatal, nota-se uma relação de intensidade da intervenção do Estado na economia. A partir desta constatação é possível abordar o dever de proporcionalidade e os instrumentos de ponderação e de dosimetria da atuação estatal, bem como entender as tensões existentes entre os fundamentos do Estado Regulador.

Para Ricardo Lobo Torres[182] tanto a proporcionalidade quanto a ponderação são, ao mesmo tempo, Princípios de legitimação do Estado e postulados normativos aplicativos do direito. Continuando no pensamento do autor, a ponderação de interesses é instrumento de compatibilização ou harmonização entre os vários Princípios e valores que impregnam e legitimam o direito, como meio para consecução da justiça do caso concreto, ou seja, a equidade.

Diante da tentativa de racionalizar a intensidade e abrangência da intervenção estatal, necessário a adoção de critérios a orientar o grau em que ela acontece, através de processo que busca o equilíbrio e a moderação.

---

[181] BARROSO, Luís Roberto. A ordem econômica e os limites à atuação estatal no controle de preços. In: *Temas de direito constitucional*. Rio de Janeiro: Renovar, 2003. t. 2, p. 67-70.
[182] TORRES, Ricardo Lobo. A legitimação dos direitos humanos e os princípios da ponderação e da razoabilidade. In: _____ (Org.). *Legitimação dos direitos humanos*. Rio de Janeiro: Renovar, 2002.

A proporcionalidade auxilia na racionalização da definição dos possíveis graus de atuação do Estado no domínio econômico e pode ser explicada na análise de três elementos: a adequação ou idoneidade, consubstanciada na aptidão para alcançar o fim pretendido, bem como o objetivo almejado pelo Poder Público; a necessidade ou exigilibilidade, caracterizada como sendo a opção pelo meio que menor sacrifício cause aos direitos envolvidos, e a proporcionalidade em sentido estrito, que corresponde ao mandado de ponderação, ou, nas palavras de Daniel Sarmento[183], *"a relação de custo-benefício entre o direito sacrificado e o fim pretendido."*

Por outro lado, na visão do Direito Econômico, a intervenção do Estado no domínio econômico pode ser relacionada a três mandamentos, ou seja, ela deve ser: *adequada* para atingir a finalidade constitucional regulatória; *necessária*, de modo que promova o menor sacrifício da liberdade ou de outros Princípios de não intervenção; e *proporcional em sentido estrito*, sendo que o custo da medida não deve superar os seus benefícios.

Diante da importância que o Princípio da proporcionalidade possui para o novo quadro intervencionista estatal, o estudo de seu corolário se mostra imprescindível para a compreensão da busca pelo interesse comum. A subsidiariedade pode ser traduzida como fundamento para o processo de ponderação na escolha dos valores a serem tutelados, como o reconhecimento da prioridade da atuação do indivíduo sobre a atuação do Estado. Diogo de Figueiredo Moreira Neto[184], discorrendo sobre a subsidiariedade, afirma que *"o núcleo deste Princípio consiste em reconhecer a prioridade da atuação dos corpos sociais sobre os corpos políticos no interesse geral, só passando o cometimento a estes depois que a sociedade, em seus diversos níveis de organização, demandar sua atuação subsidiária."*

Pode-se, portanto, apontar que para a subsidiariedade o indivíduo é o fundamento, o centro e a finalidade da política econômica do Estado, o qual deve, em primeiro lugar, permitir que ele aja livremente. Apenas quando necessário deve o Poder Público atuar e intervir.

Seguindo a mesma linha de raciocínio delineada, Floriano de Azevedo Marques Neto[185] explica que *"o pressuposto filosófico subjacente ao Princípio*

---

[183] SARMENTO, Daniel. *A ponderação de interesses na Constituição Federal.* 1. ed. Rio de Janeiro: Lumen Juris, 2003. p. 96.

[184] MOREIRA NETO, Diogo de Figueredo. *Mutações do direito administrativo*, cit., p. 153.

[185] MARQUES NETO, Floriano Azevedo. Limites à abrangência e à intensidade da regulação estatal. *Revista Eletrônica de Direito Administrativo Econômico*, n. 4, p. 10-11, 2005.

*da subsidiariedade é a suposição de que as instituições sociais prescindem do Estado para resolver a maior parte dos problemas advindos do convívio social. Ou seja, corpos sociais não seriam, em absoluto, hipossuficientes. Neste quadrante, a necessidade de intervenção estatal, para dirimir os conflitos e para escoimar as questões não resolvidas pelos próprios corpos sociais, seria residual, excepcional e só eficiente para situações limite (aquelas para as quais não se põe possível, num dado momento histórico, o equacionamento pela ação dos indivíduos, isoladamente ou reunidos em organizações não estatais).*"

O indivíduo, como centro e objeto do Estado e do direito, deve ser livre para o desenvolvimento de suas potencialidades. O Poder Público não pode substituir os cidadãos nas suas escolhas. Do contrário, se configuraria a chamada patologia paternalista, que deve ter como um de seus remédios a liberdade econômica, ou seja, deve prevalecer a possibilidade de o indivíduo fazer as suas próprias escolhas, inclusive econômicas, do que decorre a ideia de subsidiariedade sustentada. Sobre o tema, Gustavo Binenbojm[186] assevera que *"a liberdade, enquanto possibilidade de escolha do próprio destino e dos próprios valores é atributo essencial da condição humana"* e que *"na melhor tradição liberal e kantiana, os direitos fundamentais são associados ao valor liberdade no sentido de autodeterminação do indivíduo, imune de qualquer constrição estatal."*

Desta maneira, o Princípio da Subsidiariedade delineia a ideia de intervenção estatal supletiva na economia, ou seja, a atuação do Estado apenas se legitima quando a iniciativa privada for incapaz de solucionar de modo adequado e satisfatório certa necessidade. Por evidente, esta necessidade deve compreender uma finalidade econômica, política ou social a ser alcançada por determinação de ordem constitucional.

Vale ressaltar que não se está defendendo a ausência ou diminuição do tamanho do Estado. O Princípio da Subsidiariedade tem um aspecto comissivo. A própria ideia de subsidiariedade apresenta a possibilidade de a atuação estatal restar obrigatória. Na lição de Alexandre Santos de Aragão[187], atuação compulsória do Estado em determinadas situações

---

[186] BINENBOJM, Gustavo. *Direitos humanos e justiça social*: as ideias de liberdade e igualdade no final do século XX. In: Temas de direito administrativo e constitucional. Rio de Janeiro: Renovar, 2008. p. 271.

[187] ARAGÃO, Alexandre Santos de. O princípio da proporcionalidade no direito econômico. *Revista de Direito da Procuradoria-Geral do Estado do Rio de Janeiro*, edição comemorativa de 50 anos, v. 1, p. 74-76, 2006.

de interesse público *"não é incompatível com a intervenção norteada pela ideia de subsidiariedade enquanto Princípio normativo. Se o Estado Democrático impõe a garantia das condições básicas de dignidade da pessoa humana, a verdade é que isto não significa necessariamente que tenha de ser apenas o próprio Estado a realizar este objetivo."*

Ao final, pode-se concluir que a subsidiariedade pode definir as competências estatais para intervir, de maneira supletiva, no domínio econômico. Contudo, para se conferir equilíbrio a esta intervenção do Estado, a subsidiariedade deve atuar sempre ao lado do Princípio da proporcionalidade, que limita a intensidade e a finalidade da atuação do agente público, de maneira que se busque o que Egon Bockman Moreira[188] denominou de *"intervenção sensata".*

## 1.4. Federalismo e Subsidiariedade

A vinculação entre o Princípio federativo e a ideia de subsidiariedade, que aparece como norte do novo modelo de intervenção do Estado no domínio econômico, acontece na medida em que os postulados sobre a atuação estatal, apenas justificada pela incompetência do particular em ratificar o interesse público, se concretizam, de forma mais eficiente, na estrutura de uma organização federal, na qual se encontram grupos distintos e sobrepostos, reconhecidos em sua pluralidade e relativa autossuficiência.

O federalismo apresenta como fundamentos a diversidade e o pluralismo de interesses, sendo que a homogeneidade do sistema federal advém do estabelecimento de regras comuns a entidades distintas. A subsidiariedade aparece como meio pelo qual o Estado Federal consegue harmonizar todas as forças contraditórias da unidade e da diversidade. Nestes termos, Fausto de Quadros[189] afirma que *"o federalismo confere o substrato organizativo ideal à subsidiariedade."*

Já para Luis Sanches Agesta[190], a subsidiariedade está implícita no Princípio federativo, por exigir que a comunidade maior ou central realize somente o que as menores ou periféricas não possam resolver por si

---

[188] MOREIRA, Egon Bockmann. O direito administrativo da economia, a ponderação de interesses e o paradigma da intervenção sensata. In: _____; CUELLAR, Leila. *Estudos de direito econômico.* Belo Horizonte: Fórum, 2004. p. 81.

[189] QUADROS, Fausto de. *O princípio da subsidiariedade no direito comunitário.* Coimbra: Almedina, 1995. p. 20.

[190] SANCHES AGESTA, Luis. *Princípios de teoria política.* Madrid: Ed. Nacional, 1983. p. 449.

mesmas. Assim, ao interpretar a subsidiariedade como uma divisão de competências entre grupos superpostos, o autor pressupõe a existência de uma organização federal descentralizada e com divisão territorial de poder. E continua no sentido de que *"uma comunidade inferior pode fazer por si mesma não deve ser absorvido por uma comunidade superior. É, por conseguinte, uma garantia de autonomia das comunidades inferiores."*[191]

Michael Bothe[192], por sua vez, vê no Princípio da subsidiariedade a justificativa para o federalismo, na medida em que se expressaria a favor da competência da comunidade menor, que em cada caso poderia solucionar adequadamente um problema.

A subsidiariedade, deste modo, cumpre, dentro do federalismo vigente, o papel de conferir equilíbrio entre as diversas esferas governamentais. Neste sentido, na estrutura do Estado federal, nada deve ser exercido por um poder de nível superior, desde que possa ser cumprido pelo inferior. Assim, só seriam atribuídas ao governo federal aquelas tarefas que não pudessem ser executadas senão a partir de um governo com esse nível de amplitude e generalização.

Nota-se que no plano político o Princípio da subsidiariedade tem na organização federal a sua mais contundente manifestação. Por sua vez, na esfera jurídica, não há de ser diversa tal assertiva. Como Princípio de repartição de competência, a subsidiariedade se aplica de imediato ao federalismo, que é o modo de divisão de competências constitucionais por excelência, tendo, nessa partilha de poderes e encargos a base de toda sua construção ideológica. Nesse sentido, Carlos Blanco de Morais[193] afirma que *"no plano jurídico foi o federalismo que positivou a incidência da subsidiariedade como critério de distribuição competencial."*

A análise do aspecto jurídico-político da subsidiariedade traz a crítica ao processo natural de acúmulo do poder pelo centro, ou melhor, legitima a intervenção das instâncias superiores somente quando as inferiores não puderem executar certas funções e, ainda assim, se concorrerem os pressupostos da necessidade e eficácia. Entre as consequências que podem ser

---

[191] Id. Ibid., p. 448.
[192] BOTHE, Michael. Federalismo: um Conceito em transformação histórica. In: *Federalismo na Alemanha*. Traduções Konrad-Adenauer-Stitfung, 1995. n. 7, p. 13.
[193] MORAIS, Carlos Blanco de. O princípio da subsidiariedade na ordem constitucional portuguesa. In: *Direito constitucional*: estudos em homenagem a Manoel Gonçalves Ferreira Filho. São Paulo: Dialética, 1999. p. 32.

destacadas da aplicação política da subsidiariedade se destaca a descentralização, a qual é concebida como modo de potencializar a eficiência e a eficácia das medidas realizadas pela maior proximidade daqueles a quem são efetivamente dirigidas. Percebe-se, pois, sua importância para o federalismo, constituindo um de seus Princípios básicos na medida em que desempenha o papel de atribuir a cada ente federativo as competências que cada um é capaz de executar.

Por sua vez, o federalismo não se revela de forma homogênea, constituindo-se em uma realidade dinâmica que além de exibir inúmeras variações de país para país, se transforma, nos limites de um mesmo Estado, ao longo do tempo, adquirindo contornos que, em muitos casos, acabam por comprometer o efetivo equilíbrio entre os entes federativos.

Ao longo do último século, o Estado Federal sofreu mudanças em sua tipologia, consubstanciadas na substituição progressiva do clássico federalismo *dual*[194], em que há rígida separação entre as atribuições dos Estados-membros e União, clareando, assim, dois campos de poderes exclusivos, pelo federalismo cooperativo, no qual não existe uma fronteira definida entre as competências dos entes regionais e central, sendo que, muitas vezes, são-lhes conferidas competências comuns e concorrentes, tornando essencial a colaboração recíproca para a solução de problemas sociais e econômicos[195]. Bernard Schwartz[196] denomina o federalismo cooperativo de *"novo federalismo"* e afirma que esse coincide com as políticas intervencionistas que se propagaram difusamente a partir da segunda

---

[194] O federalismo dualista pode ter sua derrocada exemplificada através da decisão da Suprema Corte Americana no caso McCulloch VS Maryland, onde se reconheceu à União as competências conferidas explicitamente pela Constituição, bem como poderes outros, implícitos, deduzidos daqueles enumerados. É a consagração da teoria dos poderes implícitos que conferiu uma nova face ao federalismo norte-americano, segundo a qual os órgãos federais teriam competência para fazer tudo quanto fosse necessário ou útil para o desempenho das atribuições expressamente conferidas pela Constituição. Em suma, quem detém os fins detém os meios necessários à sua realização.

[195] Ao tratar do mais clássico modelo de federalismo, o norte-americano, Bernard Schwartz afirma que o *"conceito clássico de federalismo, porém, em que se baseia o sistema americano não tem conseguido suportar eficientemente as pressões da evolução política do século XX. O Governo nos Estados Unidos, não menos do que o Governo em outras partes do mundo, tem seguido a tendência para uma sólida concentração de autoridade no centro da estrutura política."* (SCHWARTZ, Bernard. *Direito constitucional americano*. Rio de Janeiro: Forense, 1966. p. 206).

[196] SCHWARTZ, Bernard. op. cit., p. 206.

década do século XX, sendo esta transformação necessária à realização do novo papel assumido pelo poder público.

Todavia, uma nova oscilação contemporânea se verifica no processo federativo. O federalismo cooperativo está sob debate. A interpretação a ser dada ao termo cooperação denota um implícito viés subsidiário, que significa uma ajuda ao ente menor quanto às tarefas que ele não consegue realizar por si com eficácia, sem que com isso se enseje uma perda injustificada de competência dos Estados-membros em benefício do ente central. Ao contrário, se fortalecem os entes regionais e locais, que obtêm maiores condições de prestar com eficácia os serviços públicos aos cidadãos e atender o interesse comum.

Diante desta nova configuração do federalismo, percebe-se, tanto na busca pela redefinição das relações intergovernamentais quanto na relativa recuperação dos processos políticos descentralizados, uma expressão clara do Princípio da subsidiariedade, por se reconhecer nele Princípios éticos capazes de fortalecer a democracia ao aproximar o cidadão do poder público e o pluralismo ao satisfazer demandas surgidas da diversidade social.

José Alfredo de Oliveira Baracho[197], ao comentar a realidade atual, esclarece que se está diante da retomada do Princípio da subsidiariedade, que tem, hoje, os seus fundamentos difundidos como uma fórmula eficaz para o aperfeiçoamento do federalismo e para a superação da sua malfadada crise. Por meio dele possibilita-se a integração de entes políticos sem o desequilíbrio federativo, com a aplicação de técnicas participativas que permitem uma ação conjunta consertada conferindo uma nova dinâmica às relações entre sociedade civil e Estado. O aprimoramento do modelo estatal implica, essencialmente, a aplicação da ideia de subsidiariedade.

Por fim, Antonio La Pergola[198] aponta, ampliando a incidência do Princípio da subsidiariedade, que este constitui um verdadeiro Princípio fundamental para o estado democrático de Direito na medida em que conduz ao reconhecimento do pluralismo social e leva à concretização

---

[197] BARACHO, José Alfredo de Oliveira. A Federação e a revisão constitucional: as novas técnicas de equilíbrios constitucionais e as relações financeiras: a cláusula federativa e a proteção da forma de Estado na Constituição de 1998. *Revista de Direito Administrativo*, Rio de Janeiro, n. 202, p. 54, out. 1995.
[198] LA PERGOLA, Antonio. *Los nuevos senderos del federalismo*. Madrid: Centro de Estúdios Cosntitucionales, 1994. p. 297.

dos valores da justiça e liberdade. Além do mais, continua o autor, a subsidiariedade consiste em manifestação da própria democracia, tanto que pode ser aplicado tanto nos Estados federais como nos unitários[199], notadamente, quanto a estes últimos, nos regionais, cuja fronteira que os separa do sistema federativo é extremante tênue.

## 1.5. Subsidiariedade no processo de integração europeu

A ideia de subsidiariedade não se aplica somente à relação entre indivíduos, grupos intermédios e Estado. Pode ela ser estendida a um fenômeno, cada vez mais comum no mundo contemporâneo, que é a criação de organizações comunitárias internacionais, ou seja, Estados que se integram buscando o interesse comum, seja este econômico, político ou social.

Da mesma forma que se consubstancia nas relações internas de cada Estado, a subsidiariedade é aplicada a estes entes comunitários para reservar aos governos nacionais todas as matérias de seus interesses, conferindo ao poder supranacional as questões que transcendem aspectos meramente regionais. Este processo de aplicação das regras de competências às entidade supranacionais restou conhecida como subsidiariedade institucional[200], a qual representa o último estágio da cadeia de subsidiariedade, e refletiu o aspecto jurídico do Princípio, seja por sua consagração no Tratado de Mastricht, que o fez assumir um caráter qualificado em lugar de conceito indeterminado, seja porque, no plano interno, constitui um critério de repartição de competências que, visualizado sob a ótica constitucional, tem no federalismo sua expressão imediata.

Este processo de integração realizado entre Estados autônomos e independentes e que gera o surgimento de entes comunitários internacionais apresenta como desafio principal a conciliação entre os objetivos e políticas transnacionais a serem adotadas de maneira uniforme pelos entes políticos compreendidos na Comunidade e a soberania destes entes, caracterizada pela indivisibilidade e inalienabilidade.

O maior exemplo para elucidar o tema é a União Europeia. Considerada por muitos como um pré-federalismo europeu, ela se caracteriza

---

[199] A doutrina vem reconhecendo a presença da subsidiariedade no Estado unitário. Por exemplo, em países como França, Itália, Espanha e Portugal vem sendo reconhecida a presença do Princípio da organização dos poderes entre o Estado e as coletividades regionais ou administrativas, ainda que não formalmente constitucionalizada tal repartição.
[200] ARIÑO ORTIZ, Gaspar. op. cit., p. 113.

por ser um modelo histórico singular em que se transfere para instâncias comunitárias uma parte dos poderes da soberania dos Estados membros.

Dentro de seu processo de integração alguns objetivos foram definidos como metas uniformes de todos os participantes, a se destacar: união econômica e monetária, representada na criação de uma moeda única (euro); livre circulação de mercadorias; convergência dos sistemas econômicos estatais; progresso e coesão econômica e social dos Estados membros, com vista ao desenvolvimento dos mercados internos e proteção do ambiente; política externa e defesa comuns, de modo a fortalecer a identidade e a independência europeia; e cooperação educacional, de formação profissional e de assistência à juventude.

Em que pesem as discussões sobre a possibilidade de limitação da soberania, ou mesmo sua divisibilidade, pelo direito constitucional interno ou pelo direito comunitário, pode-se apontar o estabelecimento, dentro do processo de integração europeia, de uma fórmula eficaz que estabeleça os limites rígidos entre a atuação comunitária e a competência nacional como ponto ainda a ser mais bem resolvido. Existe uma grande discussão sobre quais matérias devem ser tratadas pelas instâncias supranacionais e quais matérias devem permanecer na competência dos Estados membros. O grande receio nesta discussão é a possibilidade, em caso de má condução do processo de integração, do surgimento de um super Estado centralizado, reduzindo, por demasia, a soberania dos entes nacionais.

Para minimizar o receio da concentração excessiva de competências dentro da esfera de atuação do agente comunitário foi inserido no Tratado de Mastricht[201], instrumento jurídico de criação da União Europeia, o Princípio da subsidiariedade.

O Princípio da subsidiariedade inserido no instrumento jurídico de constituição da União Europeia tem por função regular a repartição do exercício de competências entre os entes nacionais e o comunitário, procurando fazer deste último uma estrutura menos distante dos cidadãos,

---

[201] Artigo 3B do Tratado de Mastricht: *"A comunidade atuará nos limites das atribuições que lhe são conferidas e dos objetivos que lhe são cometidos pelo presente Tratado. Nos domínios que não sejam de suas atribuições exclusivas, a Comunidade intervém apenas, de acordo com o Princípio da subsidiariedade, se e na medida em que objetivos da ação encarada não possam ser suficientemente realizados pelos Estados-membros, e possam, pois, devido à dimensão ou aos efeitos da ação prevista, ser melhor alcançados ao nível comunitário. A ação da Comunidade não pode exceder o necessário para executar os objetivos do presente Tratado."* (Tradução livre).

de modo que as decisões sejam tomadas o mais próximo possível das comunidades menores, e de maneira mais eficaz.

Para tanto, outros dois Princípios auxiliam a subsidiariedade nesta tarefa: o Princípio de atribuição de competências e o Princípio da proporcionalidade. O primeiro, não obstante tenha uma ligação com ideia de subsidiariedade, difere dela ao estipular que a Comunidade só pode agir nos limites das competências que implícita ou explicitamente lhe são conferidas para a realização dos objetivos assinalados no Tratado de Mastricht enquanto que a subsidiariedade busca a extensão dessas competências a fim de alcançar maior eficiência da medida a ser tomada. Já o segundo vem complementar os outros dois. Fausto de Quadros[202], ao tratar sobre o tema, assevera que *"mesmo após estarem determinadas as atribuições da Comunidade através dos Princípios da competência por atribuição e da subsidiariedade, ela só poderá exercer essas atribuições se isso lhe for permitido pelo Princípio da proporcionalidade."* Ou seja, a atuação do ente comunitário, mesmo que prevista em suas competências, deve ser proporcional ao objetivo que almeja.

Os debates que culminaram com a inclusão da subsidiariedade no Tratado de criação da União Europeia procuravam limitar o poder comunitário, posto que, quanto mais densa e profunda se torna a relação entre os Estados membros, mais expostas ao déficit democrático ficam suas instituições, eis que, o aumento de competências atribuídas à Comunidade implica numa retração dos poderes de controle e participação dos órgãos que representam a soberania popular, pelo que, as mais impactantes decisões são tomadas por pessoas muito distantes do cidadão. Para tanto, com a finalidade de atenuar esta tendência centralizadora, a aplicação do Princípio da subsidiariedade traz como consequência a regra segundo a qual as competências previstas para a União Europeia devem ser exercidas no nível mais baixo possível, e devem ser balizadas pela eficiência e pela proporcionalidade.

Celso de Albuquerque Mello[203] lembra que o Princípio da subsidiariedade foi adotado em virtude da resistência da Grã-Bretanha em aceitar a palavra "federal" que constava da mensagem de 1990 dos, então, Presidentes da Alemanha e da França, ao, então, Presidente da Itália.

---

[202] QUADROS, Fausto de. op. cit., p. 34.

[203] MELLO, Celso de Albuquerque. *Tratado internacional da integração*. Rio de Janeiro: Renovar, 1997. p. 221.

O documento instituidor da União Europeia, o Tratado de Mastricht, determina que o Princípio da subsidiariedade no direito comunitário deve ser aplicado à repartição do exercício de competências entre a Comunidade e os Estados membros, conservando para estes, as competências que são capazes de exercer convenientemente e eficazmente. A competência nacional configura a regra, enquanto a comunitária a exceção. Seu objetivo é trazer as decisões mais para perto dos cidadãos e constitui um elemento positivo da integração europeia, notadamente quanto ao seu valor político.

# Capítulo 2
# O Princípio da Subsidiariedade

**2.1. Origem, fundamento e conceito**

Os estudos e discussões sobre as crises do poder ocorridas nos Estados, durante os distintos processos de transformação aos quais se sujeitaram ao longo da história, produziram novos e importantes Princípios que objetivam entender e disciplinar a atuação estatal, seja na economia, seja nas áreas social e política.

Diogo de Figueiredo Moreira Neto[204] informa que dois Princípios foram formulados para o atendimento dos interesses da sociedade: o da eficiência e o da legitimidade. A partir destes Princípios orientadores, outros se desdobraram, os quais podem ser classificados em três ordens: políticos, técnicos e jurídicos. E, dentre esses desdobramentos, os Princípios mais importantes são: na ordem política, os Princípios da subsidiariedade e o da participação política; na ordem técnica, os Princípios da autonomia e o da profissionalização; e na ordem jurídica, os Princípios da transparência e o da consensualidade.

Para o desenvolvimento do presente trabalho, será destacado apenas o Princípio da Subsidiariedade que constitui o fator de delimitação das competências regulatórias do Estado.

O Princípio da Subsidiariedade é um Princípio que regula as relações de poder e finalidade, ou seja, diz respeito à relação entre níveis de concentração de poder e respectivos níveis de interesses a serem satisfeitos. Escalona atribuições em função do atendimento dos interesses da socie-

---

[204] MOREIRA NETO, Diogo de Figueredo. *Mutações do direito administrativo*, cit., p. 19.

dade, obriga a repassar e a redefinir racionalmente os níveis de atuação individual, social e estatal. Segue um processo onde cabe primeiramente ao indivíduo decidir e atuar para satisfazer por seus próprios meios seus interesses. Em seguida, cabe aos grupos sociais decidirem e atuarem para a satisfação dos interesses coletivos. O Estado só atuará subsidiariamente nas demandas, que, por sua própria natureza e complexidade, a sociedade não conseguir satisfazer eficientemente.

A ideia de subsidiariedade vem de longa data, talvez não arranjada como Princípio. Para Fausto de Quadros[205] ela é antiquíssima. Remonta a Aristóteles, a São Tomás de Aquino. Suas raízes estão, assim, na Antiguidade e na época Medieval, sendo invocadas nos séculos XVIII e XIX, por pensadores diferentes como Locke, Proudhon, Tocqueville, Kant e outros, sem, no entanto, caracterizarem a sua substância.

Porém, foi a Doutrina Social da Igreja Católica que deu a construção dogmática à ideia de subsidiariedade, nos documentos pontifícios de Leão XIII e Pio XI, sendo este último o primeiro a definir o Princípio.

O Papa Leão XIII[206], na Encíclica *Rerum Novarum*, apontou o homem como senhor de suas ações e por isso tem direito de escolher as coisas que julgar mais aptas, para prover o seu sustento, presente e futuro. Afirma que não se pode apelar para a providência do Estado, porque este é posterior ao homem, e antes que ele pudesse formar-se já o homem tinha recebido da natureza o direito de viver e proteger a sua existência.

Já o Papa Pio XI[207], na Encíclica *Quadragesimo Anno*, relembrou a injustiça e o prejuízo que provocaria na ordem social o cancelamento das funções que os grupos de ordem inferior estão aptos a exercer, em benefício da coletividade mais vasta e de ordem superior. Afirma que *"o fim natural da sociedade e da sua ação é coadjuvar os seus membros, não destruí-los ou absorvê-los."* E continua asseverando que *"deixe, pois, a autoridade pública ao cuidado de associações inferiores aqueles negócios de menor importância, que a absorveriam demasiado; poderá então desempenhar mais livre, enérgica e eficazmente o que só a ela compete, porque só ela o pode fazer: dirigir, vigiar, urgir e reprimir, conforme os casos e a necessidade requeiram. Persuadam-se todos os que governam: quanto mais*

---

[205] QUADROS, Fausto de. op. cit., p. 12.
[206] LEÃO XIII. *Rerum novarum*. In: SACTIS, Antonio de (Org.). *Encíclicas e documentos sociais*. São Paulo: LTr, 1991. p. 40.
[207] PIO XI. *Quadragesimo anno*. In: SACTIS, Antonio de (Org.). *Encíclicas e documentos sociais*. São Paulo: LTr, 1991. p. 78.

*perfeita a ordem hierárquica reinar entre várias agremiações, segundo este Princípio da função supletiva dos poderes públicos, tanto maior influência e autoridade terão estes, tanto mais feliz e lisonjeiro será o Estado da Nação."*

Por sua vez, o Papa João XVIII[208], na Encíclica *Mater et Magistra*, afirma que no campo da economia cabe, na persecução dos interesses comuns, prioridade à iniciativa privada dos indivíduos, seja que atuem isoladamente, seja através de associações de diversos tipos. No entanto, quanto à participação estatal na economia, lembra que *"essa intervenção do Estado, que fomenta, estimula, coordena, supre e complementa, baseia-se no Princípio da Subsidiariedade, formulado por Pio XI."*

Mais recentemente, o Papa João Paulo II[209], na Encíclica *Centesimus Annus*, aponta que *"as anomalias e defeitos, no Estado assistencial, derivam de uma inadequada compreensão das suas próprias tarefas. Também neste âmbito, se deve respeitar o Princípio da Subsidiariedade: uma sociedade de ordem superior não deve interferir na vida interna de uma sociedade de ordem inferior privando-a das suas competências, mas deve antes apoiá-la em caso de necessidade e ajudá-la a coordenar a sua ação com a das outras componentes sociais, tendo em vista o bem comum."*

Desta feita, os textos pontifícios passaram a ser referências no campo do pensamento jurídico, posto que o Princípio da Subsidiariedade vincula-se diretamente à organização da sociedade. A ideia de subsidiariedade, no direito moderno, aparece com novas contribuições que têm ampliado a concepção e o conteúdo do Princípio.

Da evolução do conceito de subsidiariedade, inúmeras conceituações foram formuladas sobre o Princípio do qual se originou. Fausto de Quadros[210] destaca que existem mais de trinta definições para o Princípio da Subsidiariedade. No entanto para ele, a noção de subsidiariedade *"vem a levar a cabo uma repartição de atribuições entre a comunidade maior e a comunidade menor, em termos tais que o principal elemento componente de seu conceito consiste na descentralização, na comunidade menor, ou nas comunidades menores, das funções da comunidade maior."*

Marcos Juruena Villela Souto[211] ensina que *"o princpio da subsidiariedade aparece como Princípio político de organização social, que discute a relação entre*

---

[208] João XXIII. *Mater et magistra*. In: SACTIS, Antonio de (Org.). op. cit., p. 238.
[209] João Paulo II. *Centesimus annus*. In: SACTIS, Antonio de (Org.). op. cit., p. 625.
[210] QUADROS, Fausto de. op. cit., p. 17.
[211] SOUTO, Marcos Juruena Villela. *Direito administrativo regulatório*. Rio de Janeiro: Lumen Juris, 2002. p. 33.

*indivíduos, sociedade e poder público, de modo a responder à indagação sobre que tipo de tarefas competem ao Poder Público sem invadir a esfera de autonomia própria dos indivíduos e das organizações sociais intermediárias".*

Por outro lado, José Alfredo Baracho[212] afirma que a análise jurídica da subsidiariedade deve levar em conta que o termo não tem significação precisa no Direito, pelo menos no Direito Público brasileiro. Para ele, a subsidiariedade apresenta diferentes significados, e essas diferenças repercutem na definição jurídica do termo. Aponta duas formas diferentes de interpretação e compreensão, a saber: *"na primeira interpretação, ela é representada pela ideia de secundária. Para outra compreensão, considerada como mais significativa, ela se refere à ideia de supletividade. Absorve, simultaneamente, dois significados: suplementariedade e complementariedade. A suplementariedade é o que se acrescenta, entende-se que ela representa a questão subsidiária. A subsidiariedade implica, neste aspecto, em conservar a repartição entre duas categorias de atribuições, meios, órgãos que se distinguem uns dos outros por suas relações entre si. A ideia de complementariedade explica, de maneira ampla, a utilização feita em Direito, da noção da subsidiariedade. As organizações são o fruto dos compromissos de exigências diferentes, desde que a pluralidade de direitos aplicáveis são resultados de reivindicações opostas. De um lado está o poder público... Do outro lado, estão as pessoas privadas que, em uma democracia, podem agir livremente, sob certas reservas, em todos os domínios. O Direito Público explica a intensidade de suas regras, ao passo que o Direito Privado aparece como complementar um do outro. A Subsidiariedade é aplicável à dualidade dos regimes jurídicos."*

Também apresentando definição acerca do Princípio da Subsidiariedade, German J. Bidart Campos[213] diz que *"trata-se de Princípio de justiça, de liberdade, de pluralismo e de distribuição de competências, através do qual o Estado não deve assumir por si as atividades que a iniciativa privada e grupos podem desenvolver por eles próprios, devendo o Estado auxiliá-los, estimulá-los e promovê-los."*

Nota-se, assim, que o conceito do Princípio da Subsidiariedade, em sua evolução, sempre preconizou uma distribuição de competências, atribuindo ao Estado a atuação apenas quando, na busca pelo interesse público, o particular não conseguir, com eficiência, desenvolver uma solução. A necessidade de intervenção estatal que, eventualmente, se

---

[212] BARACHO, José Alfredo de Oliveira. *O princípio da subsidiariedade*: conceito e evolução. Rio de Janeiro: Forense, 1997. p. 24.

[213] CAMPOS, German J. Bidart apud BARACHO, José Alfredo de Oliveira. *O princípio da subsidiariedade*: conceito e evolução, cit., p. 47.

estabelece cessa assim que os particulares voltem a manifestar capacidade para resolver o problema sem ajuda externa.

E esta característica de distribuição de competências será muito importante para a conclusão do trabalho quando da delimitação das atuações regulatórias dentro do setor bancário brasileiro.

Outro ponto importante é a descrição dos fundamentos que justificam a aplicação do Princípio da Subsidiariedade. Segundo José Afonso Baracho[214], os debates sobre os fundamentos foram necessários para a compreensão do Princípio da Subsidiariedade, ao passo que *"é nesse sentido que aparecem as discussões em torno das relações entre as instâncias sociais e o Estado"*. Prossegue afirmando que com a ideia de suplência surge a corrente liberal, objetivando a versão da não ingerência e que *"o individualismo filosófico, político, econômico e jurídico vê a sociedade como um conjunto de singularidades separadas uma das outras, onde cada qual procura sua felicidade por caminhos próprios."*

O pensamento liberal compreende que apenas os indivíduos detêm direitos próprios, sendo que as outras formas de manifestações sociais têm apenas direitos derivados. Já o Estado só possui a obrigação de garantir os direitos individuais.

Uma corrente chamada corporativista procurou transformar a compreensão do Princípio da Subsidiariedade em sistema. Com isso, o indivíduo nada podia sem as comunidades. Criou-se a ideia de um governo de valores morais e ideológicos, em detrimento da iniciativa individual.

Todavia, esta corrente não ganhou expressão no mundo jurídico. Diogo de Figueiredo Moreira Neto[215] aponta que, atualmente, o Princípio da Subsidiariedade tem por base o indivíduo, ou seja, considera-se a origem e o fundamento do poder e da organização social. Destaca-se o entendimento de que todo ordenamento visa à proteção da autonomia da pessoa humana, em face das estruturas sociais. Deve, assim, ser interpretado como inerente à preservação das individualidades, dentro dos vários agrupamentos sociais. O autor, entretanto, reconhece como legítimas todas as expressões de poder coletivo e as organizações sociais e políticas, desde que respeitem as menores autonomias e que atuem apenas quando estas não conseguirem atingir eficientemente o interesse público.

---

[214] BARACHO, José Alfredo de Oliveira. *O princípio da subsidiariedade*: conceito e evolução, cit., p. 55-56.
[215] MOREIRA NETO, Diogo de Figueredo. A desmonopolização do poder. *Revista de Direito da Associação dos Procuradores do Novo Estado do Rio de Janeiro*, v. 6, p. 177, 2000. (Direito político).

Delimitada a ideia do indivíduo como único a possuir direitos e que sua autonomia e iniciativa devem ser preservadas, o Princípio da Subsidiariedade também pode ser entendido como forma de impedir o avanço intervencionista do Estado e de exigir deste ajuda e promoção das atividades próprias do pluralismo social. De um lado o Poder Público não deve criar obstáculos à condução pelos indivíduos ou grupos sociais de suas próprias ações e por outro impor-se a si mesmo o dever de incitar, sustentar e finalmente suprir, quando necessário, os atores insuficientes.

Por fim, não se deve interpretar a subsidiariedade como Princípio que propõe o Estado mínimo e débil, que se retrai a simples funções de vigilância, resguardo ou arbitragem. A aplicação do Princípio da Subsidiariedade objetiva, sim, reordenar as competências estatais de forma idônea e responsável, a fim de tornar sua atuação mais eficiente.

## 2.2. Princípio da Subsidiariedade no direito europeu

Como já descrito nos tópicos anteriores, o Princípio da Subsidiariedade encontra-se afirmado logo nas raízes da integração europeia.

Como aponta José Alfredo Baracho[216], o Princípio da Subsidiariedade surgiu, no projeto de construção da União Europeia, ligado ao problema da integração. Os embates jurídicos, econômicos e ecológicos justificaram a pertinência da utilização do Princípio. Foi ele introduzido como manifestação da evidência do bom senso, preocupando-se com a união das diversidades e a distribuição das tarefas, pelas instâncias responsáveis para sua execução.

A União Europeia confere competência às instâncias supranacionais, sendo essa transferência fruto de uma decisão dos Estados membros. Aplica-se o Princípio da Subsidiariedade na medida em que os entes nacionais conferem ao ente comunitário competências para realizar tarefas que eles separadamente não podem cumprir. Portanto, dois fundamentos são levados em conta para esta repartição de competências: insuficiência e eficácia.

A existência de interesse geral europeu obriga a examinar as finalidades comuns, as nações, as sociedades, os grupos que podem bem dispor

---

[216] BARACHO, José Alfredo de Oliveira. *O princípio da subsidiariedade*: conceito e evolução, cit., p. 71.

do processo de escolha para atender as suas finalidades. Dentro dessas circunstâncias, as possibilidades de suplência variam de um domínio para outro.

Assim, dentro da União Europeia a troca de experiências e de informações nos órgãos institucionais comunitários com a criação de redes de especialistas nacionais, na maioria das áreas que podem ser objeto de políticas públicas, chamada tal troca de diálogo social, traz, com a aplicação do Princípio da Subsidiariedade, novas referências que irão possibilitar novas ações em busca do interesse coletivo.

André-Jean Arnaud[217] traz como exemplo o Comitê econômico e social do qual participam notadamente os parceiros sociais, ou então a Fundação Europeia para a Melhoria das Condições de Vida e de Trabalho (Dublin), que tem por missão promover a política social da comunidade. Informa, ainda, a existência de vários comitês de especialistas que participam na elaboração dos textos preliminares, que resultam nas recomendações ou convenções tomadas pelo Comitê de Ministros do Conselho da Europa.

A questão da aplicação do Princípio da Subsidiariedade gerou debates, tanto no âmbito comunitário quanto nos domínios nacionais.

Na Alemanha, após a Segunda Guerra Mundial, procurou-se saber de que maneira específica a subsidiariedade poderia ser empregada na administração, na educação, nas atividades financeiras e bancárias. Aliás, existe, neste país, debate permanente sobre a natureza e as aplicações do Princípio da Subsidiariedade. Chantal Millon-Delsol[218], em seus estudos, resume as principais: *"a) como definir o Princípio da Subsidiariedade; trata-se de Princípio de estrutura social; norma ou Princípio do Direito; norma de organização, Princípio de medidas de finalidades políticas; Princípio ou ordem de competência; b) a que nível devem ser definidas as referências, nas devoluções das competências, principalmente quando existe conflito de competência; c)em que domínios exerce-se o Princípio; existe vasta literatura que mostra a atuação em empresas, na administração, nas tarefas educativas e mesmo na hierarquia da Igreja, isto é, existe aplicação ampla; d) pode-se constitucionalizar o Princípio da Subsidiariedade."*

---

[217] ARNAUD, André-Jean. *O direito entre modernidade e globalização*: lições de filosofia e do Estado. Rio de Janeiro: Renovar, 1999. p. 189.
[218] MILLON-DELSOL, Chantal. *Le príncipe de subsidiarité*. Paris: Presses Universitaires de France, 1993, p. 34-35, apud GONÇALVES, Vania Mara Nascimento. *Estado, sociedade civil e princípio da subsidiariedade na era da globalização*. Rio de Janeiro: Renovar, 2003. p. 188.

Em seguida, Chantal Millon-Delsol afirma que o Princípio da Subsidiariedade inspirou a Lei Fundamental da Alemanha e os textos jurídicos que delimitam as competências das comunas e dos Lander.

Porém, Fausto de Quadros[219] entende que o federalismo alemão não utiliza o Princípio da Subsidiariedade. Para ele na Alemanha ocorreram várias revisões na sua ordem política e econômica com o objetivo de permitir maior liberdade de participação. O federalismo tornou-se essencial componente do governo democrático, no entanto, isto não significa que tenha utilizado o Princípio da Subsidiariedade. E conclui que, em termos estritamente jurídicos, o federalismo alemão não se encontra organizado em harmonia com o referido Princípio.

Por sua vez, José Afonso Baracho[220] assevera que, no que se refere à política social, a Alemanha aplica o Princípio da Subsidiariedade em vários domínios, como, por exemplo, na administração, na política escolar e na fiscalidade.

Vânia Maria Nascimento Gonçalves[221], analisando o direito espanhol, aponta que *'a Constituição espanhola consagra o Princípio da Subsidiariedade, considerado como um dos limites do desenvolvimento do processo autônomo. Consiste na instrumentação de determinados meios para evitar as desigualdades de tipo econômico e social, entre as diferentes comunidades autônomas. Em sua magna carta, autoriza expressamente que se transfiram a uma instituição supranacional, a Comunidade Europeia, as competências derivadas da Constituição."*

Para Diogo de Figueiredo Moreira Neto[222], um exemplo destacado da aplicação do Princípio da Subsidiariedade é encontrado na Suíça, antes confederação, hoje federação. Essa transformação ocorreu em face da utilização da subsidiariedade, consistente na definição de vários graus de concentração de poder e, assim, de sua competência, correlacionado aos vários níveis de demanda da sociedade. Algumas atribuições foram conferidas aos Cantões, criando-se, inclusive, formas de cooperação.

Já em Portugal, existe um forte debate em torno da subsidiariedade. Por ser um país centralizador, ele está encontrando dificuldade para aplicar o Princípio da Subsidiariedade. A criação de regiões administrativas é uma

---

[219] QUADROS, Fausto de. op. cit., p. 21.
[220] BARACHO, José Alfredo de Oliveira. *O princípio da subsidiariedade*: conceito e evolução, cit., p. 62.
[221] GONÇALVES, Vania Mara Nascimento. op. cit., p. 190.
[222] MOREIRA NETO, Diogo de Figueredo. *Mutações do direito administrativo*, cit.

forma de redistribuir algumas competências centrais. Estas regiões são autarquias locais, pessoas coletivas dotadas de autonomia administrativa e financeira e de órgãos representativos que visam à persecução de interesses próprios das populações respectivas.

Desta forma, Portugal procurou através da criação das regiões administrativas, aplicar o Princípio da Subsidiariedade, atribuindo a elas as seguintes competências: desenvolvimento econômico e social; ordenamento do território; ambiente; conservação da natureza e recursos hídricos; equipamento social e vias de comunicação; educação e formação profissional; cultura e patrimônio histórico; juventude, desporto e tempos livres; turismo; abastecimento público; apoio às atividades produtivas; apoio à ação dos municípios.

Esta preocupação portuguesa deve-se ao fato de que, como integrante da União Europeia, deve-se pautar na ideia de subsidiariedade na formação de seu Direito Administrativo interno.

Vale ainda esclarecer que o Princípio da Subsidiariedade na integração europeia deve respeitar as ideias de Democracia, de Estado de Direito, de Participação e de Descentralização. E, Fausto de Quadros[223] conclui: *"é neste quadro que a aplicação daquele Princípio deve conduzir à criação de uma nova mentalidade nas relações entre os estados-membros e os seus cidadãos, por um lado, e a União, por outro. A pedra angular dessa mentalidade deverá residir na ideia de que progressivamente maior limitação da Soberania dos Estados, resultante do aprofundamento da União Europeia, tem de corresponder uma cada vez maior democratização do processo de decisão da União. E aí cabe um papel decisivo à subsidiariedade, embora esta não esgote aquele problema.".*

### 2.3. A aplicação do Princípio da Subsidiariedade

A subsidiariedade, em sua essência, remete a uma reorganização do espaço público e privado, distinta da antiga e superada dicotomização Estado-Sociedade, mas de modo a integrar em um mesmo objetivo de valorização de pessoa humana e de obtenção do bem comum.

Sob essa perspectiva, pode-se falar em duas formas de aplicação da subsidiariedade. Uma, que recebe o nome de subsidiariedade estatal, mais tradicional, compreende a relação entre Estado, os grupos intermédios e o indivíduo. Outra, que recebe o nome de subsidiariedade institucional,

---

[223] QUADROS, Fausto de. op. cit., p. 62.

encerrando apenas o aparelho estatal, ou seja, identifica a repartição de competências entre os diversos órgãos, entidades e instituições que integram o Estado.

Por sua vez, José Alfredo Baracho[224] inicia a análise da aplicação do Princípio da Subsidiariedade afirmando que várias são as aplicações contemporâneas, sendo inclusive utilizado fora do domínio político. Todavia, alega que para a sua aplicação exigem-se condições filosóficas, a saber: a intuição de que a autoridade não é detentora da competência absoluta; na qualificação e realização do interesse geral, a necessária confiança estabelecida pelos atores sociais no que se refere à capacidade; e à vontade autônoma e a iniciativa dos atores sociais.

O Princípio da Subsidiariedade tem inúmeras implicações de ordem filosófica, econômica, política, social e jurídica, tanto na ordem jurídica interna, como na comunitária e internacional, podendo, como dito, ser empregado nas relações entre o Estado e os agrupamentos existentes na Sociedade Civil ou entre os diversos organismos que compõem a estrutura da máquina administrativa.

Importante ambiente de aplicação do Princípio da Subsidiariedade, a ordem econômica aponta situações que podem ser resolvidas apenas pelos indivíduos, os quais, em tese, possuem melhores condições de conhecimento de suas necessidades fundamentais. Para isto, o Estado deve desenvolver atividades de fomento à criação de organismos associativos e coordenativos que colocam o indivíduo na posição de solucionador dos problemas a ele apresentados. Diogo Figueiredo Moreira Neto[225] coloca que *"a mais importante ação do ente maior em relação aos menores é a ação estimuladora para criar condições de coordenação, por cooperação ou por colaboração, para que todos eles, estatais e não-estatais se desenvolvam em parceria e em sua plenitude."*

Sob outro aspecto, mas compartilhando o enfoque, José Alfredo Baracho[226] afirma que *"o Princípio da Subsidiariedade aplica-se nos âmbitos em que a ordem e o poder têm limitações razoáveis, ao mesmo tempo em que a economia deve conviver com a liberdade (...) equilibra a liberdade, detém o intervencionismo estatal*

---

[224] BARACHO, José Alfredo de Oliveira. *O princípio da subsidiariedade*: conceito e evolução, cit., p. 19.
[225] MOREIRA NETO, Diogo de Figueredo. *Mutações do direito administrativo*, cit., p. 21.
[226] BARACHO, José Alfredo de Oliveira. *O princípio da subsidiariedade*: conceito e evolução, cit., p. 49.

*indevido em áreas próprias da sociedade, possibilitando ao Estado ajudar, promover, coordenar, controlar e suprir atividades no pluralismo social."*

Percebe-se que a colaboração do Estado com as comunidades e organismos particulares é um fenômeno inerente à aplicação da ideia de subsidiariedade.

Por outro lado, na ordem política, o Princípio da Subsidiariedade faz com que os indivíduos se aproximem das discussões e tomadas de decisões nas quais seus interesses estejam mais diretamente envolvidos, multiplicando-se os instrumentos de participação dentro do Estado.

Para José Roberto Dromi[227] é possível a transferência de certos poderes e atividades estatais a entes da Sociedade Civil. Assevera que *"a função subsidiária corresponde, em sua própria essência, a um Princípio político de divisão de competência, transferidas às diversas comunidades intermediárias e o Estado, em suas respectivas missões e órbita de atuação. Dentro dessa perspectiva é considerada também como Princípio de divisão funcional de poder, que confere a cada comunidade o poder necessário para executar sua função."* Prossegue afirmando que *"a ordem de competência não é necessariamente uma ordem de exclusões, já que a realidade comunitária funda-se na necessidade de suplências complementares. As competências completam-se em função da necessidade e das suplências, possibilitando que o Princípio da Subsidiariedade realize-se através do instrumento da participação ou mesmo da parceria."*

Outro domínio comum da aplicação do Princípio da Subsidiariedade é a descentralização. Os problemas encontrados neste aspecto da utilização da subsidiariedade são questões de poderes e de competências. Assim, a solução está na ampliação da liberdade e das funções dos indivíduos e das coletividades sem sacrificar o que é essencial nas prerrogativas do Estado. O ente público, assim só deve transferir as competências que os entes sociais possuem capacidade de exercer.

Para tanto, a modificação de repartição de competência, na compreensão do Princípio da Subsidiariedade, pode ocorrer com as reformas que propõem transferir competências do Estado para outras coletividades. Através de sua aplicação, todas as competências que não são imperativamente detidas pelo Estado devem ser transferidas às coletividades.

O Estado reconhece a competência de outros grupos dentro da Sociedade Civil. Evidente que, por ser a competência do Estado a da última

---

[227] DROMI, José Roberto. op. cit., p. 173.

instância, necessária em toda a sociedade, continua ele a possuir e a exercer o poder de coação de respeito às leis. Contudo, isso apenas ocorre em assuntos que não são de competência exclusiva dos outros grupos, ou quando falhando a sua finalidade, se tornam estes elementos de dissociação dentro da Sociedade Civil.

Nesse sentido, José Alfredo Baracho[228] afirma que o *"Estado pode chamar a si tarefa de promover a decisão assumindo, inclusive, a legitimidade do conflito. O poder do Estado não deve estar assentado em base unitária e homogênea, mas no equilíbrio plural das forças que compõem a sociedade, muitas vezes, elas próprias rivais e cúmplices."*

Desta maneira, nota-se que o Princípio da Subsidiariedade é aplicado para repartir competências de atuação. Num primeiro momento identificou-se que esta repartição dava-se entre o indivíduo e o Estado. As ideias de liberdade e livre iniciativa apontam para a delegação de funções ao indivíduo ou grupos sociais por ele formados, sendo que o agente estatal só atuaria na ausência ou ineficiência da solução encontrada pelo particular. Todavia, com a evolução da máquina administrativa, e principalmente com a caracterização do Estado Regulador, o Princípio da Subsidiariedade passou a ser aplicado para delimitar as competências entre os diversos organismos administrativos originados de um processo de especialização da atividade pública. E é essa última forma de aplicação que converge para os objetivos deste trabalho, ou seja, delimitar as atuações dos órgãos administrativos responsáveis por implantar a política regulatória no setor bancário.

## 2.4. O Princípio da Subsidiariedade na Constituição Federal brasileira

A Constituição Federal brasileira promulgada em 1988 constitui-se num importante marco no processo de reestruturação do Estado pátrio. Inspirado pelo Princípio da Subsidiariedade, o texto constitucional fez o agente político caminhar na direção de um Estado menos centralizador e mais coordenado com a sociedade. Aos influxos de uma sociedade mais participativa e coordenada, o constituinte procurou estruturar uma relação mais harmônica entre os setores público e privado.

---

[228] BARACHO, José Alfredo de Oliveira. *O princípio da subsidiariedade*: conceito e evolução, cit., p. 6.

Como exemplo de consagração do Princípio da Subsidiariedade no texto constitucional brasileiro, pode-se citar o tratamento dado à educação pelo constituinte. O artigo 227 da Constituição Federal trata, de maneira adequada, a relação Estado-sociedade. Estabelece que a Educação é um dever da família, da sociedade e do Estado. Com isso, nas palavras de Silvia Faber Torres[229], *"está exatamente dando prioridade aos corpos sociais intermédio para a prossecução desse interesse público, o que é corroborado pelos arts. 209, que assegura o livre exercício da educação à iniciativa privada, 213, a que cabe incentivar o exercício desse direito-dever, inclusive com a destinação de recursos, e 205, pelo qual o Estado assume para si a função educativa, tendo em vista a insuficiência da família e da sociedade em suprirem as necessidades educacionais que o país demanda."*

Outra matéria constitucional em que a ideia de subsidiariedade também aparece é a seguridade social. A Carta Magna de 1988 abre grande espaço para a participação da sociedade, o que se extrai da leitura das disposições gerais relativas ao tema seguridade social, como bem demonstra o artigo 194 que a define como um conjunto integrado de ações de iniciativa dos Poderes Públicos e da sociedade. Complementando as disposições gerais, seguem os artigos 198 que, ao tratar da saúde, prevê, em seu inciso III, a participação comunitária através de instituições privadas, preferencialmente filantrópicas e sem fins lucrativos, e o artigo 204, inciso II, que prevê a participação dos indivíduos na assistência social, por meio de organizações representativas.

Demais exemplos de aplicação do Princípio da Subsidiariedade são encontrados nos capítulos constitucionais que tratam da cultura, artigo 216, parágrafo primeiro, do meio ambiente, artigo 225 e da criança e do adolescente, artigo 227, parágrafo primeiro. Além destes pontos, a noção de subsidiariedade pautou a construção da ordem econômica constitucional e a Reforma Administrativa.

As profundas transformações econômicas mundiais ocorridas em meados da década de oitenta do século passado tiveram reflexos, ainda que modestos, na elaboração da Constituição Federal de 1988. Todavia, tais reflexos reverberaram no poder constituinte derivado no decorrer da década de noventa do século XX.

---

[229] TORRES, Silvia Faber. *O princípio da subsidiariedade no direito público contemporâneo*. Rio de Janeiro: Renovar, 2001. p. 149.

Deste modo, foi conferida a possibilidade de desenvolvimento de uma nova estrutura do Estado brasileiro, impedindo, na ordem econômica, a proliferação do intervencionismo estatal e elevando a livre iniciativa e a propriedade à categoria de valores sociais, como bem surge da análise do artigo 1º, inciso IV, da Carta Magna brasileira. A livre iniciativa e a economia descentralizada, restringem a atuação estatal direta a motivos previamente tipificados no texto constitucional, a saber, conforme artigo 173, quando necessária aos imperativos da segurança nacional ou a relevante interesse coletivo. Ainda no mesmo artigo 173, só que em seu parágrafo quarto, o Estado foi definido como supervisor da ordem econômica, apto a impedir abusos e desvio de poder de mercado.

As reformas constitucionais que sobrevieram, principalmente com as Emendas de números cinco, oito e nove, apontaram, com mais intensidade, para uma atuação cada vez mais subsidiária do Estado. O processo de flexibilização de monopólios estatais, introduzido inicialmente pela Emenda de número cinco que alterou o parágrafo segundo do artigo 25 da Constituição Federal, possibilitou que os Estados membros delegassem a empresas privadas a exploração de serviços públicos locais de distribuição de gás canalizado, antes permitido apenas para empresas com controle acionário do Estado; a Emenda de número oito deu igual tratamento aos serviços de telecomunicações e de radiodifusão sonora e de sons e imagens, e, posteriormente, a Emenda de número nove facultou à União Federal a contratação de empresas privadas de atividades relativas à pesquisa e lavra de jazidas de petróleo, gás natural e outros hidrocarbonetos fluídos, a refinação do petróleo nacional ou estrangeiro, a importação, exportação e transporte dos produtos e derivados básicos de petróleo, antes vedados por força do artigo 177, parágrafo primeiro, letra "e", da Lei 2.004/51.

Deste modo, nota-se que o Brasil cedeu à transformação do paradigma estatal, adotando um modelo de Estado subsidiário e ingressando, como bem anota Sérgio D'Andrea Ferreira[230], *"no real regime da economia de mercado, tendo, conforme gizado, a livre iniciativa como fundamento desta propriedade privada e a livre concorrência, consagrando a legitimidade do poder econômico não abusivo e do lucro não arbitrariamente aumentado."*

---

[230] FERREIRA, Sérgio D'Andrea. O incentivo fiscal como instituto de direito econômico. *Revista de Direito Administrativo*, Rio de Janeiro, n. 211, p. 31-32, 1998.

As mudanças ocorridas na forma de intervenção do Estado no domínio econômico foram acompanhadas por reformas estruturais na organização e funcionamento da Administração Pública brasileira.

Esta Reforma Administrativa foi consubstanciada através da Emenda Constitucional número dezenove que teve a finalidade de modificar o perfil estatal. Nesse sentido, a inserção do Princípio da eficiência entre os vetores da Administração Pública que, interpretado em sentido amplo, norteia o controle de condutas burocráticas dos administradores, de modo a propiciar uma administração pública gerencial orientada para o cidadão e para a obtenção de resultados mais eficazes. Outros pontos de destaque nesta transformação são: a abertura à participação do usuário de serviços públicos na administração pública direta e indireta; a implantação da autonomia gerencial, orçamentária e financeira dos órgãos e entidades da administração pública através de contrato de gestão, o que permite uma cooperação mais intensa entre os entes públicos, beneficiando o cidadão com a tomada de decisão mais próxima a ele; a gestão associada de serviços públicos entre os entes federados por meio de consórcios públicos e convênios de cooperação, ainda na linha da colaboração gerencial entre as pessoas públicas.

Nesse passo, resta demonstrado que a Constituição Federal brasileira de 1988 contemplou a subsidiariedade como Princípio, ou mais, como Princípio com estreita relação com os Princípios fundantes da República Federativa do Brasil, mais precisamente com aqueles que perpetuam a forma federal do Estado e a preservação da cidadania, da dignidade da pessoa humana e do pluralismo político.

O fato de o texto constitucional não dispensar ao Princípio da Subsidiariedade uma menção expressa em seu corpo, não induz a crer que o constituinte o tenha relegado.

Rui Machado Horta[231] trata a subsidiariedade como Princípio há muito reconhecido pelas Constituições brasileiras, afirmando que *"no caso específico do federalismo brasileiro, a preexistência da competência supletiva ou complementar, prevista nas Constituições Federais de 1934, 1946 e 1967, e da competência da legislação concorrente ou mista, adotada na Constituição Federal de 1988, com explicitação enumerada de suas matérias, localizadas, as formas*

---

[231] HORTA, Raul Machado. Federalismo e o princípio da subsidiariedade. In: MARTINS, Ives Gandra da Silva (Coord.). *As vertentes do direito constitucional contemporâneo*. Rio de Janeiro: América Jurídica, 2002. p. 471-472.

*pretéritas de competência supletiva ou complementar, e a forma contemporânea da legislação concorrente ou mista, na área da repartição de competências da Federação, por equivalência da legislação supletiva ou complementar, anteriormente, e da legislação concorrente, atualmente, com os objetivos e finalidades do Princípio da subsidiariedade, concluo pela desnecessidade, em tese, da atividade do poder constituinte de revisão, para introduzir no texto constitucional da subsidiariedade, considerando a equivalência entre o Princípio e a legislação concorrente, dotada de natureza subsidiária, complementar ou supletiva. O Princípio da subsidiariedade projetou-se na autonomia da subsidiariedade constitucional, dispensando o Tratado ou a Revisão."*

A subsidiariedade há de ser credora da mesma positividade emprestada aos Princípios da proporcionalidade e da razoabilidade, notadamente após interpretação construtiva levada a termo pelo Supremo Tribunal Federal, que, muito embora lhe admitindo faltar-lhes a característica de norma geral de direito escrito, atribui-lhes efeitos Princípiológicos, tamanhas as suas afinidades com outros Princípios, dentre os quais o da igualdade.

Deste modo, considerando que o Princípio da Subsidiariedade reforça a proteção dos direitos e garantias individuais consagradas no texto constitucional, uma vez que reclama a descentralização das estruturas de poder, é válido afirmar que ele transita de forma essencial na Carta Magna de 1988.

Parte III
Distribuição de Competências na Regulação Bancária Brasileira

# Capítulo 1
# O Sistema Financeiro Nacional sob o aspecto regulatório

## 1.1. Regulação geral e os Princípios da ordem econômica no texto constitucional

A atual Constituição Federal brasileira traz, no bojo de seu texto, Princípios econômicos e sociais que norteiam e deverão nortear o conteúdo das normas que virão a complementar e implementar o que foi por ela traçado. Os Princípios representam o espírito do ordenamento jurídico que vem para complementar a Carta Magna. E esta inovou por dois motivos: primeiro, ao dar campo próprio à ordem social distintamente da ordem econômica e segundo, ao incluir a ordem financeira na ordem econômica.

No título da "Ordem Econômica e Financeira", o legislador constituinte inseriu um capítulo referente aos "Princípios Gerais da Atividade Econômica". Todavia, outros Princípios atinentes à ordem econômica podem ser encontrados em diversas passagens do texto constitucional, não constituindo o rol do artigo 170 em *numerus clausus*.

Pode-se, na demonstração da existência de Princípios inerentes à ordem econômica dispersos em locais que não o Capítulo específico sobre eles, citar o objetivo fundamental da República Federativa do Brasil de garantir o desenvolvimento nacional, com a construção de uma sociedade livre, justa e solidária, erradicando a pobreza e a marginalização e promovendo o bem de todos com redução de desigualdades, contido no artigo 3º da Constituição Federal, que, por certo, está voltado para a atividade econômica. Outro exemplo corporifica-se no artigo 1º da Carta Magna brasileira que impõe como fundamentos do Estado os valores sociais do trabalho e da livre iniciativa.

Contudo, para não incidir na subjetividade arbitrária, devem-se incluir como Princípios da ordem econômica apenas aqueles que indiscutivelmente com ela tenham relação e sejam essenciais para seu correto desenvolvimento.

Os fundamentos do Estado brasileiro podem, ao invés, ser considerados a base econômica que baliza a concretização dos Princípios da ordem econômica. Para Carla Marshall[232] *"é indiscutível o fato que o fundamento da livre iniciativa, especialmente, é a tônica do Estado, pois, a partir da liberdade – não aquela absoluta, preconizada pelo Estado liberal, mas a identificada como expressão da possibilidade de escolha entre as diversas alternativas colocadas à disposição do particular no mercado –, terá o indivíduo um amplo espectro de opções de atividades econômicas para o alcance de sua valorização pessoal, inserido que se encontra na sociedade."*

Isto leva à admissão de que o constituinte considerou a assunção do sistema capitalista privado temperado com a interferência estatal no domínio econômico. Fala-se, assim, em liberdade de iniciativa privada moldada e limitada pela intervenção em nome do interesse público e social[233].

Por óbvio, percebe-se que, além da não existir uma liberdade absoluta de iniciativa privada, há, também, limites impostos à atuação do Estado. Estas restrições de atuação visam a manutenção do ordenamento jurídico constituído, onde os Princípios inerentes à ordem econômica buscam delimitar a atividade, tanto privada como estatal, ao interesse público, ou seja, à preservação dos direitos e garantias individuais. Esta forma de interpretação sistemática é apontada por Gastão Alves de Toledo[234], para o qual *"o significado do Princípio da livre iniciativa, inserido no caput do art. 170 (bem assim em relação aos desdobramentos que o mesmo propicia), não deve destoar de outras situações previstas na norma fundamental. Uma interpretação que nos levasse a conclusões diferenciadas da que ora se propõe seria incompatível com o*

---

[232] MARSHALL, Carla. *Direito constitucional*: aspectos constitucionais do direito econômico. Rio de Janeiro: Forense, 2007. p. 144-145.

[233] FARIAS, Sara Jane Leite. Evolução histórica dos princípios econômicos da Constituição. In: SOUTO, Marcos Juruena Villela; MARSHALL, Carla (Coords.). *Direito empresarial público*. Rio de Janeiro: Lúmen Júris, 2002. v. 1, p. 115.

[234] TOLEDO, Gastão Alves de. *O direito constitucional econômico e sua eficácia*. Rio de Janeiro: Renovar, 2004. p. 177.

*Princípio da harmonia, tendo em vista ainda os demais preceitos que informam a ordem econômica e financeira, e seu amplo espectro de ramificações."*

Celso Ribeiro Bastos[235], por sua vez, afirma a existência de quatro Princípios no caput do artigo 170 da Constituição Federal: valorização do trabalho humano, livre iniciativa, existência digna e justiça social. Contudo, esta posição não encontra aceitação unânime na doutrina. Para Washington Peluso Albino de Souza[236] as disposições do caput configuram fundamentos e objetivos da ordem constitucional, não Princípios, considerando que ao *"tratar dos Princípios gerais, o legislador citou, no primeiro artigo (art. 170) do Cap. I, a preocupação para com seus fundamentos e os Princípios a serem observados. Como fundamentos da ordem econômica nomeia a valorização do trabalho humano e a livre iniciativa. Como objetivos indica o de assegurar a todos existência digna conforme os ditames da justiça social, seguindo-lhes então os Princípios a serem observados."*

Comprovada a natureza Principiológica de todos os comandos do artigo 170 da Constituição Federal; além dos Princípios fundamentais da livre iniciativa e da valorização do trabalho humano, ela relaciona em seus nove incisos os Princípios constitucionais da ordem econômica, afirmando que esta tem por fim assegurar a existência digna conforme os ditames da justiça social. Podem ser eles, os Princípios constitucionais contidos nos incisos do artigo 170, assim elencados: soberania nacional, propriedade privada, função social da propriedade, livre concorrência, defesa do consumidor, defesa do meio ambiente, redução das desigualdades regionais e sociais, busca pelo pleno emprego e tratamento favorecido para as empresas de pequeno porte constituídas sob as leis brasileiras e que tenham sua sede e administração no país. Estes Princípios perfazem um conjunto cogente de comandos normativos, de cumprimento obrigatório por todos os agentes que desempenham atividades econômicas, sob pena de inconstitucionalidade do ato praticado ao arrepio de qualquer um deles.

O Princípio da soberania nacional vem complementar determinação contida no artigo 1º, inciso I, da Carta Magna brasileira, mas especifica-

---

[235] BASTOS, Celso Ribeiro; MARTINS, Ives Gandra da Silva. *Comentários à Constituição do Brasil.* 2. ed. São Paulo: Saraiva, 2000. v. 7, p. 12.
[236] SOUZA, Washington Peluso Albino de. A experiência brasileira de Constituição econômica. *Revista de Informação Legislativa*, Brasília, n. 102, p. 29, abr./jul. 1989.

mente no âmbito econômico, pregando a independência do Estado em relação à economia e tecnologia estrangeira. Já o Princípio da propriedade privada, em reafirmação do descrito no artigo 5º, inciso XXII, do diploma legal máximo do ordenamento jurídico, individualiza o direito de propriedade e limita o conceito de propriedade plena. É este elemento consectário do regime capitalista. Na linha das limitações ao direito da propriedade, o Princípio que insere a sua função social vem limitar a liberdade do proprietário e a utilização do bem, a qual deve atender uma determinada finalidade social.

O Princípio da livre concorrência representa a adoção do regime da economia de mercado, e demonstra a preocupação do constituinte com a questão mercadológica e de consumo, uma vez que os reflexos de sua desobediência têm implicações diretas nas relações de consumo e o poder de escolha do consumidor no momento da aquisição de um bem ou serviço. Este Princípio traz implícito o controle do abuso pelo poder de mercado e a garantia de entrada de novas empresas no mercado e suas permanências, através da inibição da prática de cartel e da preocupação com o monopólio. A Lei 8.884/1994, substituída neste objetivo pela Lei 12.529/2011, consistiu na concretização e complementação legal do Princípio da livre concorrência.

O Princípio da defesa do consumidor veio ratificar, dentro da ordem econômica, preocupação já levantada pelo constituinte no artigo 5º, inciso XXXII, ao estabelecer obrigação para o Poder Público de promover a defesa do consumidor. E tal obrigação se consubstanciou no advento da Lei nº 8078/1990, mais conhecida como Código de Defesa do Consumidor. Com ele a sistemática do mercado foi alterada, com a tipificação de condutas vanguardistas frente à realidade encontrada, à época, no ambiente de consumo.

Quanto ao Princípio de defesa do meio ambiente vem ele expressar a preocupação do constituinte com a vulnerabilidade em que este se encontra em face do desenvolvimento, cada vez mais intenso, da atividade econômica. Para tanto, impõe-se mais uma limitação ao direito de propriedade, que irá esbarrar, agora, no interesse coletivo e difuso de proteção do meio ambiente e de um desenvolvimento sustentável do mercado.

Por sua vez, os Princípios da redução das desigualdades regionais e sociais e busca pelo pleno emprego *"se revelam mais como objetivos da ordem econômica (função Princípiológica de caráter prospectivo). Ainda assim, podem ser considerados Princípios na medida em que apresentam a mesma estru-*

*tura normativa, própria dos Princípios (no caso programático)"* [237]. O primeiro demonstra a necessidade de estabelecimento de equilíbrio que gere uma melhoria para todos em detrimento dos privilégios de determinada região. O segundo determina a assunção de políticas públicas que conduzam ao pleno emprego.

E o último dos Princípios apresentados nos incisos do artigo 170 da Constituição Federal, o do tratamento favorecido para as empresas brasileiras de capital nacional de pequeno porte, impõe ao Estado adotar uma política de fomento às microempresas, empresas de pequeno porte e cooperativas, o que atende à geração de empregos e o desenvolvimento econômico[238]. Entretanto, não significa favorecimento desmedido de um determinado setor em detrimento dos demais, nem a implantação de políticas protecionistas que gerem desequilíbrio no mercado, mas sim a adoção de políticas que sejam geradoras de desenvolvimento econômico.

Descritos os Princípios constitucionais da ordem econômica, próximo passo é delimitar como eles, de aplicação geral à atividade econômica, se relacionam com a regulação setorial, mais precisamente com a regulação bancária.

O texto constitucional em seu artigo 192 define um micro-sistema financeiro, definindo finalidades e funções próprias. Esta função pode ser entendida como a promoção do desenvolvimento equilibrado do país, denotando-se uma clara preocupação social. Nas palavras de Rachel Sztajn[239], *"a tutela setorial visa não, necessariamente, à eficiência econômica, própria da análise concorrencial, mas ao interesse macroeconômico, ao desenvolvimento ordenado, equilibrado, de certas atividades ou regiões."*

Posto o fato de que o setor bancário, por sua especificidade e importância, recebeu tratamento especial do legislador constituinte, mister se faz procedimentar a integração entre os Princípios gerais da atividade

---

[237] TAVARES, André Ramos. *Direito constitucional econômico.* 2. ed. São Paulo: Método, 2006. p. 128.
[238] Este Princípio está intimamente ligado a previsão contida no artigo 179 da Constituição Federal, que o complementa: *"Art. 179. A União, os Estados, o Distrito Federal e os Municípios dispensarão às microempresas e às empresas de pequeno porte, assim definidas em lei, tratamento diferenciado, visando a incentivá-las pela simplificação de suas obrigações administrativas, tributárias, previdenciárias e creditícias, ou pela eliminação ou redução destas por meio da lei."*
[239] SZTAJN, Rachel. Regulação e concorrência no sistema financeiro. In: CAMPILONGO, Celso Fernandes; MATTOS, Paulo Todescan Lessa; ROCHA, Jean Paul Cabral Veiga da (Coords.). op. cit., p. 245.

econômica contidos no artigo 170 da Constituição Federal como as regras setorizadas baixadas sobre a atividade bancária. Necessário, portanto, harmonizá-los. Princípios constitucionais gerais como os relativos à ordem econômica não são absolutos, comportando restrições, desde que a regra de ponderação atenda ao fim de toda atividade administrativa, ou seja, o interesse público.

Dentro do espectro da regulação estatal estão compreendidas todas as atividades de ordenação e de controle sobre a atividade econômica privada que sejam necessárias e suficientes para perseguir o interesse público cujos predicados estão descrito no rol de Princípios constitucionais da ordem econômica. Para Floriano de Azevedo Marques Neto[240] dentro da atividade regulatória estatal *"estarão compreendidas as diversas manifestações de regulação setorial (sobre serviços públicos, bens escassos, setores sensíveis da economia, utilidades públicas, setores considerados monopólios naturais, setores em que a competição ainda não se encontra estabelecida, entre outros), assim como a regulação mais ampla que não tem por escopo segmentos específicos da economia, mas sim a tutela de interesses gerais aos quais a constituição atribuiu especial relevância."*

Nesse contexto, percebe-se a existência de outro foco dentro da regulação estatal que não apenas a ordenação de um setor da economia que preenche os requisitos necessários para merecer tratamento apartado pelo Estado, a saber: a tutela de interesses gerais consagrados como Princípios da ordem econômica constituída. E esta tutela se contrapõe à regulação pura do mercado ao passo que tem como bem jurídico a ser protegido o indivíduo.

A regulação geral, assim, visa proteger o indivíduo contra eventuais abusos que possam ocorrer dentro do mercado de consumo. Seus pressupostos de incidência estão predicados na própria Constituição Federal, como Princípios fundamentais da ordem econômica: a livre concorrência e a defesa do consumidor, incisos IV e V do artigo 170, respectivamente. Neste passo, a regulação estatal geral se justifica na defesa de objetivos gerais da ordem econômica, particularmente a defesa dos consumidores e da competição, posto que, se de um lado os beneficiários imediatos da proteção à concorrência são os agentes competidores, os prejudicados pela prática de atos anticompetitivos são os consumidores.

---

[240] MARQUES NETO, Floriano Azevedo. Regulação setorial e autoridade antitruste: a importância da independência do regulador, cit., p. 97.

Para corroborar a preocupação do constituinte aparecem os dizeres do artigo 173, parágrafo quarto, da Carta Magna brasileira, que comanda a edição de lei que deve reprimir o abuso do poder econômico, a dominação do mercado, a eliminação da concorrência e o aumento arbitrário dos lucros. E no caso da defesa dos consumidores, elevou a proteção à condição de direitos individuais ao impor como dever do Estado a promoção da defesa do consumidor na forma da lei, conforme artigo 5º, inciso XXXII, da Constituição Federal.

Portanto, a proteção do consumidor e a preservação da concorrência constituem pressupostos da atividade regulatória estatal, sendo sua aplicação base para a construção de qualquer arcabouço regulatório que venha a se editar, como comando geral a todos os atores econômicos.

Diante da comprovada existência da regulação geral, cujos pressupostos são retirados dos próprios Princípios constitucionais da ordem econômica, ou mesmo, como garantia fundamental do indivíduo, não se pode imaginar que a regulação setorial imposta ao mercado bancário possa substituí-la. Os pressupostos que autorizam a incidência da atividade regulatória setorial sobre determinado mercado estão apenas relacionados de forma indireta com os Princípios fundantes da ordem econômica. Deve, ao invés, a regulação setorial adotar a defesa do consumidor e a defesa da competição como pauta obrigatória, por mandamento constitucional, e não tentar imunizar o setor da correta aplicação da regulação geral.

Nesta linha, Floriano de Azevedo Marques Neto[241] aponta que *"a tutela da livre concorrência (exercida pelos órgãos federais de regulação antitruste) e de defesa do consumidor (exercida pelas três esferas da federação, mediante os órgãos que integram o Sistema Nacional de Defesa do Consumidor) não se esvaem quando incide sobre um dado setor da economia uma regulação específica, setorial. Esta não faz aquele setor imune, blindado à incidência da regulação geral. Opera, isto sim, uma necessária adaptação, uma calibragem na aplicação dos instrumentos de regulação geral."*

Em suma, não se pode falar em regulação bancária sem a aplicação dos Princípios fundamentais da ordem econômica. Constitucionalmente consagrados, eles tem incidência em todos os mercados econômicos, inclusive aqueles que necessitam tratamento especial pelo Estado na busca pelo

---

[241] MARQUES NETO, Floriano Azevedo. Regulação setorial e autoridade antitruste: a importância da independência do regulador, cit., p. 103.

interesse público. E ainda mais, dentro dos Princípios da ordem econômica, dois se transformaram em objeto da atividade regulatória estatal: o da defesa da concorrência e o da defesa do consumidor. Justificados pela proteção ao indivíduo contra abusos econômicos fazem-se estes dois parte da denominada regulação geral.

O que será objeto da conclusão deste trabalho é como a regulação geral e a regulação setorial se integram na busca pelo interesse público dentro do mercado especificamente tutelado. Como será delimitada a competência dos órgãos reguladores no momento da aplicação de ambas as regulações, bem como a ponderação dos Princípios apresentados nos casos concretos apresentados. Estas respostas são o desafio buscado há tempos pelo Estado, pelo mercado e pelos consumidores.

## 1.2. Os órgãos integrantes do sistema regulatório bancário e suas competências

O presente tópico se destina a apresentar a estrutura formal da regulação bancária no Brasil. Embora a compreensão histórica e política para a criação dos organismos reguladores seja um fator importante, este não é o objetivo do presente trabalho, que visa a delimitação das competências destes organismos já existentes.

O conhecimento das estruturas formais irá permitir uma visão mais clara dos instrumentos de regulação de condutas, sistêmica e prudencial no país, bem como a interação com a já descrita regulação geral.

A estrutura básica dos órgãos de regulação no Sistema Financeiro Nacional encontra-se disposto nas Lei 4.595/1964, que criou o Conselho Monetário Nacional (CMN) e o Banco Central do Brasil (BCB) e na Lei 6.385/1976, que criou a Comissão de Valores Mobiliários (CVM).

Para uma visão mais abrangente, podem-se citar outros órgãos como o Conselho Nacional de Seguros Privados (CNSP) e a Superintendência de Seguros Privados (Susep) criados pelo Decreto Lei 73/1966 e a Secretaria de Previdência Complementar (SPC), cujo regime originário data de 1978, estando suas atividades hoje estribadas na Lei Complementar 109/2001. Em adendo a tal estrutura e na procura de integrá-la em uma unidade, o Decreto 5.685/2006 instituiu o Comitê de Regulação e Fiscalização dos Mercados Financeiro, de Capitais, de Seguros, de Previdência e Capitalização (COREMEC).

Apresentado este breve relato, cumpre passar uma visão geral de cada organismo referido, mesmo que, para efeito deste trabalho, a importância recaia principalmente sobre o Conselho Monetário Nacional e o Banco Central do Brasil.

### 1.2.1. Conselho Monetário Nacional (CMN)

A Lei 4.594/1964 estruturou o Sistema Financeiro Nacional dotando-o de órgão destinado a formular a política da moeda e do crédito, objetivando o progresso econômico e financeiro. Restou instituído, pelo artigo 2º do referido diploma legal, o Conselho Monetário Nacional como sucessor do Conselho da Superintendência da Moeda e do Crédito.

É, portanto, o órgão de cúpula do Sistema Financeiro Nacional, integrando a estrutura do Ministério da Fazenda. Desde 1994, ele é composto apenas pelo Ministro da Fazenda, que o preside, pelo Ministro do Planejamento, Orçamento e Gestão e pelo Presidente do Banco Central do Brasil.

A própria Lei 4.594/1964, em seu artigo 3º, traçou os objetivos da política a ser formulada pelo Conselho Monetário Nacional: controlar os meios de pagamento; regular o valor interno e externo da moeda; orientar a aplicação dos recursos das instituições financeiras públicas e privadas com vistas ao desenvolvimento harmônico da economia nacional; propiciar o aperfeiçoamento das instituições e dos instrumentos financeiros com vistas à maior eficiência do sistema de pagamentos; coordenar as políticas monetária, creditícia, orçamentária, fiscal e da dívida pública interna e externa; e zelar, no campo, fiscalizatório, pela liquidez e solvência das instituições financeiras.

O mesmo diploma legal referido traz, em seu artigo 4º, competências privativas do Conselho Monetário Nacional, as quais podem ser divididas em quatro grandes grupos: monetário; fiscalizatório; judicante; e administrativa[242]. Dentre as competências mais relevantes, podem ser mencionadas, em cada um desses grupos, as seguintes:

No grupo monetário: fixar diretrizes e normas da política cambial, compra e venda de ouro e operações em moeda estrangeira; disciplinar o crédito em todas as suas modalidades e as operações creditícias em todas as suas formas; limitar taxas de juros e quaisquer remunerações de operações sujeitas à lei, assegurando crédito subsidiado a determinadas atividades

---

[242] TURCZYN, Sidnei. op. cit., p. 133.

especificadas; e determinar o percentual dos recolhimentos compulsórios das instituições financeiras no Banco Central sobre depósitos à vista dessas instituições.

No grupo fiscalizatório: regular a constituição, funcionamento e fiscalização dos que exercerem atividades subordinadas à Lei 4.595/1964 e a aplicação de penalidades previstas; determinar uma percentagem máxima de recursos que as instituições financeiras poderão emprestar a um mesmo cliente ou grupo de empresas; expedir normas gerais de contabilidade e de estatísticas obrigatórias para as instituições financeiras; e disciplinar as atividades das bolsas de valores e de corretores de fundos públicos.

No grupo judicante as competências do Conselho Monetário nacional foram em sua maioria derrogadas com a criação do Conselho de Recursos do Sistema Financeiro, cuja instituição e definição de competências ocorreram com a edição do Decreto Presidencial 91.152/1985 e, posteriormente, com a promulgação da Lei 9.069/1995. Restou apenas a competência para julgar recurso contra decisão do Banco Central do Brasil que aplicar pena de multa ou de suspensão do exercício do cargo ou de inabilitação temporária ou permanente para exercício de cargos de direção.

Finalmente, no grupo administrativo foi outorgada competência para: decidir sua própria organização, elaborando seu regimento interno; decidir a estrutura técnica e administrativa do Banco Central do Brasil e fiar seu quadro pessoal; e aprovar o regimento interno e as contas do Banco Central do Brasil.

De um modo geral, incumbem ao Conselho Monetário Nacional atividades deliberativas e normativas referentes à administração da moeda, à conformação dos mercados sob a sua tutela (mercado bancário, mercado de capitais, atividades securitárias e previdência privada) e as atividades especificamente permitidas aos diversos intermediários financeiros.

Para Otavio Yazbek[243], *"se o CMN é entidade deliberativa e normativa por definição, cabe ao BCB e à CVM realizar sobretudo os atos de execução das regras e políticas por ele definidas, dentro de suas respectivas esferas de competência. Grosso Modo, pode-se afirmar que o BCB é competente para a regulação das atividades bancárias e creditícias, enquanto a CVM incumbe-se da regulação do mercado de valores mobiliários (conforme aquela clássica e hoje em parte superada divisão entre mercado bancário e mercado de capitais)."*

---

[243] YAZBEK, Otávio. op. cit., p. 203.

### 1.2.2. Banco Central do Brasil

O Banco Central do Brasil foi criado pela Lei 4.595/1964 para ser, de maneira geral, órgão executor das normas expedidas pelo Conselho Monetário Nacional e a autoridade monetária brasileira. Todavia, além dessas atribuições, recebeu outras competências privativas, que podem ser, a Princípio, divididas em três grupos distintos: monetário; fiscalizatório; e banqueiro do governo[244].

No grupo monetário, tem-se: emitir moeda-papel e moeda metálica, nas condições e limites fixados pelo Conselho Monetário Nacional; executar o serviço do meio circulante; receber recolhimentos compulsórios efetuadas pelas instituições financeiras; realizar operações de redesconto e de empréstimos a instituições financeiras; exercer controle do crédito sob todas as suas formas; comprar e vender ouro e moeda estrangeira, realizar operações de crédito no exterior e operar mercados de câmbio no sentido de possibilitar a estabilidade das taxas de câmbio e do mercado cambial; comprar e vender títulos de sociedade de economia mista e de empresas do Estado; e emitir títulos de responsabilidade própria.

No campo fiscalizatório: fiscalizar as instituições financeiras e aplicar penalidades; conceder autorização de instalação e funcionamento às instituições financeiras; estabelecer condições para a posse e para o exercício de cargos de gestão ou exercício de funções em órgãos consultivos, fiscais e semelhantes das instituições; regular a execução dos serviços de compensação de cheques e de outros papéis; exercer permanente vigilância nos mercados financeiros e de capitais e sobre empresas que, direta ou indiretamente, interfiram nesses mercados; aplicar penalidades dentro de uma gradação que vai da simples advertência até a cassação da autorização de funcionamento das instituições infratoras; e efetuar controle dos capitais estrangeiros.

Como banqueiro do governo: manter entendimentos com instituições financeiras estrangeiras e internacionais; colocar empréstimos internos ou externos; e atuar como depositário das reservas oficiais de ouro e de moeda estrangeira.

Antigamente existia um quarto grupo, o de fomento. Contudo essa função deixou de ser exercida pelo Banco Central do Brasil a partir

---

[244] TURCZYN, Sidnei. op. cit., p. 139.

da edição do Decerto Presidencial 94.444/1987, que transferiu essas funções e os programas e fundos até então em andamento para o Ministério da Fazenda.[245]

A natureza jurídica do Banco Central do Brasil é de autarquia federal. Sua diretoria é composta de nove membros, um dos quais designado presidente, sendo todos nomeados pelo Presidente da República e aprovados pelo Senado Federal.

Nesse passo, Otavio Yazbek[246] aponta que, *"de um modo geral, o modelo do BCB foi criado conforme a tradição dos bancos centrais. Historicamente, estes nascem como os bancos do governo, custodiando e administrando as reservas, inclusive internacionais, prestando serviços de administração de dívida pública, executando política monetária (ao operar no mercado aberto) e, em uma de suas funções mais importante, atuando como órgãos emissores de moeda. Em razão dessas funções os bancos centrais assumem, também, um importante papel como reguladores do sistema financeiro, não apenas estabelecendo regras diversas e atuando como supervisores, mas também atuando como depositários das reservas bancárias, prestamistas de última instância e, função que ganhou destaque mais recentemente, administradores do sistema de pagamentos."*

Tal assertiva, bem como a descrição das competências atribuídas ao Banco Central do Brasil, sempre com intuito de evitar a concretização dos riscos da atividade bancária (já tratados em tópicos anteriores), resolve a questão se um banco central pode ou não ser responsável pela regulação e pelo controle e contenção dos riscos aceitos pelas instituições financeiras.

Para Fernando J. Cardim de Carvalho[247], *"tradicionalmente, bancos centrais exercem múltiplas funções, incluindo-se a gestão de oferta de meios de pagamento e a função de emprestador de última-instância, como fornecedor de reservas para o sistema bancário honrar depósitos à vista quando a demanda por papel moeda superarem as disponibilidades bancárias. Menos nítida é a necessidade do banco central exercer as funções de regulação e supervisão financeiras, como já observado*

---

[245] Jairo Saddi adotou outro critério de classificação das competências do Banco Central do Brasil: próprias e impróprias. Próprias aquelas clássicas e habituais de um Banco Central. Impróprias as funções que lhe são atribuídas por lei, na sua função de mero executor das normas ditadas pelo Conselho Monetário Nacional. As impróprias se dividem, ainda, em legislativas, executivas, judiciárias e diplomáticas. (SADDI, Jairo. *Crise e regulação bancária*, cit., p. 198 e ss.).

[246] YAZBEK, Otávio. op. cit., p. 204.

[247] CARVALHO, Fernando J. Cardim de. op. cit., p. 262.

*na primeira seção."* Contudo, o autor conclui que, no caso do Banco Central do Brasil, ele é a instituição responsável por essas duas últimas funções ao lado daquelas mais tradicionais.

Outro ponto bastante explorado nos debates sobre a atividade regulatória do Banco Central do Brasil é sua limitada competência normativa, ou seja, possui mais propriamente função de supervisão do cumprimento das normas do que de criação das regras. E de fato sua capacidade regulamentadora é restrita à edição de portarias ou cartas circulares voltadas a esclarecer disposições regulatórias ditadas pelo Conselho Monetário Nacional ou a traduzir regulações em mecanismos específicos. Todavia, este poder de adaptar as regras aos processos bancários, a fim de evitar a materialização dos riscos, o torna um agente regulador, ao passo que prescreve como os bancos devem se comportar. É o exercício das já descritas regulações de conduta, prudencial e sistêmica.

Diante destes pontos, resta claro que o Banco Central do Brasil constitui-se em verdadeiro ente regulador do setor bancário ao passo que exerce atividades como a de *"coordenar, fiscalizar, dirigir, coibir ou desincentivar condutas, incentivar, fomentar, planejar, organizar, que sejam necessárias para atingimento de objetivos de ordem pública consentâneos com os objetivos da ordem econômica constitucional."* [248]

Também as competências atribuídas ao Banco Central do Brasil encontram respaldo no conceito operacional de regulação apresentado por Vital Moreira[249] segundo o qual se entende por atividade regulatória *"o estabelecimento e a implementação de regras para a atividade econômica destinadas a garantir o seu funcionamento equilibrado de acordo com determinados objetivos públicos".*

### 1.2.3. Comissão de Valores Mobiliários

A Comissão de Valores Mobiliários constitui-se numa autarquia federal, vinculada ao Ministério da Fazenda, criada pela Lei 6.385/1976 para a regulação do mercado de capitais ou mercado de valores mobiliários. A ela incumbe regulamentar e fiscalizar não apenas as atividades dos intermediários que operam sob a sua esfera de competência, mas também as atividades das bolsas e das companhias emissoras de valores mobi-

---

[248] MARQUES NETO, Floriano Azevedo. Regulação setorial e autoridade antitruste: a importância da independência do regulador, cit., p. 96.
[249] MOREIRA, Vital. *Auto-regulação profissional e administração pública.* Coimbra: Almedina, 1997. p. 34.

liários. Sua disciplina foi profundamente alterada pelas Leis 10.303/2001 e 10.411/2002 e pelo Decreto Presidencial 3.995/2001.

Como relaciona Otávio Yazbek[250], *"deste novo quadro resultaram, dentre outras alterações, a incorporação de novas modalidades operacionais ao conceito de valor mobiliário, contido no seu art. 2º, a inclusão de novas instituições no rol de integrantes do sistema de distribuição de valores mobiliários constantes do já referido art. 15 (especialmente aquelas relacionadas ao mercado de derivativos) e algumas mudanças nas suas estruturas administrativa e patrimonial, visando outorgar-lhe status de autarquia especial, com maior independência em relação ao poder executivo."*

### 1.2.4. Outros organismos reguladores do mercado financeiro

Existem, como já relatado, outros órgãos que, a despeito de não tratar de mercados tão midiáticos, dispõe de competência regulatória, em maior ou menos medida, para áreas específicas.

Assim, encontram-se os mercados de seguros, capitalização e previdência aberta. Estes são regulados pelo Conselho Nacional de Seguros Privados e pela Superintendência de Seguros Privados. O primeiro, que integra a estrutura do Ministério da Fazenda, tem, como o Conselho Monetário Nacional, funções eminentemente normativas. As atividades executivas incumbem, dessa maneira, à segunda, uma autarquia federal criada pelo Decreto-Lei 73/1966, à qual incumbe, fundamentalmente, a regulamentação e a fiscalização das atividades realizadas nestes mercados. Recentemente, a Superintendência de Seguros Privados, por intermédios das Leis 9.932/1999 e 10.190/2001, assumiu novas competências, sobretudo no que tange à regulação das atividades de resseguro e na atuação sobre os procedimentos de intervenção e de liquidação extrajudicial das sociedades seguradoras.

Já a Secretaria da Previdência Complementar, ao contrário dos demais reguladores anteriormente referidos, não se constitui em uma autarquia, mas sim em um órgão do Ministério da Previdência e Assistência Social, estando sob o Conselho de Gestão da Previdência. Sua atuação é disciplinada pela Lei Complementar 109/2001, que inclui a regulamentação, supervisão e fiscalização das entidades fechadas de previdência complementar.

[250] YAZBEK, Otávio. op. cit., p. 204-205.

Por fim, em razão da sobreposição e da multiplicidade de regimes que podem vigorar para uma mesma atividade, se instituiu o Comitê de Regulação e Fiscalização dos Mercados Financeiros, de Capitais, de Seguros, de Previdência e Capitalização. Este, criado pelo Decreto Presidencial 5.685/2006, funciona no âmbito do Ministério da Fazenda, exerce função eminentemente consultiva, e possui na sua composição representantes das entidades antes descritas. Trata-se de esforço de criação de padrões uniformizados para a regulação dos mercados submetidos a cada um dos reguladores do sistema financeiro, permitindo a institucionalização de mecanismos de troca de informações e o desenvolvimento de iniciativas diversas de forma coordenada.

### 1.3. Regulamentação bancária e delegação normativa

Para Rosa Maria Lastra[251] a regulamentação bancária pode ser justificada pelos seguintes fundamentos: responsabilidade do Estado pela estabilidade do sistema financeiro em face dos diferentes riscos associados com a indústria bancária e mercados financeiros em geral; supervisão do sistema de pagamentos; condução da política monetária, influenciando a oferta de dinheiro, o nível e estrutura das taxas de juros e disponibilidade de crédito; segurança e confiança dos depositantes individuais e investidores, devido à natureza distinta dos credores bancários; limitar desnecessária concentração de recursos financeiros e poder econômico; preocupação com a alocação de crédito nos vários setores da economia; manutenção de autonomia nacional frente a empresas internacionais; e interesse histórico em preservar certos tipos de instituições financeiras.

E dentro dessas justificativas, o Sistema Financeiro Nacional se caracteriza por contar com uma regulamentação própria, específica, flexível e dinâmica. Esta regulamentação própria é fruto da atividade normativa desenvolvida pelo Conselho Monetário Nacional e o Banco Central do Brasil e permite afirmar que ela é uma das principais manifestações regulatórias do setor bancário.

As demais manifestações regulatórias, na sua grande maioria, acontecem a partir da aplicação dessas normas, que abrangem o instrumental normativo em sentido amplo, das quais o Estado se vale para colocar em prática as funções fiscalizatória e punitiva daquelas decorrentes. Verifica-

---

[251] LASTRA, Rosa Maria. op. cit., p. 65-66.

-se, desta forma, o complemento das três fases características do processo de regulação referidas por Vital Moreira[252], bem como a existência dos três poderes por ele mencionados: *"um poder normativo, um poder executivo e um poder parajudicial."*

Um ponto que gera inúmeros debates é como um ente regulador, pertencente ao Poder Executivo, pode desempenhar a função de editar normas, de criar "direitos e deveres". Na interpretação bitolada da teoria da separação de poderes, tal função normativa caberia ao Poder Legislativo, único legitimado a produzir regras de conduta social.

Entretanto, o Princípio da separação dos poderes, na concepção clássica, tinha como natural que somente a lei, ato aprovado pelos parlamentares, pudesse gerar obrigações aos particulares, e que esse Princípio da legalidade, restritivamente considerado, se prestaria satisfatoriamente a refrear o poder do monarca. Sérgio Varella Bruno[253] pondera que o mesmo não ocorreu quando a lei se fez necessária para funcionar como instrumento de atuação do Estado na economia, o que se tornou essencial com o desenvolvimento do capitalismo.

Essa inadequação da lei, em sentido estrito, à atuação econômica do Estado decorreu do fato de muitas deliberações em matéria econômica possuírem um alto grau de complexidade técnica o que gerava um déficit de conhecimento por parte do legislador. Outro fator importante é a ausência de celeridade do processo legislativo clássico que não acompanhava o dinamismo do mercado e, por conseguinte, não atendia as necessidades de regulamentação surgidas pelas transformações sócio-econômicas.

Esta ineficiência do processo legislativo em atender as necessidades do mercado econômico possibilitou a entrada do Poder Executivo na área normativa. Houve, assim, o desenvolvimento de técnicas tendentes a diminuir a formalidade da legalidade estrita.

A nova técnica empregada para atender as necessidades da sociedade em desenvolvimento foi a de conferir ao Poder Executivo autorização ou delegação normativa para completar e particularizar leis. Sérgio Varella Bruna[254] explica que essa técnica foi adotada nos Estados Unidos da América, sendo consolidada com a criação das agências reguladoras

---

[252] MOREIRA, Vital. op. cit., p. 34.
[253] BRUNA, Sérgio Varella. *Agências reguladoras*: poder normativo, consulta pública, revisão judicial. São Paulo: Ed. Revista dos Tribunais, 2003. p. 68 e ss.
[254] BRUNA, Sérgio Varella. op. cit., p. 68 e ss.

e com a atribuição, ao Executivo, de competência para disciplinar um rol de matérias, sem participação do Poder Legislativo, pelos chamados *"regulamentos autônomos".*

Trazendo a discussão do poder regulamentar para o direito pátrio, Eros Roberto Grau[255] reconhece a existência de três modalidades distintas para o seu exercício: executivos, aqueles previstos no artigo 84 da Constituição Federal; autorizados, aqueles que decorrem de atribuição normativa explícita em ato legislativo, nos limites da atribuição, inclusive com poderes para criação de obrigação de fazer ou deixar de fazer; e autônomos ou independentes, decorrentes de atribuição do exercício de função normativa implícita no texto constitucional, com fim de viabilizar o exercício de função administrativa de sua competência, inclusive, também, com poderes para a criação de obrigação de fazer ou deixar de fazer alguma coisa.

A possibilidade de edição, pelo Executivo, de regulamentos delegados ou autorizados gerou grande debate acerca de sua constitucionalidade. Este debate tende para a aceitação da possibilidade da edição destes regulamentos. Contudo, opiniões importantes apontam para a sua incompatibilidade com o Estado Democrático de Direito.

Carlos Ari Sundfeld[256], demonstrando preocupação sobre o tema, constata que, com muita frequência, a lei confere, indevidamente, ao administrador o poder de dispor sobre o exercício dos direitos pelos particulares, limitando-se a fixar regra de competência, e deixando ao administrador o poder de normatizar em determinada matéria. Tal realidade é reflexo do fortalecimento do Executivo, com crescente interferência do Estado na vida privada e da impotência do Legislativo para acompanhar a velocidade das mudanças, dando ao governante o papel de agente normativo da vida social. Conclui, assim, que não se admite a delegação genérica do poder ao administrador, com o que se estaria infringindo o Princípio da legalidade insculpido no artigo 5º, da Constituição Federal brasileira.

Por sua vez, Alexandre de Moraes[257] assevera que *"as Agências Reguladoras poderão receber do Poder Legislativo, por meio de lei de iniciativa do Poder Executivo, uma delegação para exercer o poder normativo de regulação, competindo*

---

[255] GRAU, Eros Roberto. *O direito posto e o direito pressuposto.* 5. ed. São Paulo: Malheiros Ed., 2003. p. 189.
[256] SUNDFELD, Carlos Ari. *Direito administrativo ordenador.* São Paulo: Malheiros Ed., 1993. p. 28-34.
[257] MORAES, Alexandre de. op. cit., p. 20.

*ao Congresso Nacional a fixação das finalidades, dos objetivos básicos e da estrutura das Agências, bem como a fiscalização de suas atividades".*

Levando o debate sobre regulamentos ao campo do sistema financeiro, Eros Roberto Grau[258] defende a existência de uma *"capacidade normativa de conjuntura" do Poder Executivo. Para o autor "o exercício da capacidade normativa de conjuntura estaria, desde a visualização superficial dos arautos da separação de poderes, atribuído ao Poder Legislativo, não ao Poder Executivo. A doutrina brasileira tradicional do direito administrativo, isolando-se da realidade, olimpicamente ignora que um conjunto de elementos de ordem técnica, aliado a motivação de premência e celebridade na conformação do regime a que se subordina a atividade de intermediação financeira, torna o procedimento legislativo, com seus prazos e debates prolongados, inadequado à ordenação de matérias essencialmente conjunturais. No que tange ao dinamismo do sistema financeiro, desconhece que o caráter instrumental da atuação dos seus agentes, e dele próprio, desenha uma porção da realidade à qual não se pode mais amoldar o quanto as teorias jurídicas do século passado explicavam. Por isso não estão habilitados, os seus adeptos, a compreender o particular regime de direito a que se submete o segmento da atividade econômica envolvido com a intermediação financeira. Não é estranho, assim, que essa doutrina – no mundo irreal em que se afaga – não avance um milímetro, por exemplo, de que todas as resoluções do Conselho Monetário Nacional, editadas pelo Banco Central do Brasil, são inconstitucionais."*

Em que pese uma parte da doutrina brasileira tradicional relutar em aceitar a possibilidade do surgimento da competência normativa de regulamentação por delegação, este instrumento disciplinador de determinados setores sociais e econômicos é requisito obrigatória na consecução do interesse público. Ainda mais quando se depara com o sistema bancário, onde novos produtos surgem hodiernamente, riscos sistêmicos se concretizam cada vez mais rápido em face do processo de globalização econômica e consumidores emergem das classes baixas em direção ao mercado financeiro. Se a regulação não for eficiente e não exercer a capacidade normativa que possui corretamente, o colapso pela ausência de regras prudenciais e de condutas pode gerar, não só a falência do setor, como a ruína da sociedade.

Chegando a regulamentação bancária propriamente dita, surge como principal órgão normativo do Sistema Financeiro Nacional o Conselho Monetário Nacional, cujas competências são atribuídas pela Lei

---

[258] GRAU, Eros Roberto. op. cit., p. 172-173.

4.595/1964, incluem o desenvolvimento de política objetivando zelar pela liquidez e solvência das instituições financeiras e a regulação sobre constituição, funcionamento a fiscalização dos que exercem atividades subordinadas à mesma lei.

O Conselho Monetário Nacional conta com o Banco Central do Brasil, órgão encarregado de cumprir e de fazer cumprir as disposições que lhe são atribuídas por lei e de executar as normas expedidas no exercício do poder regulamentar do primeiro. Dentro desta estrutura regulamentar, as decisões do Conselho Monetário Nacional são implementadas por resoluções do Banco Central do Brasil e assinadas por seu Presidente. Tais resoluções, quando necessário, são regulamentadas por circulares emitidas pela diretoria do Banco Central do Brasil. Os aspectos operacionais das resoluções e das circulares, por sua vez, são disciplinados por carta-circulares e por comunicados, de responsabilidade dos diversos departamentos do Banco. O arsenal normativo disponível é completado por ordens de serviço destinadas a disciplinar procedimentos relacionados com a execução de atividades específicas.

A produção normativa do Banco Central do Brasil se encontra consolidada no Manual de Normas e Instruções – MNI, que congrega todas as leis, regulamentações e demais documentos que interessem à supervisão das instituições financeiras, incluindo o Plano Contábil das Instituições Financeiras – COSIF, o Catálogo de Documentos – CADOC (compilação de todos os documentos de apresentação obrigatória ao Banco Central do Brasil) e a Consolidação das Normas Cambiais – CNC.

E são estes os instrumentos normativos que possibilitam ao Banco Central do Brasil regular o setor bancário, prezando pelo seu eficaz funcionamento sem a necessidade da utilização de leis em sentido estrito.

# Capítulo 2
# Regulação geral e sua aplicação ao mercado bancário

Como já delimitado no presente trabalho, existe, em outra linha da regulação estatal, uma macro regulação cujo foco não é um setor especifico da economia, mas a defesa de interesses gerais consagrados como centrais para a ordem econômica, mas particularmente a tutela dos direitos do consumidor e a preservação da competição.

O setor bancário, também como já definido, não está imune á incidência da regulação geral antitruste e consumerista. Os pressupostos que justificam a existência de uma regulação setorial, em suas diversas aplicações, não podem excluir os pressupostos ensejadores da regulação geral. Mesmo porque esta última defende a aplicação de Princípios entabulados como fundamentais na ordem econômica constitucional.

Desta feita, a regulação setorial e a regulação geral são facetas da mesma atividade estatal. Devem elas caminhar juntas com o objetivo de melhor atender ao interesse público. E é este caminhar juntos que será objeto do presente tópico, onde, muitas vezes, caminhos diferentes são traçados.

## 2.1. Regulação Concorrencial

A Constituição Federal brasileira elevou, em seu artigo 170, inciso IV, a livre concorrência à regra de Princípio regente da ordem econômica. O texto maior continuou a tratar do tema em seu artigo 173, parágrafo terceiro, dispondo que *"a lei reprimirá o abuso do poder econômico que vise à dominação dos mercados, à eliminação da concorrência e ao aumento arbitrário dos lucros"*.

O legislador infraconstitucional, seguindo o mandamento acima referido, promulgou, em substituição a Lei 8.884/1994, a Lei 12.529/2011 que *"estrutura o Sistema Brasileiro de Defesa da Concorrência – SBDC e dispõe sobre a prevenção e a repressão às infrações contra a ordem econômica orientada pelos ditames constitucionais de liberdade de iniciativa, livre concorrência, função social da propriedade, defesa dos consumidores e repressão ao abuso do poder econômico."*[259]

Dentro deste enquadramento legal, foi outorgada competência ao Conselho Administrativo de Defesa da Concorrência (CADE) para decidir sobre a existência de infração à ordem econômica, aplicar as penalidades cabíveis e apreciar os atos ou condutas que possam limitar ou de qualquer forma prejudicar a livre concorrência ou resultar na dominação de mercados relevantes de bens e serviços.

Desdobrando o Princípio constitucional fundante da ordem econômica, tem o diploma legal supracitado por finalidade defender a livre concorrência por meio da repressão e prevenção ao abuso do poder econômico nos mercados de bens e serviços, independentemente da forma e da natureza de sua organização, da titularidade de seu controle privado ou estatal, sob regime de monopólio legal ou não, ou, ainda, do índice de poder econômico que nele exibem seus agentes.

O legislador não atribuiu ao Estado a função de promover a concorrência diretamente, senão propiciar, pela repressão e prevenção ao abuso econômico, o meio para que agentes econômicos que ofertem e procurem produtos e serviços em disputa lisa a exerçam. Por conseguinte, cabe ao Conselho Administrativo de Defesa da Concorrência (CADE) atuar como verdadeiro órgão regulador, disciplinando o mercado de forma a prevenir e reprimir o abuso do poder econômico e os atos de concentração.

### 2.1.1. Regulação e Concorrência

Numa primeira análise, pode-se entender que a expressão "regulação concorrencial" traz em si mesma uma contradição. Muito embora seja fácil visualizar a interligação entre os conceitos de regulação e de concorrência, percebe-se que são duas áreas com fundamentos tendencialmente antagônicos, ou seja, concorrência ligada à ideia de liberdade e regulação como expressão de uma política protetiva de um determinado setor econômico.

---

[259] Artigo 1º da Lei 12.529/2011.

Carlos Baptista Lobo[260] assinala que, enquanto o objetivo essencial da política da concorrência consiste em assegurar a melhor repartição possível dos recursos econômicos por meio do bom funcionamento do mercado, em determinados setores algumas de suas características particulares podem impor certas formas de regulação pública que limitem ou controlem as opções concorrenciais, manifestando-se por restrições sobre as condições de acesso ao mercado, à produção, aos serviços, aos preços, aos lucros e às fusões.

Numa visão mais simplista, seria o controle estatal restritivo da concorrência em prol da preservação da higidez do sistema.

Todavia, não é impossível conciliar as políticas de regulação e as políticas de concorrência que, apesar de diferirem nos meios utilizados, podem se complementar. O importante é discutir quais os meios mais adequados de atuação em cada atividade examinada, restando sempre, como constatado na prática de vários países, um domínio residual de concorrência, mesmo em setores fortemente regulados.

A regulação concorrencial é exercida principalmente pelas seguintes formas: controle do nível concorrencial pelo estabelecimento de restrições à entrada, avaliando os efeitos econômicos de uma política de desconcentração; e exame, caso a caso, dos benefícios e malefícios de atos de concentração, levando em conta não só os aspectos de eficiência, mas também o estímulo que isso pode trazer às condutas de risco moral.

Como já visto neste trabalho, uma das razões para a regulação pública dos mercados está relacionada diretamente à existência das chamadas falhas de mercado. Mercados nos quais a concorrência se manifesta perfeitamente não necessitam, em tese, de qualquer forma de regulação. Porém, na medida em que as imperfeições nos mercados aparecem, torna-se necessário algum tipo de intervenção do poder público. Para Ruy Santacruz[261], *"os mercados que embora imperfeitos apresentam algum vigor competitivo devem ser alvos da regulação antitruste, aplicando-se sobre eles a lei da defesa da concorrência. Na medida em que as imperfeições aumentam e as falhas de mercado não podem ser contidas nem disciplinadas pela autoridade de defesa da concorrência, é preciso uma*

---

[260] LOBO, Carlos Baptista. op. cit., p. 30-31.
[261] SANTACRUZ, Ruy. Regulação de mercado e defesa da concorrência: o caso do setor bancário. In: CAMPILONGO, Celso Fernandes; MATTOS, Paulo Todescan Lessa; ROCHA, Jean Paul Cabral Veida da (Coords.). op. cit., p. 302-303.

*regulação específica capaz de obter desses mercados resultados desejáveis em termos de bem-estar econômico e social".*

É óbvio que nem todos os mercados que apresentam imperfeições são passíveis de regulação específica, mas apenas aqueles que não podem ter um desempenho insatisfatório em termos de preço, qualidade e quantidade dos serviços ou produtos ofertados, visto que é através destes que alguns dos direitos e garantias individuais são concretizados. Revestem-se, estes mercados, de interesse público, fim de todo ato administrativo e motivo justificador da intervenção estatal. Portanto, nestes mercados a regulação específica se justificaria, incluindo neste processo a regulação concorrencial. Nos demais mercados, onde a intervenção específica não encontra o interesse público, incidirá apenas a regulação geral.

Deste modo, regulação e concorrência não são conceitos contraditórios. Mesmo nos mercados onde a exigência social fez surgir a regulação setorial, a regulação concorrencial é aplicada, entretanto, delimitada pelas características específicas do setor tutelado. Nos demais, o Estado deve prover a livre concorrência, atuando quando esta sofre ameaça ou lesão: é a chamada regulação concorrencial, parte da regulação geral definida nos Princípios fundantes da ordem econômica constitucional.

### 2.1.2. Regulação concorrencial e mercado bancário

O setor bancário é de fundamental importância para a economia e para a sociedade contemporâneas, posto que sua estrutura sistêmica interfere na totalidade das demais esferas da atividade econômica, atentando-se sempre para que o interesse público seja tomado como baliza de qualquer decisão relativa a este mercado. Daí, a legitimidade do controle da atividade bancária pelo Estado através de instrumentos regulatórios.

Por sua vez, o mercado bancário vem sofrendo muitas mudanças em diversos países nos últimos anos, as quais afetam de maneira sensível tanto a estabilidade financeira como a concorrência. Dentre elas, três fenômenos podem ser destacados: desintermediação financeira, desregulação e internacionalização da economia.

A partir da década de setenta a economia mundial passa por um crescente processo de integração, fruto do desenvolvimento tecnológico, da abertura dos mercados nacionais e da liberalização das contas de capital. Essa maior integração da economia mundial aumentou de forma significativa a concorrência entre os bancos com atuação internacional e, em consequência, gerou um ambiente de competição entre as autoridades governamentais dos grandes centros financeiros, cada uma buscando a sobrevivência de seus mercados locais[262]. Este processo gerou um enfraquecimento das autoridades regulatórias nacionais visto que as transações bancárias transitavam por diversos países com regras de controle diversas.

Diante deste novo quadro de instabilidade financeira e acentuada concorrência internacional, foi criado o Comitê de Basiléia, o qual tinha a função de desenvolver Princípios básicos a serem observados nas diferentes regulações nacionais dos bancos, visando definir um nível regulatório mínimo no qual se daria esta nova fase competitiva do setor bancário. Assim o Comitê de Basiléia criou um modelo prudencial de regulação bancária que visa preservar a higidez das instituições financeiras ao estabelecer quantidades mínimas de capital ponderadas de acordo com os riscos assumidos, mas não limitando as atividades possíveis de serem exercidas.

Um dos marcos da regulação bancária, inclusive em âmbito internacional, apresenta pontos de contato com a regulação concorrencial. Como relata Lucia Helena Salgado[263], *"relatório da OCDE sobre fusões no sistema bancário – disponível na página da internet do organismo – descreve em detalhes diferentes formas de interação entre Bancos Centrais e outras instituições regulatórias e autoridades de defesa da concorrência. Tais formas variam do formato norte-americano, onde é de longa data a preocupação com a defesa da concorrência e onde as autoridades sobre o setor financeiro, inclusive estaduais, focalizam-se igualmente nos efeitos de fusões sobre a concorrência, à forma britânica, mais comum, onde há uma divisão clara de trabalho entre o Banco da Inglaterra e o órgão antitruste."*

Em outras tantas jurisdições, as fusões bancárias são analisadas por reguladores prudenciais e por agências de defesa da concorrência. Surge, daí, a necessidade de cooperação a fim de evitar a sobreposição ineficiente de competências. Devem-se adotar procedimentos claros para assegurar que a análise conjunta seja mais transparente e previsível possível de modo que não haja interferência desnecessária na iniciativa privada. Alguns países possuem mecanismos formais para promover tal integração como a Austrália, o Canadá, a Noruega e os Estados Unidos da América.

---

[262] Este processo ficou conhecido no direito norteamericano como *"regulatory competition"*.
[263] SALGADO, Lucia Helena. Análise da concentração bancária sob o prisma da concorrência. In: CAMPILONGO, Celso Fernandes; MATTOS, Paulo Todescan Lessa; ROCHA, Jean Paul Cabral Veiga da (Coords.). op. cit., p. 269.

No Brasil, por sua vez, já foi identificada a existência de uma atividade regulatória estatal, não voltada a um determinado setor da economia, mas sim à tutela de interesses gerais consagrados nos Princípios da ordem econômica – a regulação geral. A defesa da concorrência aparece como um destes Princípios e, assim, possui um sistema montado pelo Estado com a finalidade de aplicá-lo a todos os mercados econômicos nacionais. Portanto inegável, a aplicação dos preceitos da defesa da concorrência ao setor bancário brasileiro.

Da aplicação incontestável da Lei 12.529/2011 ao setor bancário, passa-se ao estudo do que com ela, na prática, acontece.

O primeiro passo é traçar uma relação entre conceitos, embora aparentemente convergentes, muitas vezes contraditórios, que são: concentração, concorrência e risco sistêmico. Todavia, esta relação, embora complexa, pode ser conciliada pelas autoridades antitruste e monetária.

Não há uma relação direta entre concentração e grau de concorrência. A própria jurisprudência da autoridade antitruste brasileira (CADE) tem sido nesta direção. O impacto sobre o grau de concorrência de uma transação no setor bancário depende da análise do portifólio de mercados afetados pela operação. Indispensável, pois, distinguir, neste processo: atendimento ao varejo, gama de serviços financeiros diversos prestados por um banco e linhas de crédito a pequenas e médias empresas regionais.

Também não há uma relação simples entre grau de concentração de mercado e risco sistêmico. A estabilidade e a saúde financeira de um banco dependem de um conjunto amplo de indicadores, a saber: índices de alavancagem (crédito/patrimônio líquido); índices de qualidade dos ativos (créditos em atraso e em liquidação, créditos totais ou provisões sobre créditos em atraso e em liquidação, créditos em atraso e em liquidação); índices de rentabilidade (lucro líquido, patrimônio líquido, margem líquida sobre o ativo); e índices de eficiência (despesas administrativas e de pessoal, resultado de intermediação financeira e receita de serviços).

O efeito de uma operação sobre este conjunto de indicadores e seu significado para a estabilidade do sistema não podem ser presumidos. Uma fusão pode repercutir de forma negativa ou positiva sobre os indicadores de qualidade e eficiência. Gesner de Oliveira[264] explica que *"uma*

---

[264] OLIVEIRA, Gesner. Defesa da concorrência e regulação no setor bancário. In: CAMPILONGO, Celso Fernandes; MATTOS, Paulo Todescan Lessa; ROCHA, Jean Paul Cabral Veiga da Jean Paul Cabral Veiga da (Coords.). op. cit., p. 162-163.

*política sistemática de estímulo à concentração bancária de forma a evitar a quebra de instituições mais frágeis pode ter efeitos contrários aos desejados, na medida em que sinaliza uma solução fora do mercado para crises de solvência, estimular estratégias excessivamente arriscadas (risco moral). No extremo oposto, seria imprudente preconizar uma política de desconcentração bancária que pudesse fragilizar excessivamente as instituições financeiras por impedir a obtenção de ganhos de escala e, por conseqüência, afetar negativamente a saúde do sistema. Assim, propostas de reestruturação e consolidação bancária podem ou não representar uma melhora do potencial de alavancagem, qualidade de ativos, rentabilidade e eficiência de um sistema bancário. Cabe às agências regulatórias competentes (bancos centrais e agentes supervisores) orientar este processo de forma a assegurar um ambiente favorável à competição sem comprometer a viabilidade do sistema."*

Deste modo, percebe-se equivocadas as duas visões simplistas sobre o fato: que a concentração seria necessariamente benéfica no sistema bancário por reduzir o risco sistêmico; e que a concentração elevaria o risco de abuso do poder econômico.

Nesse contexto, em face das especificidades do setor financeiro, já caracterizadas, faz-se necessária a interpretação sistemática da Lei 12.529/2011 para a aplicação ao mercado bancário.

Parece um ponto importante na aplicação do direito antitruste brasileiro ao setor bancário, assim, o seu real papel dentro do mercado. Para tanto, essencial que a regulação concorrencial seja confrontada com as regulações prudencial e sistêmica ocorridas dentro do mercado bancário.

A regulação prudencial, como já exposto neste trabalho, tem como objetivo direto a proteção dos depositantes contra eventual quebra de instituições financeiras. Sua finalidade é limitar os efeitos que os riscos assumidos pelos bancos nas suas atividades diárias possam vir a ter sobre a solvência dos mesmos, impondo quantidades mínimas de capital. Ela garante, portanto, a manutenção das condições normais em que opera o mercado bancário, ao controlar os riscos ordinários que envolvem a atividade bancária.

Nestes termos identifica-se um importante papel a ser desempenhado pela defesa da concorrência, tanto no controle de condutas, como de estruturas. Tiago Machado Cortez[265] afirma que *"neste sentido, um mercado que seja competitivo, mas também transparente, pode ser bastante útil como instru-*

---

[265] Cortez, Tiago Cortez. op. cit., p. 332.

*mento disciplinador da atividade bancária. Isto não significa dizer que se deve buscar, a qualquer custo, a criação de um ambiente altamente concorrencial no mercado bancário. No entanto, dentro de um certo nível de segurança, a concorrência deve ser incentivada. Pode-se dizer que o papel atual da regulação prudencial é exatamente impor este nível mínimo, mas também incentivar a concorrência."*

Por outro lado, na regulação sistêmica a situação é bastante diferente. Ela visa proteger a estabilidade do sistema bancário em momento de grandes crises e incertezas onde o evento sistêmico aparece de maneira densa e multiplicadora. Não se está em face de uma simples manutenção das condições normais de mercado, mas de um choque que pode colocar em risco a própria sobrevivência do sistema. E o mesmo Tiago Machado Cortez[266] afirma que *"nesse caso, que é uma situação limite e bastante excepcional, pode-se dizer que a manutenção da estabilidade financeira é o objetivo a ser alcançado pelas autoridades públicas, mesmo que com isso se restrinja o nível de concorrência no setor bancário. Nesta situação, pode-se falar em isenção antitruste, pois o objetivo da regulação sistêmica é, em última instância, a própria preservação do mercado."*

Diante dos argumentos, forçoso concluir que no âmbito da regulação prudencial há amplo espaço para a aplicação do direito antitruste, enquanto que, na ocorrência de situações anormais de mercado, quando a intervenção estatal se faz por meio da regulação sistêmica, este espaço para a defesa da concorrência diminui na medida em que a preservação da estabilidade do sistema necessite.

Todavia, na prática, difícil é a diferenciação entre uma situação normal de uma anormal. Esta dificuldade decorre não só da própria natureza da atividade bancária, mas também em razão da amplitude que as consequências sociais de um crise bancária podem gerar. É em cima desta ponderação que o debate sobre a aplicação da regulação concorrencial ao mercado bancário se instala. Diante das incertezas, pressões políticas por estabilidade financeira e por ganhos de eficiência, a quem deve competir a execução da atividade regulatória. E é ao órgão incumbido da regulação geral, que análise todo o mercado, ou ao órgão setorial, responsável pela preservação do setor bancário. A resposta a este questionamento é que se pretende chegar ao fim do presente trabalho.

---

[266] Id., loc. cit.

## 2.2. Regulação Consumerista

A Constituição Federal brasileira elevou, em seu artigo 170, inciso V, a defesa do consumidor à regra de Princípio regente da ordem econômica. O texto maior alçou a defesa do consumidor à categoria de direito e garantia fundamental, ao tratar do tema em seu artigo 5º, inciso XXXII, dispondo que *"impõe-se ao Estado promover, na forma da lei, a defesa do consumidor".*

O legislador infraconstitucional, seguindo o mandamento acima referido, promulgou a Lei 8.078/1990, mais conhecida como Código de Defesa do Consumidor, que *"dispõe sobre a proteção do consumidor e dá outras providências."*

A proteção do consumidor referida na Constituição Federal, por se revelar um problema presente nas sociedades contemporâneas para o cidadão e para a própria dignidade da pessoa humana, não pode ser compreendida como meramente normativa. Trata-se, nesta medida, como anota Fabio Konder Comparato[267] de um *"Princípio programa"*, tendo por objeto uma ampla política pública. Ou seja, estabelece-se uma meta, só alcançável com a alocação de recursos materiais, humanos, com a criação de instituições sólidas e de um arcabouço normativo.

A fim de estruturar o cumprimento do mandamento constitucional, o artigo 4º do Código de Defesa do Consumidor brasileiro estabelece os traços que orientam a denominada "Política Nacional de Relações de Consumo".

O *"caput"* do artigo supracitado define os objetivos que norteiam a política de relações de consumo, e não, simplesmente, o que poderia ser chamado de política de defesa do consumidor, tornando seu alcance substancialmente maior do que simplesmente orientar os preceitos definidos na lei consumerista. Pretende, na verdade, fixar parâmetros para regular todo e qualquer ato de Governo, seja no âmbito legislativo, como executivo e judiciário, quando do tratamento de matérias relativas ao mercado de consumo, sendo a defesa dos consumidores ponto principal dentro desta política.

Podem ser extraídos do corpo do artigo 4º do Código de Defesa do Consumidor os Princípios que norteiam toda a Política Nacional

---

[267] COMPARATO, Fábio Konder. A proteção do consumidor na Constituição de 1988. *Revista de Direito Mercantil, Econômico e Financeiro*, São Paulo, v. 20, n. 80, p. 35, out./dez. 1990.

de Relações de Consumo, a saber: Princípio da vulnerabilidade; Princípio do dever governamental; Princípio da garantia da adequação; Princípio de boa-fé nas relações de consumo; Princípio da informação e Princípio do acesso à justiça.

O Princípio da vulnerabilidade do consumidor, contido no artigo 4º, inciso I, do Código de Defesa do Consumidor, atua como elemento informador da Política Nacional de Relações de Consumo, visto ser a inconteste vulnerabilidade do consumidor que enseja, nas sociedades de consumo, um movimento de política jurídica que minimize a disparidade evidenciada entre as partes que compõem a relação de consumo.

Toda relação de consumo envolve basicamente duas partes bem definidas: de um lado, o adquirente de um produto ou serviço (consumidor) e, do outro, o vendedor de produto ou prestador de serviço (fornecedor). A finalidade desta relação é a satisfação de uma necessidade do consumidor. Todavia, o consumidor não dispõe do controle sobre os meios de produção de bens de consumo ou prestação de serviços, submetendo-se ao poder e condições dos fornecedores. Desta submissão surge o conceito de vulnerabilidade contido no Código de Defesa do Consumidor, presumindo o consumidor como parte frágil nesta relação jurídica, carecendo de proteção estatal especial.

A vulnerabilidade do consumidor é indeclinável no contexto das relações de consumo e independe de seu grau cultural ou econômico, não admitindo prova em contrário, por não se tratar de mera presunção legal. É qualidade peculiar de todos os que se colocam na posição de consumidor em face do conceito legal, pouco importando sua condição social, cultural ou econômica, quer se trate de consumidor pessoa física ou consumidor pessoa jurídica.

Deve-se justificar tal assertiva com o Princípio constitucional da isonomia, que determina tratamento desigual para os desiguais.

O Princípio do dever governamental, contido no artigo 4º, incisos II, VI e VII, do Código de Defesa do Consumidor, deve ser entendido sobre dois prismas distintos.

O primeiro consiste na responsabilidade atribuída ao Estado em prover o consumidor dos mecanismos suficientes que propiciem efetiva proteção ao mesmo, seja por iniciativa direta do ente público (órgãos de defesa dos consumidores – PROCONs, Ministério Público, INMETRO etc.), seja através de impulso e amparo oficial a serem dados a entidades civis representativas dos consumidores, ou até mesmo de fornecedores.

O segundo consiste no dever do próprio Estado de promover a racionalização e melhoria dos serviços públicos por ele prestados, surgindo, aqui, a figura do Estado-fornecedor e sua responsabilidade como tal (art. 22 do Código de Defesa do Consumidor).

O Princípio da adequação, contido no artigo 4º, inciso II, letra "d", e V, do Código de Defesa do Consumidor, refere-se à necessidade de que os produtos e os serviços atendam ao binômio segurança-qualidade, ou seja, que promovam a satisfação dos consumidores, respeitando sua dignidade, saúde e segurança, protegendo seus interesses econômicos e melhorando sua qualidade de vida.

A efetivação desse Princípio é o fim ideal colimado por todo o sistema protetivo do consumidor, estando o Estado obrigado a fiscalizar o respeito ao binômio segurança-qualidade, constituindo mais uma faceta do já descrito Princípio do dever governamental.

O Princípio da boa-fé nas relações de consumo, significativo de regra geral de comportamento, vem referido no artigo 4º, incisos III e VI, e permeia boa parte dos demais dispositivos do Código de Defesa do Consumidor passando pelo capítulo referente à reparação dos danos pelo fato do produto e, especialmente, informando os capítulos que tratam das práticas comerciais, a publicidade e a proteção contratual. Significa, em suma, que as partes atuantes nas relações de consumo têm o dever de agir com lealdade, transparência e sem interesses escondidos por trás de suas ações, visando buscar a real finalidade da negociação. No tocante ao consumidor, este comportamento é presumido, cabendo à outra parte demonstrar a existência de má fé.

Assim, a transparência e a harmonia das relações de consumo, objetivos da Política Nacional de Relações de Consumo, serão o resultado da conduta geral de boa-fé, tanto por parte dos consumidores como dos fornecedores, ainda que, a *priori*, exista um aparente antagonismo em seus interesses.

O Princípio da informação, contido no artigo 4º, incisos IV e VIII, do Código de Defesa do Consumidor é, sem dúvida, o mais reluzente dentro da sistemática legal consumerista. Dentro deste Princípio se pode extrair matérias relativas à educação, divulgação, publicidade, informação e afins, as quais são alvos de grande número de dispositivos.

O legislador demonstrou, assim, uma aguda preocupação com relação à veracidade das informações prestadas pelos fornecedores sobre produtos ou serviços. Exigiu que fosse o consumidor devidamente informado e educado acerca daquelas circunstâncias que possam influir em seu convencimento no que pertence às relações de consumo.

Conclui-se, pois, que a informação e a educação básica são as verdadeiras ferramentas para que o consumidor exerça seus direitos, condição indispensável para o exercício da cidadania.

O Princípio do acesso à Justiça, apesar de não aparecer expressamente nos incisos do artigo 4° do Código de Defesa do Consumidor, reveste-se de grande importância, especialmente porque o estabelecimento de meios para que o consumidor alcance a efetividade de seus direitos foi uma das grandes conquistas e preocupações do legislador, e aparece consubstanciada em um grande número de dispositivos na lei consumerista.

Deste modo, pode-se afirmar que o Código de Defesa do Consumidor, apesar de indubitavelmente marcado por grandes alterações no campo do direito material, trouxe novos instrumentos processuais, isto porque é através do processo que os direitos nele previstos ganham vida. E são estes mecanismos que, nos ensinamentos de Ada Pellegrini Grinover, *"realmente representam a desobstrução do acesso a Justiça e o tratamento coletivo de pretensões individuais que isolada e fragmentariamente poucas condições teriam de adequada condução"*.[268]

A criação de instrumentos processuais adequados para a proteção do consumidor atinge dois diferentes planos de incidência. O primeiro, quantos às possibilidades que cria para a efetivação da proteção do consumidor em juízo, contribuindo para que se possa concretamente extrair resultado das demandas relativas ao seu direito. O segundo, decorre da necessidade da criação de uma nova mentalidade, que nos ensinamentos de Kazuo Watanabe, *"nos afaste do paternalismo do Estado e nos traga para uma sociedade mais consciente e participativa"*[269].

Por fim, vale aqui ressaltar a importância do artigo 5º do Código de Defesa do Consumidor, que traz em seu mandamento instrumentos para a execução da Política Nacional de Relações de Consumo. Assim, com base especialmente nos Princípios do dever governamental e do acesso à Justiça, determina que o Poder Público: mantenha assistência jurídica, integral e gratuita para o consumidor carente; institua Promotorias de Justiça de

---

[268] Cf. GRINOVER, Ada Pellegrini et al. *Código de defesa do consumidor comentado pelos autores do anteprojeto*. Rio de Janeiro: Forense Universitária. 1991. p. 495-496.
[269] Cf. WATANABE, Kazuo et al. *Código de defesa do consumidor comentado pelos autores do anteprojeto*, cit.

Defesa do Consumidor no âmbito do Ministério Público; crie delegacias de polícia especializada no atendimento de consumidores vítimas de infrações penais de consumo; crie Juizados Especiais de Pequenas Causas e Varas Especializadas para a solução de litígios de consumo e conceda estímulos à criação e desenvolvimento das Associações de Defesa do Consumidor.

Para Eros Roberto Grau[270], o Princípio constitucional da defesa do consumidor cumpre dupla finalidade. A primeira consiste em realizar o objetivo geral da ordem econômica qual seja, o de "assegurar a todos uma existência digna". A segunda, o cumprimento do objetivo específico de defesa do consumidor.

A defesa do consumidor como Princípio da ordem econômica é norma constitucional de aplicação imediata. Isso implica a afirmação de que o Estado não pode fugir ao compromisso de agir no sentido de efetivar a realização do significado implícito no mencionado Princípio, qual seja, o de que o consumidor, por ser a parte mais vulnerável nas relações de consumo, merece uma tutela jurídica e administrativa especial, cujo escopo maior consiste em equilibrar essas relações que envolvem a prestação e o consumo de bens e atividades econômicas.

E diante de todo o regramento existente, pode-se denominar de regulação consumerista a aplicação destes Princípios a todo o mercado. Todavia, o que para efeitos deste trabalho, será considerada como regulação estatal geral é a tutela administrativa da defesa do consumidor, sabendo, como se verá a seguir, que ela não esgota os meios de proteção previstos na formatação do chamado Sistema Nacional de Defesa do Consumidor, que inclui, além de órgãos da administração direta do Estado, demais instituições com papéis bem definidos.

### 2.2.1. Sistema Nacional de Defesa do Consumidor

O Código de Defesa do Consumidor, como visto, foi organizado para viabilizar a proteção do consumidor sob as mais diversas perspectivas e situações nas quais este sujeito de direitos se envolve quando busca adquirir produtos ou serviços no mercado. Além do mais, deve ele, através de seu complexo normativo legal, harmonizar estas relações de consumo, vindo a fomentar um mercado aquecido e ao mesmo tempo equilibrado. Deve-se

---

[270] GRAU, Eros Roberto. *A ordem econômica na Constituição de 1988*: (interpretação e crítica). 5. ed. São Paulo: Malheiros Ed., 2000. p. 262.

ressaltar, que como toda relação jurídica, a de consumo é composta por outra parte, a dos fornecedores, que também deve ser preservada a fim de melhor garantir os direitos do consumidor. Um mercado de poucos fornecedores, ou de fornecedores fracos, é um mercado onde os direitos dos consumidores tendem a não ser respeitados.

Constam do diploma legal consumerista, regras e Princípios relativos a práticas comerciais, contratos de consumo, publicidades, tratamento de informações, formas de cobrança de dívidas, desconsideração da pessoa jurídica, sanções administrativas e penais, além da exigência de qualidade para produtos e serviços; transparência e informações; respeito à vida, saúde e segurança do consumidor; atendimento à confiança e boa-fé; dentre outros pontos a seguir examinados, todos eles dirigidos e impostos ao fornecedor deixando claro que a matéria tratada tem como característica a multidisciplinariedade.

Em outras palavras, a proteção do consumidor é feita a partir da intervenção de vários atores e disciplinas como o Direito, o Marketing, a Psicologia, a Medicina, a Contabilidade e outras, cada qual em sua especialidade. Desta forma, a revisão de um cálculo apresentado pelo fornecedor ao consumidor com valor excessivo merece, normalmente, a contribuição de um contador. No mesmo sentido, a avaliação da ocorrência de uma intoxicação alimentar experimentada pelo consumidor demandará, via de regra, a intervenção de um profissional da área médica.

O mesmo ocorre no âmbito da Administração Pública: cada órgão ou repartição tem diferentes e específicas atribuições legais e deverá defender os consumidores dentro de suas competências e especialidades. Como exemplo, a identificação dos pesos e medidas de produtos pode ser aferida pelo Instituto Nacional de Metrologia – Inmetro, que é autarquia federal. Outro exemplo é a atividade dos órgãos de vigilância sanitária, estaduais ou municipais, de apontar e identificar situações específicas nas quais esteja um fornecedor mantendo produtos ou o próprio estabelecimento comercial em más condições de higiene e conservação.

Como se observa, o Código de Defesa do Consumidor, ao invés de dispor pura e simplesmente de comandos legais voltados à proibição de certas condutas, determinou que a atividade de proteção e defesa do consumidor seja exercida de modo coordenado, uniforme e sistematizado para garantir maior segurança e eficiência de resultados aos cidadãos, repousada sobre uma mesma tábua de valores e Princípios, acima abordados.

O Sistema Nacional de Defesa do Consumidor (SNDC) está previsto nos artigos 105 e seguintes do Código de Defesa do Consumidor o qual foi regulamentado pelo Decreto 2.181, de 20 de março de 1997, e disciplina a integração de órgãos federais, estaduais, distritais e municipais, incluindo ainda entidades civis de defesa do consumidor sem que haja hierarquia ou subordinação. Todavia, como todo conjunto de estruturas interligadas, cuidou o Código de Defesa do Consumidor de estabelecer um órgão responsável pela sua coordenação, o que se faz através do Departamento de Proteção e Defesa do Consumidor (DPDC). A tarefa de coordenar significa organizar determinado trabalho para que bons resultados sejam alcançados.

A atuação conjunta de todos os órgãos integrados do Sistema Nacional de Defesa do Consumidor (SNDC) fundamenta-se em três premissas básicas: cooperação (que significa operar junto), na qual os órgãos integrados se somam na promoção da defesa do consumidor; solidariedade, para que as atividades coletivas não sejam exercidas isoladamente, mas em grau de auxílio mútuo; e sinergia, para que haja intercâmbio de experiências, ensinamentos, informações e forças.

Entretanto, estas três premissas fundamentais para a implementação de qualquer sistema, transformaram os artigos 105 e seguintes do Código de Defesa do Consumidor como os menos eficazes dentro do ambiente consumerista.

O sistema jurídico administrativo brasileiro, fundado no Princípio basilar do federalismo, impede, como já fora mencionado, que se estabeleça grau de hierarquia entre os órgãos pertencentes à União, aos Estados, ao Distrito Federal e aos Municípios. Portanto, necessário que todos os dirigentes dos órgãos de defesa do consumidor entendam que para melhor proteger seus tutelados devem trabalhar em conjunto e com o objetivo de harmonizar suas atividades e seus posicionamentos.

Todavia, somente a partir de 2003, com as alterações promovidas nos órgãos mais relevantes para o Sistema Nacional de Defesa do Consumidor, com a injeção de pensamentos técnicos e vanguardistas, se iniciou o processo de cooperação, solidariedade e sinergia, criou-se um embrião que nasceu com a promulgação, pelo Departamento de Proteção e Defesa do Consumidor (DPDC), do Cadastro Nacional de Reclamações Fundamentadas.

O Sistema Nacional de Defesa do Consumidor (SNDC), como dito, reúne diversos organismos especializados na proteção dos consumidores, cada um com sua função e sua importância na implementação da política reverenciada no Código de Defesa do Consumidor.

A seguir será apresentado cada um de maneira mais detalhada.

### 2.2.1.1. Departamento de Proteção de Defesa do Consumidor

É o órgão responsável pela coordenação do Sistema Nacional de Defesa do Consumidor (SNDC), vinculado à Secretaria Nacional do Consumidor do Ministério da Justiça, com suas atribuições estabelecidas no artigo 106 do Código de Defesa do Consumidor.

Cumpre ao Departamento de Proteção e Defesa do Consumidor (DPDC) planejar, elaborar e executar a Política Nacional de Proteção e Defesa do Consumidor. Nacionalmente é quem desenvolve a integração cooperativa, solidária e sinérgica dos mais variados organismos de proteção aos consumidores, sejam eles federais, municipais ou distritais. No âmbito dos Estados, Municípios e Distrito Federal, a criação de órgãos públicos, programas especiais e entidades civis voltadas à proteção e defesa do consumidor conta com seu incentivo.

É, também, órgão de consulta e apuração quanto a questionamentos que lhe sejam encaminhados, devendo prestar constante e permanente orientação em matéria de consumo, especialmente no tratamento de matérias de repercussão nacional.

A constatação de infração à legislação penal dá ensejo ao encaminhamento do fato para a autoridade policial visando à apuração por inquérito (ou termo circunstanciado) e até o exercício de representação perante o Ministério Público, para que sejam adotadas as medidas processuais penais e/ou cíveis cabíveis à proteção dos consumidores.

O Departamento de Proteção e Defesa do Consumidor (DPDC) fiscaliza as práticas comerciais, cumprindo-lhe, se apuradas irregularidades, aplicar as sanções administrativas contidas no Código de Defesa do Consumidor (CDC). Para melhor exercer esta atividade, atua em parceria com outros órgãos e entidades federais, estaduais, municipais e distritais, fiscalizando preços, abastecimento, quantidade e segurança dos produtos e serviços.

Destaquem-se, também, suas atividades voltadas à educação para o consumo que objetivam capacitar os integrantes do Sistema Nacional de Defesa do Consumidor (SNDC), bem como todos os integrantes da sociedade. É nesse contexto e considerando uma sensível demanda existente, que foi instituída a Escola Nacional de Defesa do Consumidor, cujo objetivo principal é ensinar questões que envolvem o direito do consumidor e outros temas a ele conexos.

Por fim, o Departamento de Proteção e Defesa do Consumidor (DPDC) centraliza as informações relativas ao SINDEC, sistema responsável pela formulação do Cadastro Nacional de Reclamações Fundamentadas.

Como já mencionado, o Departamento de Proteção e Defesa do Consumidor só começou a se dirigir para o objetivo traçado no diploma legal consumerista a partir de 2003, quando, através de ações pontuais, ganhou a credibilidade dos demais atores do microssistema em discussão, fato importante para um ente de coordenadoria que precisa da adesão voluntária dos demais organismos, posto não existir hierarquia entre eles.

### 2.2.1.2. PROCON

O PROCON, seja municipal ou estadual, é órgão destinado à proteção e defesa dos direitos e interesses dos consumidores. É ele que mantém contato mais direto com os cidadãos e seus pleitos. Cumprem-lhe basicamente as funções de acompanhamento e fiscalização das relações de consumo ocorridas entre fornecedores e consumidores.

A criação de um PROCON demanda previsão legal na qual serão estabelecidas suas atribuições tomando-se como referência o artigo 4º do Decreto 2.181/97. Cumpre a ele dar atendimento aos consumidores, o que deve acontecer preferencialmente de modo pessoal/presencial. Nada impede que sejam também disponibilizados outros meios de contato, como o telefone, a correspondência ou a internet, contudo, o atendimento pessoal oportuniza uma orientação mais efetiva.

Entre outras atividades ele funciona como instância de instrução e julgamento, no âmbito de sua competência e da legislação complementar, a partir de regular procedimento administrativo. O processo administrativo é um conjunto de atos ordenados e estabelecidos em lei com o objetivo de subsidiar uma decisão motivada que conclua pelo acolhimento (ou não) de reclamação fundamentada por consumidor. A disponibilidade de um processo administrativo garante maior transparência para os atos do ente estatal e aos que com ele se relacionam.

As reclamações dos consumidores são processadas e documentadas regularmente. Todavia, a acolhida de reclamações deve, sempre que possível, observar a existência de mínima fundamentação.

Para o consumidor, o processo administrativo decorre do direito constitucional de petição, isto é, de exigir formalmente dos órgãos públicos competentes providências em defesa de direitos ou contra ilegalidade ou abuso de poder que tenha sofrido.

Na oportunidade de intermediação de conflitos, e dentro do processo administrativo, cumpre ao PROCON a busca de acordos entre consumidor e fornecedor. Por acordo, entende-se a concessão recíproca de direitos e interesses patrimoniais disponíveis (ou seja, os que tenham possibilidade de apreciação econômica) convergindo para um ponto comum que ponha fim ao desentendimento das partes.

A realização de acordo deve ser reduzida a termo e assinado pelas partes, tendo força de título executivo extrajudicial.

O PROCON tem poderes legais para convocar o fornecedor a comparecer em audiência, com data e hora agendadas, tanto para a busca de acordo ou, se for o caso, prosseguimento do processo administrativo.

Esta intermediação é necessária para reequilibrar uma relação que já se forma desigual, como por exemplo, quando, dentro de um estabelecimento comercial o fornecedor conta com gerente e prepostos treinados, bem informados, e nem sempre dispostos a solucionarem eventuais transgressões ao Código de Defesa do Consumidor, além de que, a presença de outros clientes é fator inibidor para que um consumidor faça sua reclamação. Já na presença de um órgão público, que prezará o reconhecimento da vulnerabilidade do consumidor, o ambiente é mais favorável à obtenção de equilíbrio e a desigualdade entre as partes fica minimizada.

Após o atendimento individualizado das demandas de consumo junto ao PROCON, nem sempre há o encerramento automático do processo administrativo. É necessário que se faça um acompanhamento do comportamento futuro do fornecedor para saber se a causa da reclamação continua a se repetir. A solução do conflito individual com o consumidor não impede que seja aplicada sanção ao fornecedor.

É o PROCON que fiscaliza, no âmbito de suas atribuições, estabelecimentos comerciais irregulares aplicando as sanções administrativas contidas no artigo 56 do Código de Defesa do Consumidor, que vão desde multa até apreensão de produtos, interdição e intervenção administrativa no estabelecimento. Tais penalidades devem ser adotadas também por decisões fundamentadas. Fiscalizar e intervir no mercado, quando da existência de lesão ao consumidor é ato de extrema relevância na medida em que previne a ocorrência de novos danos individuais e coletivos.

Junto à comunidade, o PROCON é instituição que goza de alto grau de confiança. Com efeito, serve ele como entreposto estatal à disposição dos consumidores para fazer frente às suas demandas justas perante o fornecedor.

Dada a natureza jurídica que marca os conflitos entre consumidores e fornecedores, especialmente em matéria contratual, é recomendável que o PROCON conte com assessoria jurídica em seus quadros, essencial no controle de sua própria legalidade.

### 2.2.1.3. Ministério Público

O Ministério público é instituição com independência funcional que zela pela aplicação e respeito às leis, manutenção da Ordem Pública, além da defesa de direitos e interesses da coletividade. Tem legitimidade exclusiva para promover ação penal pública relativa às infrações de consumo (artigo 80 do Código de Defesa do Consumidor – CDC) que, se não efetivada no prazo legal, autorizará a oferta de ações penais subsidiárias por parte de órgãos públicos de defesa do consumidor, inclusive as associações civis legalmente constituídas para tal fim.

Quando houver lesão a direitos coletivos dos consumidores, o Ministério Público deverá ajuizar Ação Civil Pública, buscando uma resposta do Poder Judiciário, inclusive com a possibilidade de reparação de danos materiais ou morais por eles suportados. Não possui, por sua vez, legitimidade para representar de maneira individual os consumidores.

O Ministério Público representa a coletividade de consumidores, por exemplo, quando um fornecedor põe em circulação campanha publicitária enganosa, que induz a erro o mercado. A identificação de consumidores lesados, neste caso, é praticamente impossível e a potencialidade lesiva da prática realizada pelo fornecedor merece ser repreendida em benefício de toda a coletividade, especialmente para prevenir a ocorrência de danos.

O mesmo deve ocorrer quando o fornecedor disponibiliza no mercado contratos de adesão contendo cláusulas abusivas que atingem um número indeterminado de pessoas: a intervenção do Ministério Público alcançará os consumidores que já contrataram e, em especial, aqueles que iriam contratar.

Também tem ele legitimidade para firmar termos de ajustamento de conduta (Lei 7.347/85) e instaurar inquérito civil para a apuração de infrações à legislação de consumo. Para tanto, pode requisitar informações e o auxílio de outros órgãos integrantes do Sistema Nacional de Defesa do Consumidor (SNDC) para o alcance de seus objetivos.

Deve, também, se organizar internamente, de modo a contar em sua estrutura com uma promotoria especializada na defesa dos consumidores.

### 2.2.1.4. Defensoria Pública

A Defensoria Pública é instituição do Poder Público com a função de prestar assistência e orientação jurídicas, em todas as instâncias, às pessoas necessitadas, assim consideradas as pessoas que não possuem recursos econômicos para contratar advogado particular. Está prevista sua existência no artigo 134 da Constituição Federal brasileira.

O Poder Público deve manter Defensorias Públicas para permitir que seja implementado o direito que os cidadãos têm à assistência judiciária gratuita. É de destaque o papel exercido pelos Defensores Públicos nas mais variadas relações sociais, em especial em matéria de Direito do Consumidor, tendo em vista a impossibilidade de boa parte de a população brasileira arcar com honorários advocatícios.

A defesa dos direitos dos consumidores menos favorecidos pode ocorrer individualmente e, ainda, de modo coletivo. A defesa coletiva dos consumidores foi inovação da Lei 11.448/07, autorizando expressamente que as Defensorias Públicas possam ajuizar ações coletivas, isto é, medidas judiciais que representem direitos e interesses de grupos de consumidores.

A Defensoria Pública de diversos Estados tem se destacado na defesa coletiva dos consumidores, ajuizando ações civis públicas para resolverem em um único processo, lesões a consumidores sem condições de acesso aos órgãos públicos, que se repetem e se multiplicam.

### 2.2.1.5. Delegacias de Defesa do Consumidor

Inicialmente, cabe esclarecer, que nem toda violação a direitos do consumidor tipifica um ilícito penal.

O Código de Defesa do Consumidor (CDC) contém, também, normas penais. O fornecedor que praticar qualquer das condutas previstas nos artigos 61 a 75 do diploma legal consumerista estará sujeito, além de penalidades administrativas, à sanção penal. A Lei 8.137/90 é outro exemplo de lei que traz em seu conteúdo infrações penais que tipificam como crimes determinadas condutas de fornecedores no mercado de consumo.

A autoridade policial tem competência e dever de apurar infrações penais e auxiliar a justiça. Investigar a existência de crimes é atividade própria das autoridades policiais, que possuem treinamento e preparo especial, além de atribuição específica para tomar as medidas adequadas de repressão e controle para o estabelecimento da ordem.

A criação de delegacias de polícia especializadas no atendimento a demandas de consumidores está expressamente indicada no artigo 5º, inciso III, do Código de Defesa do Consumidor (CDC), e faz parte dos instrumentos que o Poder Público tem para executar a Política Nacional das Relações de Consumo.

É direito do consumidor registrar boletim de ocorrência para documentar fatos com ele ocorridos, os quais deverão ser apurados pela autoridade policial.

### 2.2.1.6. Juizados Especiais Cíveis

Boa parte das lesões sofridas pelos consumidores importa prejuízos econômicos de pequena monta que, anteriormente, passariam despercebidos à apreciação do Poder Judiciário, ou, pelo menos, não ensejariam o uso da ação judicial. Todavia, estão à disposição dos consumidores os Juizados Especiais Cíveis, órgãos integrantes dos Tribunais de Justiça Estaduais e Federais, com atribuição específica para processar e julgar casos de menor complexidade.

A utilização de processo judicial no âmbito dos Juizados Especiais independe do pagamento de custas, taxas, ou despesas e demanda a exposição circunstanciada dos fatos ocorridos com o consumidor bem como a formulação do pedido pretendido à luz da legislação em vigor.

A criação de Juizados Especiais Cíveis e varas Especializadas para a solução de litígios de consumo está expressamente indicada no artigo 5º, inciso IV, do Código de Defesa do Consumidor (CDC), e, também, faz parte dos instrumentos que o Poder Público tem para executar a Política Nacional das Relações de Consumo

### 2.2.1.7. Entidades Civis de Defesa do Consumidor

Não só diretamente de entidades e instituições públicas é formado o Sistema Nacional de Defesa do Consumidor (SNDC). As entidades civis de proteção e defesa do consumidor desenvolvem importante papel na implantação da polítca pública estampada pelo artigo 4º do Código de

Defesa do Consumidor. Estruturadas sob as mais variadas formas (Organizações Não Governamentais (ONG), Organização da Sociedade Civil de Interesse Público (OSCIP); Associações Civis, Fundações), representam o conjunto organizado de cidadãos em torno de uma instituição devidamente registrada e com função estatutária de proteção e defesa dos consumidores, preferencialmente sem fins lucrativos.

No mundo atual, as entidades civis organizadas têm desenvolvido importante papel na defesa de direitos sociais representando os interesses gerais e setoriais da sociedade perante o poder econômico e a Administração Pública. O Código de Defesa do Consumidor (CDC) conferiu poderes especiais para as associações regularmente constituídas há um ou mais anos: representar, concorrentemente ao Ministério Público, os consumidores em juízo, de forma coletiva.

A organização de entidades desta natureza deve ser estimulada pelo Poder Público.

Por fim, deve ser ressaltado que elas são fruto de um processo de conscientização da sociedade em torno da necessidade de equilíbrio nas relações de consumo, agremiando setores científicos, técnicos, jurídicos, entre outros.

### 2.2.2. Regulação Consumerista e o mercado bancário

A relevância dos Princípios da defesa do consumidor na ordem constitucional fica patente nas diversas previsões que renovam o tratamento especial a ser deferido às relações que disciplinam. Desde o artigo 5º, inciso XXXII, da Constituição Federal brasileira, que trata dos direitos e garantias individuais, até o artigo 48 do Ato de Disposições Transitórias, a preocupação com a implementação material do sistema de proteção ao consumidor era patente, primando-se pela definição de Princípios em consonância com a nova realidade internacional.

Perseguindo este objetivo, foi editada nova sistemática Princípiológica das relações de consumo, o Código de Defesa do Consumidor. Já no início de suas disposições se vislumbra sua ampla abrangência, constando em seu artigo 2º o universo dos elementos protegidos pela norma e em seu artigo 3º os bens e serviços alcançados pelo regime de Princípios adotado.

Trazendo o leque dos bens e serviços atingidos pelo Código de Defesa do Consumidor, o artigo 2º, parágrafo terceiro, identifica que *"serviço é qualquer atividade fornecida no mercado de consumo, mediante remuneração, inclusive as de natureza bancária, financeira, de crédito e securitária, salvo as decorrentes das relações de caráter trabalhista."* Expressa, assim, a inclusão dos serviços de natureza bancária entre aqueles alcançados pelas imposições que regem as relações de consumo, em todas as suas acepções.

Todavia, as disputas que envolvem as atividades bancárias e seus consumidores nem sempre transcorreram de maneira tranquila.

Após inúmeras batalhas judiciais nas instâncias inferiores do Poder Judiciário, a aplicação do Código de Defesa do Consumidor à atividade bancária chegou ao Supremo Tribunal Federal. A Confederação Nacional do Sistema Financeiro impetrou Ação Direta de Inconstitucionalidade, batizada pela alcunha de ADIN 2.591, questionando a possibilidade do artigo 2º, parágrafo terceiro, do Código de Defesa do Consumidor ser extensivo às operações bancárias, posto que, com relação a estas últimas, tratava-se de lei ordinária e a Constituição Federal afirmava, em seu artigo 192, que o Sistema Financeiro Nacional seria regido por lei complementar.

A decisão sobre a ADIN 2.591, ocorrida no ano de 2006, inclusive seus embargos de declaração, veio sobrepor-se sobre todo o resto da discussão que ainda existia sobre o tema. Ela definiu o real alcance do Código de Defesa do Consumidor em relação às atividades bancárias e sua perspectiva jurídica, sinalizando uma redução do volume de demandas judiciais diante do clareamento dos contornos sobre o assunto.

O Supremo Tribunal Federal resguardou, em grande parte, os interesses dos consumidores dos serviços bancários. Em grande parte porque a decisão teve temperamentos que excluíram das premissas consumeristas a definição do custo das operações ativas e a remuneração das operações passivas praticadas na exploração da intermediação financeira, ou seja, a fixação da taxa de juros não poderia ser limitada pelo Código de Defesa do Consumidor. Esta conclusão considerou que a fixação da taxa de juros e o spread bancário não estão circunscritos à orbita do diploma legal consumerista, posto que são elementos naturais de um sistema macroeconômico diverso que não envolve apenas as partes contratantes, mas toda a coletividade e o sistema financeiro, sendo regras mais abrangentes que não poderiam ter limitação a partir da particularização de casos.

A limitação dos juros depende diretamente de política monetária atinente ao Conselho Monetário Nacional e ao Banco Central do Brasil, sendo matéria reservada a essas pessoas jurídicas.

Mesmo excluída a limitação das taxas de juros da esfera de competência do Código de Defesa do Consumidor, o Supremo Tribunal Federal entendeu que os postulados normativos de interpretação do direito, razoabilidade e proporcionalidade, e o Código Civil, não podiam ser afastados da apreciação do negócio, abrindo margem ao reequilíbrio do contrato bancário pelo Poder Judiciário quando caracterizado abuso na prática pela instituição financeira.

Assim, apesar do julgamento da ADIN 2.591 ter sido pela sua improcedência, acabou, o Supremo Tribunal Federal, por fazer uma interpretação conforme a Constituição, para excluir da incidência direta do Código de Defesa do Consumidor a fixação da taxa de juros básica, conceito pertencente a um sistema macroeconômico que extravasa os limites das relações interpessoais.

Por outro lado, eventuais distorções na fixação de tais taxas de juros podem ser corrigidas pelo Poder Judiciário na aplicação dos postulados da razoabilidade e da proporcionalidade, limitando a liberdade na imposição de condições contratuais por parte dos bancos.

Nesse passo, resta evidente que todas as demais relações formadas entre instituições financeiras e consumidores têm incidência direta dos Princípios do Código de Defesa do Consumidor visto que está caracterizado, em definitivo, que os negócios havidos nesse ambiente são efetivamente relações de consumo.

Entretanto, outro debate se forma em torno do tema. Que o Código de Defesa do Consumidor rege as atividades desenvolvidas dentro do mercado bancário não resta dúvidas. Mas a forma pela qual a aplicação dos Princípios se dá, posto que a atividade bancária recebe tratamento diferenciado do ordenamento jurídico brasileiro, é motivo de discussões, tanto no campo administrativo regulatório como nos debates perante os Tribunais Judiciais.

O presente trabalho não trata das questões judiciais. Inclusive a aplicação dos Princípios consumeristas pelo magistrado não pode ao menos ser questionada em face do brocado constitucional da inafastabilidade da apreciação do Poder Judiciário. Contudo, no campo regulatório surge a discussão: cabe ao Banco Central do Brasil, na sua competência regulatória setorial, o dever de aplicar o Código de Defesa do Consumidor, ou ao Sistema Nacional de Defesa do Consumidor, através de seus organismos administrativos (PROCONs e Departamento de Proteção de Defesa dos Consumidores), no exercício de sua competência regulatória geral, supervisionar a incidência dos Princípios consumeristas ao mercado bancário? E é esta indagação que será respondida no próximo tópico.

# Capítulo 3
# O Princípio da Subsidiariedade como critério de delimitação das competências regulatórias no setor bancário

Do todo o exposto até agora, pode-se afirmar que, dentro da ordem jurídica brasileira, tanto a regulação setorial quanto a regulação geral são manifestações da atividade regulatória estatal. Todavia como elas interagem quando, aparentemente, uma situação conflituosa surge, ainda é matéria de grande debate doutrinário. No setor bancário ainda mais em face da resistência que o setor sempre teve em aceitar interferência alheia à realizada pelo Banco Central do Brasil, inclusive com infindáveis batalhas judiciais que só o tornaram antipático perante o resto da sociedade.

O Sistema Financeiro Nacional, no modelo que se conhece atualmente, está delimitado pela Lei 4.595/1964, recepcionada pela Constituição Federal de 1988, como norma de natureza complementar, em virtude da previsão contida no *caput* de seu artigo 192. A condição de reserva legal diferenciada para tratá-lo e organizá-lo demonstra a importância e essencialidade que apresentam os bancos para o bom desempenho da sociedade contemporânea. Para tanto, declinou competência ao Conselho Monetário Nacional e ao Banco Central do Brasil de editarem normas para regulamentar detalhadamente o funcionamento do setor bancário, inclusive das instituições financeiras.

Com isso, as instituições financeiras, entre elas os bancos comerciais, de emissão, de investimento, de crédito rural, casas bancárias, caixas econômicas e cooperativas de crédito, acreditaram, por premissa, apenas estar submetidas às normas elaboradas pelo Conselho Monetário Nacional, sob a fiscalização do Banco Central do Brasil. Estariam elas, no seu entender, imunes do alcance de outros diplomas legais, que não a própria regulamentação do setor bancário, como as legislações antitruste e consumerista.

Como exemplo da crença que existia sobre a situação hermética do sistema bancário, cita-se a edição da Resolução 2.878/2001 do Banco Central do Brasil, que ficou mais conhecida como Código de Defesa do Consumidor Bancário. Ela teve como finalidade disciplinar o relacionamento entre as instituições financeiras e os consumidores, já que o Código de Defesa dos Consumidores não poderia, ao ver do mercado bancário, ser aplicado diretamente ao setor. Entretanto, com o julgamento da ADIN 2.591 ela perdeu sua utilidade acabando por ser revogada.

Todavia, como já afirmado anteriormente, a regulação geral é sim aplicada ao setor bancário. O que se debate é qual a autoridade administrativa competente para proceder à implantação e gerir a supervisão deste processo de interação. Para elucidar melhor a polêmica que o assunto transborda, recorrem-se às duas concepções distintas sobre a relação entre regulador geral e regulador setorial, sistematizadas por Floriano de Azevedo Marques Neto[271].

A primeira das concepções, a qual o autor designou de *unidimensional*, apresenta como premissa o fato de o plano da regulação estatal ser ocupado, preferencialmente, pelos aparatos da regulação setorial, competindo à regulação geral ocupar os demais espaços da ordem econômica, aqueles não sujeitos a regulação setorial específica. Uma vez incidente a regulação setorial, excluir-se-ia a aplicação da regulação geral, visto que os objetivos desta última são assumidos no âmbito da disciplina específica para o setor. A defesa da concorrência e a defesa do consumidor estão, assim, inseridas dentro do arcabouço regulatório específico e sob a interpretação de uma autoridade setorial. O agente regulador geral não poderia exercer sua autoridade nestes setores com disciplinas legalmente diferenciadas.

Para esta concepção, a regulação setorial elide a regulação geral de proteção do consumidor e da competição, no sentido de que ao se cons-

---

[271] MARQUES NETO, Floriano Azevedo. Regulação setorial e autoridade antitruste: a importância da independência do regulador, cit., p. 99-107.

truir uma estrutura de regulação setorial os interesses do consumidor e a definição de regras sobre a concorrência no setor já estão delegados ao regulador setorial. Tais pautas são decodificadas para as realidades e peculiaridades do setor sujeito à regulação específica, não cabendo a aplicação de pressupostos gerais da macro regulação geral.

Em suma, sobre a teoria unidimensional, pode-se usar as palavras de Floriano de Azevedo Marques Neto[272] de que *"haveria um só plano de regulação, aplicável sobre toda a ordem econômica, e que poderia ou não ser ocupado por estruturas regulatórias setoriais. Existindo estas, restaria derrogada a aplicação das pautas, instrumentos de regulação geral quer por serem elas desnecessários (tendo em vista que os instrumentos de regulação geral seriam mais efetivos, adequados e desenvolvidos) ou inconvenientes (pois não considerariam as peculiaridades e objetivos da regulação estatal para o setor). Nesta acepção unidimensional restaria à regulação macro, geral, uma função residual. Ela seria aplicável apenas àqueles setores da economia que não estivessem, direta ou indiretamente, submetidos a qualquer regulação setorial, fosse ela forte ou tênue."*

A segunda das concepções desenhada, o referido autor denominou de *bidimensional*. Sua premissa é baseada na existência de dois planos distintos, um da regulação setorial e outro da regulação geral, que interagem no mercado econômico. Para esta linha doutrinária, se existem pressupostos específicos a justificar a regulação setorial, também há interesses gerais, constitucionalmente consagrados a preservar através da regulação geral, voltada à proteção do consumidor e à defesa da concorrência. E desta forma, o plano da regulação geral transpassaria todos os segmentos da ordem econômica, sujeitos ou não à regulação setorizada.

Também recorrendo aos dizeres de Floriano de Azevedo Marques Neto[273], na concepção bidimensional *"teríamos que os diversos segmentos da economia, cada qual no seu plano horizontal, podem estar ou não sujeitos alguma regulação estatal setorial. Estes segmentos, por seu turno, estarão submetidos à regulação geral, tanto consumerista quanto antitruste, esta com incidência vertical, perpassando todos os planos setoriais (elos da cadeia econômica). Nesta concepção, regulação setorial e geral não se confundem, muito menos se excluem. Interpenetram-se e calibram-se, submetendo uma mesma atividade a duas incidências regulatórias, coordenadas e calibradas."*

---

[272] Id. Ibid., p. 99-100.
[273] MARQUES NETO, Floriano Azevedo. Regulação setorial e autoridade antitruste: a importância da independência do regulador, cit., p. 100.

Pouco importa, portanto, para esta teoria, que a regulação setorial tenha como objetivo, também, aplicar os Princípios da defesa do consumidor e da livre concorrência ao segmento tutelado. Esta preocupação não afasta a incidência da regulação geral. O que ocorreria seria a fragmentação de competências regulatórias, sem conflito entre elas, mas sim interpenetração harmônica entre a regulação setorial e a regulação geral incidentes sobre um mesmo ramo de atividade econômica.

Todavia, nenhuma das duas concepções parece resolver, em sua plenitude, a questão do aparente conflito entre a regulação setorial e a regulação geral. Muito embora, como já afirmado no texto, é obrigatória, por mandamento constitucional, a aplicação dos Princípios da defesa do consumidor e da preservação da concorrência a todos os setores econômicos, inclusive os especificamente regulados, assemelhando-se, num primeiro momento, a teoria bidimensional, não resta definido como será este processo de interação.

Os setores especificamente regulados foram alçados a esta condição por apresentarem características peculiares. Portanto, aplicar os preceitos da regulação geral de maneira uniforme para todos os setores econômicos seria não respeitar os fatores que elegeram determinados mercados a uma tutela diferenciada em face de sua importância e essencialidade para toda a sociedade.

E no caso brasileiro em que existem sistemas de regulação geral, um para a defesa do consumidor e outro para a preservação da concorrência, esta afronta ao regime especial de tratamento a determinados mercados pode acarretar graves prejuízos à ordem setorial.

Portanto, a solução do aparente conflito não está somente na aplicação da regulação geral ao setor eleito para uma tutela específica por parte do Estado, mas também em delimitar as competências de cada organismo dentro do espectro da regulação estatal. Por isso, a simples adoção da concepção bidimensional não resolve todas as questões postas ao debate.

Outra regra deve ser usada para saldar este processo de integração entre a regulação setorial e a regulação geral. E a própria Constituição Federal nos fornece elementos para uma delimitação exata de competência, ao adotar, de maneira implícita, o Princípio da Subsidiariedade nas relações efetivadas pela Administração Pública.

O Princípio da Subsidiariedade, como visto, diz respeito a relação entre níveis de concentração do poder e respectivos níveis de interesses a serem satisfeitos, escalonando as atribuições em função da complexidade dos interesses da sociedade.

Das diversas variáveis a que a subsidiariedade pode ser aplicada, a mais relevante para a intenção do presente trabalho é a que enumera a sucessiva concentração de poder a que as organizações políticas devem obedecer em sua organização: primeiramente as demandas que puderem ser atendidas pela organização política local serão aquelas que determinarão suas respectivas competências; secundariamente, as que não possam ser satisfeitas por meio de decisões e de ações locais deverão passar às organizações políticas regionais; e, ao final, casos que ultrapassem as possibilidades regionais serão submetidos às organizações políticas nacionais. Forma-se uma cadeia de subsidiariedade.

Esta regra de delimitação de competência transfere à autoridade mais próxima do problema surgido o dever de solucioná-la, acreditando que ela detém maior conhecimento sobre o assunto e, por isso, sua atuação será mais eficiente. Somente quando esta autoridade local não conseguir dar uma resposta eficaz é que surgem as competências dos demais órgãos administrativos situados em esferas federativas mais distantes do foco inicial. É, assim, a manifestação de um novo conceito de descentralização.

Sobre o tema, Diogo de Figueiredo Moreira Neto[274] aponta que *"em todas as hipóteses, estará sempre proscrita a ingerência de uma esfera superior sobre a inferior, pois a definição de subsidiariedade daquela sobre esta jamais deve levar à minimização, destruição ou absorção dos entes menores, por serem estes os mais próximos dos indivíduos e terem, assim, melhores condições de conhecerem e de atenderem a suas necessidades fundamentais."*

Pode-se, desse modo, definir o Princípio da Subsidiariedade como uma regra de delimitação de competência, que confere dever de agir àquele que detém maior conhecimento por estar mais próximo do problema e, portanto, com maiores predicados para entabular uma solução. Esta regra busca a legitimidade do agente e a eficiência em sua atuação.

Transferindo a ideia de subsidiariedade para o ambiente regulatório pode-se criar um processo de integração entre a regulação setorial e a regulação geral que não gere intersecções nem conflitos.

O agente regulador setorial está mais próximo do mercado a ele subordinado. Conhece seus aspectos técnicos além de possuir o dever de mantê-

---

[274] MOREIRA NETO, Diogo de Figueredo. *Mutações do direito administrativo*, cit., p. 21.

-lo em funcionamento e de preservar o interesse público que justificou a intervenção estatal. Portanto, tem ele a competência, *a priori*, de aplicar qualquer instrumento de política regulatória, inclusive das matérias relativas à regulação geral. Neste passo, resta ao agente regulador geral uma competência subsidiária, que surge da omissão ou insuficiência do agente regulador setorial.

Desta forma, com base no Princípio da Subsidiariedade, elimina-se o aparente conflito entre regulação setorial e regulação geral. A constituição da primeira não elimina a aplicação da segunda, nos termos da já descrita concepção bidimensional. Contudo, compete ao agente regulador setorial, além de zelar pelas normas específicas criadas para o mercado tutelado, aplicar as regras de defesa do consumidor e preservação da concorrência ao setor. Ao agente regulador geral cabe desempenhar suas competências nos mercados não regulados setorialmente e quando o desempenho do agente regulador setorial for omisso ou insuficiente.

Esta delimitação de competências com base nos preceitos de subsidiariedade atende também aos motivos que justificam a intervenção estatal, por meio da regulação, em um determinado mercado econômico. Esta intervenção visa dar tratamento diferenciado a certo setor da economia em razão de sua essencialidade para o atingimento do interesse público. Desta forma, regras específicas são criadas e um órgão é designado para acompanhar o desenvolvimento do mercado. Assim, se fosse conferida competência ao agente regulador geral para intrometer-se no mercado regulado setorialmente poder-se-ia causar tamanho desarranjo estrutural, visto que ele não conhece as especificidades da atividade desenvolvida, que o risco ao interesse público aumentaria pela inviabilidade da própria existência do mercado.

Por isso, a competência do agente regulador geral sempre será subsidiária em relação à atuação do agente regulador setorial. Em caso de omissão ou insuficiência da regulação do segundo, o primeiro poderá fazer valer seu mandato para aplicar os Princípios determinados pela ordem econômica constitucional.

Cabe agora aplicar tais premissas ao setor bancário brasileiro e delimitar as competências regulatórias dos agentes que interferem neste mercado.

O agente regulador do setor bancário brasileiro é um organismo complexo, composto pelo Conselho Monetário Nacional e o Banco Central do Brasil. O primeiro exerce função deliberativa, decidindo sobre regras específicas que devem ser aplicadas ao mercado por ele tutelado. O segundo já é o responsável pela implementação das decisões do Conselho Monetário Nacional e da execução de todas as demais atividades regulatórias, inclusive as de natureza geral.

Tal atribuição de competências ao Banco Central do Brasil não derroga as competências dos agentes responsáveis pela proteção dos consumidores e pela preservação da concorrência. Apenas os coloca, para maior eficiência do mercado bancário, numa situação subsidiária em relação ao regulador setorial.

Desta forma, o Conselho Administrativo de Defesa Econômica (CADE), órgão dotado, pela regulação geral de competência para atuar na prevenção e repressão do poder econômico, julgando administrativamente as condutas anticoncorrenciais e controlando os atos de concentração que possam trazer prejuízos à livre concorrência, perante o setor bancário tem suas funções mitigadas.

O Banco Central do Brasil, como órgão regulador setorial, e pelos motivos já expostos, recebeu junto à sua competência específica própria do mercado bancário, a competência para aplicar as matérias afetas a regulação geral, como a defesa da concorrência. Isto se deve à essencialidade das atividades bancárias para a consecução do interesse público, seja ao realizar a função clássica de intermediação financeira seja administrando o sistema de pagamentos. Portanto, o órgão especializado tem legitimidade e maiores condições técnicas para ponderar sobre a aplicação dos Princípios que defendem a competição e harmonizá-los com sua atividade prudencial.

Rachel Sztajn[275], ao discorrer sobre este suposto conflito de competência, aponta que *"da óptica da interpretação teleológica, assim como daquele da lógica econômica, o poder regulatório deve ser atribuído a quem tenha a responsabilidade pelos resultados ou efeitos do processo interventivo do Estado na atividade econômica"*. Corrobora a autora, desta feita, a ideia da competência original do Banco Central do Brasil em aplicar a regulação estatal, inclusive a geral, visto que ele é a autoridade responsável pelos resultados e pelos efeitos gerados no setor bancário em decorrência de atos administrativos.

Outro fator importante nesta delimitação de competências entre a regulação setorial e regulação geral, foi a decisão do Superior Tribunal de Justiça proferida nos autos do Recurso Especial 1.094.218/DF, que

---

[275] SZTAJN, Rachel. op. cit., p. 245.

definiu o Banco Central do Brasil como autoridade competente exclusiva para apreciar atos de concentração envolvendo instituições integrantes do Sistema Financeiro Nacional.

Todavia, mesmo respeitando a decisão do Superior Tribunal de Justiça, parece mais condizente com o ordenamento jurídico pátrio não afastar por completo a interferência do Conselho Administrativo de Defesa Econômica (CADE) na aplicação da legislação antitruste ao setor bancário. A ideia da subsidiariedade encontra maior respaldo e dá maior segurança de que o Princípio da ordem econômica referido será efetivamente aplicado a todos os mercados.

Desta forma, em caso de omissão ou insuficiência do Banco Central do Brasil em aplicar os preceitos inerentes ao Princípio constitucional da livre concorrência, surge a competência subsidiária do Conselho Administrativo de Defesa Econômica (CADE), que atuará sempre respeitando as peculiaridades e a essencialidade do setor bancário.

Já, no ambiente consumerista, a delimitação de competência é tarefa mais árdua. A atividade regulatória geral, com a aplicação do Princípio constitucional da proteção do consumidor, é desenvolvida por uma série de órgãos administrativos independentes, os PROCONs. Por determinação legal, cada Estado e Município podem criar seu órgão administrativo de proteção e defesa dos consumidores, que por força do Princípio federativo, são independentes entre si. O único elo de contato entre eles é a existência de um órgão federal que tem a atribuição de coordenar todo este sistema, o Departamento de Proteção de Defesa do Consumidor (DPDC), ligado à Secretaria Nacional do Consumidor do Ministério da Justiça.

Este sistema de PROCONs, como dito, atua sem harmonização e de forma caótica sobre o mercado bancário. Em cada município, em cada Estado, uma determinada exigência, uma determinada interpretação, gera conseqüências ao setor que, individualmente, não podem ser mensuradas pelos órgãos administrativos locais.

Pode-se citar, por exemplo, o processo de inflação legislativa surgida em grande parte dos municípios brasileiros, onde leis são editadas, com base na competência concorrente para promover a defesa do consumidor ou na competência em disciplinar o interesse local, que visam regular a atividade bancária. E todos estes diplomas locais conferem aos PROCONs o dever de fiscalizarem seu cumprimento. Assim, o leque de matérias vai desde tempo de espera em filas de agências bancárias, passando por estipular a disposição física destas agências bancárias e chegando ao monitoramento de vias públicas, como se a segurança pública fosse dever das instituições financeiras.

Todo este processo causa, além da discriminação dos consumidores de localidades em que inexistem leis sobre, por exemplo, tempo de espera em filas, um risco sistêmico, que pode gerar a inviabilidade do fornecimento do serviço bancário em certos Municípios ou Estados, em razão das exigências desproporcionais e das sanções aplicadas pelos PROCONs.

Estes são apenas pequenos argumentos que mostram a necessidade de se delimitar competências entre a regulação setorial bancária e a regulação geral consumerista.

Todavia, seria simplista aplicar o Princípio da Subsidiariedade e definir como autoridade competente para a aplicação da regulação consumerista ao mercado bancário o Banco Central do Brasil. Isto seria não levar em consideração a lógica social que envolve todo o mercado consumidor.

Nesse passo, importante separar as duas atividades básicas exercidas pelos órgãos administrativos de defesa do consumidor.

A primeira, e mais relevante para este trabalho, é a atividade fiscalizatória. Os PROCONs supervisionam o mercado de consumo e aplicam sanções para os fornecedores que descumprem alguns dos mandamentos entabulados pelo Código de Defesa do Consumidor.

Ocorre que, nos setores especificamente regulados, a aplicação e a supervisão da regulação geral cabem ao agente regulador setorial, no caso, ao Banco Central do Brasil. Este detém, num primeiro plano, a competência para sancionar as instituições financeiras em caso de atuação em desconformidade com as premissas consumeristas. Aos agentes reguladores gerais, os PROCONs, resta a competência subsidiária.

É fácil notar tal limitação dos órgãos administrativos de defesa do consumidor quando se analisa o rol de sanções que podem ser aplicadas às instituições financeiras que praticam atos ofensivos aos direitos dos consumidores. Estes só aplicam a pena pecuniária, pois todas as demais significam danos à continuidade do serviço bancário, o que, por sua essencialidade, extravasa a competência local. Estas sanções só podem ser aplicadas por quem tem o controle sistêmico do setor bancário, ou seja, o Banco Central do Brasil.

Outro fator importante é a diversidade de entendimentos entre o próprio sistema consumerista. Uma prática considerada abusiva em determinado município não é considerada assim em outro, o que demanda uma grande insegurança regulatória para as instituições financeiras.

Por todos estes aspectos, a aplicação do Princípio da Subsidiariedade, principalmente no que tange à supervisão da regulação consumerista, se torna vital para a manutenção da estabilidade do setor financeiro. Além do mais, o fato de o Banco Central do Brasil, autoridade pública, abarcar o tema em sua política regulatória, vai propiciar uma padronização de entendimentos o que possibilitará uma melhor defesa dos direitos dos consumidores.

Assim, a atividade fiscalizatória desenvolvida pelos PROCONs só pode ser exercida de maneira subsidiária, ou seja, quando o Banco Central do Brasil se omitir ou praticar de maneira insuficiente sua atividade regulatória geral.

Saindo um pouco do debate teórico, e analisando a realidade brasileira, diferente do que ocorre na questão da aplicação da regulação concorrencial, o Banco Central do Brasil não exerce, por opção, a regulação consumerista. Desta forma, a competência subsidiária aparece e legitima todas as atividades dos órgãos administrativos de defesa do consumidor praticadas em relação ao mercado bancário.

A segunda atividade desenvolvida pelos PROCONs é a mediação, ou seja, os consumidores individualmente procuram o órgão para resolver seus problemas com os fornecedores os quais são chamados a negociar. Esta função possui um grande impacto social na medida em que desonera o Poder Judiciário e resolve, de maneira eficiente, o conflito de consumo instaurado.

Não há que falar, neste ponto, em competência subsidiária. A mediação é processo legítimo e não deriva dele qualquer risco sistêmico ou prudencial. Além de possuir ela uma característica importante: a compreensão da realidade local para poder resolver o litígio, o que retira do Banco Central do Brasil o mínimo de eficiência para desenvolver tal atividade.

Diante do exposto, conclui-se que a Constituição Federal brasileira, ao trazer em seu contexto o Princípio da Subsidiariedade, definiu uma regra de delimitação de competências no âmbito da regulação bancária. O que outrora parecia um conflito entre os agentes reguladores setoriais e gerais, integra-se de maneira harmônica na busca pela concretização do interesse público.

O Banco Central do Brasil constitui-se, pois, no agente regulador setorial do mercado bancário. Suas competências transitam desde as normas específicas deliberadas pelo Conselho Monetário Nacional até a aplicação das matérias transversais da regulação geral, ou seja, defesa da concorrência e defesa do consumidor.

Para órgãos administrativos encarregados de aplicação das matérias transversais da regulação geral aos demais setores econômicos, surge a competência subsidiária para atuarem no mercado bancário. Assim, o Conselho Administrativo de Defesa da Concorrência (CADE), competente para apreciar os atos ou condutas que possam limitar ou de qualquer forma prejudicar a livre concorrência ou resultar na dominação de mercados relevantes de bens e serviços, e os PROCONs, competentes para tutelar os direitos dos consumidores e coibir abusos praticados pelos fornecedores no mercado de consumo, somente podem exercer suas prerrogativas no setor bancário se o Banco Central do Brasil se omitir ou não conseguir de maneira eficiente implementar os Princípios inerentes às matérias da regulação geral.

# Conclusão

Conforme apresentado na "Introdução", o objetivo que norteou o desenvolvimento deste trabalho é a delimitação dos conceitos e das competências da regulação econômica e jurídica aplicada ao setor bancário. Dentro deste núcleo, foi destacada a aplicação do Princípio da subsidiariedade nas ações dos entes reguladores e a interação das chamadas matérias transversais (regulação geral) com a regulação setorial, ou seja, como definir as competências e as obrigações quando, aparentemente, assuntos intrínsecos ao direito da concorrência e ao direito dos consumidores se chocam com a regulação bancária e com todos os riscos setoriais apresentados.

Para tanto, necessário encaminhar os fundamentos do Estado Regulador. A fim de que a função regulatória estatal fosse introduzida nos ordenamentos jurídicos existentes, necessária a evolução do modo de pensar expresso nas Constituições. A passagem das ideias liberais, onde existia um quase repúdio pela ingerência do poder político na vida crescente de mercado, para a confirmação de que a intervenção estatal na economia é essencial para a realização dos ideais de igualdade e preservação dos direitos e garantias individuais, foi fato marcante na evolução da sociedade em meados do século XX.

Mas a própria teoria da regulação precisou passar por transformações. As justificativas para tal intervenção do Estado no domínio econômico não mais poderiam se amparar nos serviços públicos cuja execução foi concedida ao particular ou simplesmente à correção de falhas de mercado.

Os setores eleitos a sofrerem tais interferências estatais devem representar o grau de importância conferido a determinadas atividades, cuja perfeita execução atinge, na integralidade, o interesse público. Mas não mais o interesse público que contrapõe o interesse coletivo e o interesse particular, e que também não reflita apenas a vontade do administrador, mas sim, busque o real objetivo de existir do Estado, e que é enunciado em todas as Constituições modernas, a preservação dos direitos e garantias individuais.

E o setor bancário é, na junção social contemporânea, um grande disseminador do interesse público. Seja na sua função clássica de intermediação financeira, seja na administração do sistema de pagamento, a atividade bancária fomenta o desenvolvimento social e possibilita a realização de conquistas e de melhoria na qualidade de vida dos cidadãos. Ao fazer transitar a riqueza pelo sistema de crédito, onde garantias são dadas e tomadas, ao possibilitar a rentabilizarão do capital e a quitação de documentos essenciais ao funcionamento de qualquer mercado, ela se torna raiz sistêmica da sociedade. Assim, os riscos inerentes à sua atividade devem ser controlados, posto que se concretizados, os efeitos extrapolam o mercado bancário, contaminando todos os setores sociais.

Nesse passo, o setor bancário faz jus a uma regulação específica, ou seja, o Estado intervém, criando regras próprias para o setor e aparatos de acompanhamento e supervisão, com a finalidade única de preservar o mercado e garantir o atingimento do interesse público. Assim, foram desenvolvidas diversas formas de regulações próprias para o mercado bancário e que podem ser resumidas em três grupos: de condutas, que visa corrigir o problema da assimetria informacional inerente a toda a atividade bancária; a prudencial, que visa proteger o depositante e preservar o sistema de pagamento; e a sistêmica, que busca evitar que situações pontuais não controladas pelas regulações de condutas e prudencial não contaminem todo o setor ocasionando a falência do mercado bancário.

Contudo, nem toda atividade regulatória do Estado se dirige a um setor específico. Há a macro regulação, cujo foco não é um mercado econômico específico, mas a tutela de interesses gerais, consagrados como centrais para a ordem econômica. Seria a atividade estatal justificada na defesa de objetivos gerais da ordem econômica, principalmente a defesa dos interesses do consumidor e da competição.

Ocorre que, tanto a regulação setorial quanto a regulação geral são parte da atividade regulatória estatal. Frente a esta constatação, a doutrina trabalhou a forma como estas duas manifestações da atuação do Estado interagem dentro de um mercado especificamente disciplinado. Uma primeira vertente aponta para a imunidade do setor regulado frente à regulação geral, cabendo a esta última aplicação apenas aos demais mercados em que a regulação setorial não se consubstancia. A segunda vertente aponta para a aplicação conjunta das duas partes da atividade regulatória estatal ao mercado especialmente disciplinado, num processo de interação harmônico.

Analisando o contexto jurídico brasileiro, parece a segunda vertente doutrinária mais adequada ao modelo constitucional: tanto as matérias afetadas à regulação setorial quanto as tratadas pela regulação geral devem ser aplicadas ao mercado especificamente disciplinado. Porém, outra indagação surge após esta primeira definição: qual autoridade regulatória será a responsável por esta aplicação?

Para responder a esta indagação socorre-se ao Princípio da Subsidiariedade. Consagrado pela Constituição Federal brasileira, ele diz respeito à relação entre níveis de concentração do poder e respectivos níveis de interesses a serem satisfeitos, escalonando as atribuições em função da complexidade dos interesses da sociedade.

Da sua aplicação como regra de determinação de competências entre diversos órgãos da Administração Pública constata-se que o agente regulador setorial está mais próximo do mercado a ele subordinado, conhece os aspectos técnicos além de possuir o dever de mantê-lo em funcionamento e de preservar o interesse público que justificou a intervenção estatal. Portanto, tem ele a competência, *a priori*, de aplicar qualquer instrumento de política regulatória, inclusive das matérias relativas à regulação geral. Assim, resta ao agente regulador geral uma competência subsidiária, que surge da omissão ou insuficiência do agente regulador setorial.

Desta forma, com base no Princípio da Subsidiariedade, elide-se o aparente conflito entre regulação setorial e regulação geral. A eleição de um mercado como carente de regulação específica não elimina a aplicação da regulação geral. Todavia, compete ao agente regulador setorial, além de zelar pelas normas específicas criadas para o mercado tutelado, aplicar as regras de defesa do consumidor e preservação da concorrência ao setor. Ao agente regulador geral cabe desempenhar suas competências nos mercados não regulados setorialmente e quando o desempenho do agente regulador setorial for omisso ou insuficiente.

Da conclusão sobre a delimitação de competências, passa-se à aplicação desta regra sobre o sistema regulatório do setor bancário. O agente regulador setorial deste mercado é o Banco Central do Brasil. Ele é o responsável pela implementação das normas e das políticas desenvolvidas especialmente para o setor bancário e das leis ou regulamentos que atravessam todos os mercados como matéria afeta à regulação geral. Somente em caso de omissão ou insuficiência de sua atuação é que os agentes reguladores recebem autorização para executar.

Assim, para órgãos administrativos encarregados de aplicação das matérias transversais da regulação geral aos demais setores econômicas, surge a competência subsidiária para atuarem no mercado bancário. O Conselho Administrativo de Defesa da Concorrência (CADE), competente para apreciar os atos ou condutas que possam limitar ou de qualquer forma prejudicar a livre concorrência ou resultar na dominação de mercados relevantes de bens e serviços, e os PROCONs, competentes para tutelar os direitos dos consumidores e coibir abusos praticados pelos fornecedores no mercado de consumo, somente podem exercer suas prerrogativas no setor bancário se o Banco Central do Brasil se omitir ou não conseguir de maneira eficiente implementar os Princípios inerentes às matérias da regulação geral

# Referências Bibliográficas

ABBAMONTE, Giuseppe. *Trattato di diritto amministrativo*: funzioni pubbliche per settori organici. Padova: Cedam, 1990. (Dir. por Giuseppe Santaniello; v. 8).

ABRÃO. Nelson. *Direito bancário*. 11. ed. São Paulo: Saraiva, 2008.

ALEXY, Robert. *Teoria da argumentação jurídica*. Trad. Zilda Hutchinson Schild Silva. São Paulo: Landy, 2001.

ALMEIDA, Carlos Ferreira de. *Direito económico*. Lisboa: Associação Acadêmica da Faculdade de Direito de Lisboa, 1979.

ALMEIDA, Dean Fabio Bueno de. *Direito constitucional econômico*. Curitiba: Juruá, 2004.

ALMEIDA, Fernanda Dias Menezes de. *Competências na Constituição de 1988*. São Paulo: Atlas, 1991.

AMOROSINO, Sandro. *Gli oprdinamenti sezionali*: itinerati d'uma categoria teorica. Archetipo del settore creditizio. Le transformazioni del diritto amministrativo. Milano: Giuffrè, 1995.

AMORTH, Antonio. *Corso di diritto costituzionale comparato*. Milano: Giuffrè, 1947.

AQUINO, Rubim Santos Leão de. *História das sociedades*: das sociedades modernas às sociedades atuais. 2. ed. Rio de Janeiro: Ao Livro Técnico, 1983.

ARAGÃO, Alexandre Santos de. *Agências reguladoras e a evolução do direito administrativo econômico*. Rio de Janeiro: Forense; 2003.

_____. O princípio da proporcionalidade no direito econômico. *Revista de Direito da Procuradoria-Geral do Estado do Rio de Janeiro*, edição comemorativa de 50 anos, v. 1, 2006.

ARIÑO ORTIZ, Gaspar. *Economía y Estado*: crisis y reforma del sector público. Madrid: Marcial Pons, 1993.

_____. *La regulación económica*: teoria y prática de la regulación para la competencia. Buenos Aires: Depalma, 1996.

ARIÑO ORTIZ, Gaspar. *Princípios de derecho público económico*: modelo de Estado, gestión pública, regulación económica. Granada: Comares, 1999.

_____; DE LA CUÉTARA, J. M.; LÓPEZ-MUÑIZ, J. L. Martinez. *El nuevo serviço público*. Madrid: Marcel Pons, 1997.

ARNAUD, André-Jean. *Dicionário enciclopédico da teoria e de sociologia do direito*. Traduzido por Vicente de Paulo Barreto. Rio de Janeiro: Renovar, 1999.

_____. *O direito entre modernidade e globalização*: lições de filosofia e do Estado. Rio de Janeiro: Renovar, 1999.

ASSAF NETO, Alexandre. *Mercado financeiro*. São Paulo: Atlas, 1999.

ATAÍDE, Augusto de. *Elementos para um curso de direito administrativo da economia*. Lisboa: Ciência Técnica e Fiscal, 1970.

ÁVILA, Humberto Bergmann. Repensando o "Princípio da supremacia do interesse público sobre o particular". In: SARLET, Ingo Wolfgang (Org.). *Direito público em tempos de crise*. Porto Alegre: Livr. do Advogado, 1999.

_____. *Teoria dos princípios*: da definição à aplicação dos princípios jurídicos. 9. ed. São Paulo: Malheiros Ed., 2009.

AZEVEDO, Fernando Costa de. *Defesa do consumidor e regulação: a participação dos consumidores brasileiros no controle da prestação de serviços públicos*. Porto Alegre: Livraria do Advogado, 2002.

BANDEIRA DE MELLO, Celso Antonio. *Curso de direito administrativo*. 17. ed. São Paulo: Malheiros Ed., 2004.

BARACHO, José Alfredo de Oliveira. A Federação e a revisão constitucional: as novas técnicas de equilíbrios constitucionais e as relações financeiras: a cláusula federativa e a proteção da forma de Estado na Constituição de 1998. *Revista de Direito Administrativo*, Rio de Janeiro, n. 202, p. 49-60, out. 1995.

_____. *O princípio da subsidiariedade*: conceito e evolução. Rio de Janeiro: Forense, 1997.

BARBERA, Amato, BARBERA, Augusto (Coords.). *Manuale di diritto pubblico*. Bolonha: Il Molino, 1994.

BARRETO, Lauro Muniz. *Direito bancário*. São Paulo: Leu, 1975.

BARROSO, Luís Roberto. Natureza jurídica e funções das agências reguladoras de serviços públicos. Limites da fiscalização a ser desempenhada pelo Tribunal de Contas do Estado. *Revista Trimestral de Direito Público*, São Paulo, n. 25, 1999.

_____. A ordem econômica e os limites à atuação estatal no controle de preços. In: *Temas de direito constitucional*. Rio de Janeiro: Renovar, 2003. t. 2.

BASTOS, Celso Ribeiro. *Curso de direito constitucional.* 13. ed. São Paulo: Saraiva, 1990.

_____. *Curso de direito financeiro e de direito tributário.* São Paulo: Saraiva, 1991.

_____. *Emendas à Constituição de 1988.* São Paulo: Saraiva, 1996.

_____; BRITO, Carlos Ayres de. *Interpretação e aplicabilidade das normas constitucionais.* São Paulo: Saraiva, 1982.

_____; MARTINS, Ives Gandra da Silva. *Comentários à Constituição do Brasil.* 2. ed. São Paulo: Saraiva, 2000. v. 7.

BENSTON, George J. *Regulating financial markets*: a critique and some proposals. Washington (D.C): The AEI Press. 1999.

BERNSTEIN, M. H. *Regulatory business by independent commissions.* Princeton: Princeton University; Princeton Press, 1955.

BIANCHI, Alberto B. *La regulación económica.* Buenos Aires: Editorial Ábaco de Rodolfo de Palma, 1998. t. 1.

BINENBOJM, Gustavo. *Direitos humanos e justiça social*: as ideias de liberdade e igualdade no final do século XX. In: Temas de direito administrativo e constitucional. Rio de Janeiro: Renovar, 2008.

_____. *Temas de direito administrativo e constitucional*: artigos e pareceres. Rio de Janeiro: Renovar, 2008.

BLACK, Julia. Perspectives on derivatives and law. In: HUDSON, A. (Ed.). *Modern financial techniques, derivatives and law.* Londres: Kluwer Law, 2000.

BOBBIO, Norberto. *Estado, governo, sociedade*: para uma teoria geral da política. Trad. de Marco Aurélio Nogueira. Rio de Janeiro: Paz e Terra, 1987.

_____. *As ideologias e o poder em crise.* 4. ed. Tradução de João Ferreira. Brasília: Ed. Universidade de Brasília, 1999.

BONAVIDES, Paulo. *Curso de direito constitucional.* 6. ed. São Paulo: Malheiros Ed., 1996.

BORK, Robert H. *The antitrust paradox*: a policy at war with itself. New York: Basic Books, Publishers, 1978.

BOTHE, Michael. Federalismo: um Conceito em transformação histórica. In: *Federalismo na Alemanha.* Traduções Konrad-Adenauer-Stitfung, 1995. n. 7.

BOURGOIGNIE, Thierry. *Éléments pour une théorie du droit de la consommation.* Bruxelas: Story-Scientia, 1988.

BREYER, Stephen. *Regulation and its reform.* Cambridge: Harvard University Press, 1982.

Bruna, Sérgio Varella. *Agências reguladoras*: poder normativo, consulta pública, revisão judicial. São Paulo: Ed. Revista dos Tribunais, 2003.

BUSTAMANTE, Jorge Eduardo. *Desregulación entre el derecho y la economia.* Buenos Aires: Abeledo Perrot, 1993.

CABRAL, Nazaré da Costa. O princípio da desregulação bancária. *Revista da Faculdade de Direito da Universidade de Lisboa*, Lisboa, v. 38, n. 2, p. p.428-436, 1997.

CAETANO, Marcelo. *Direito constitucional.* 2. ed. Rio de Janeiro: Forense, 1987. 2 v.

_____. *Manual de direito administrativo.* 9. ed. Coimbra: Coimbra Ed., 1970.

_____. *Princípios fundamentais de direito administrativo.* Coimbra: Almedina, 1996.

CAMPANHOLE, Adriano, CAMPANHOLE, Hilton Lobo. *Constituições do Brasil.* 11. ed. São Paulo: Atlas, 1994.

CANOTILHO, J. J. Gomes. *Constituição dirigente e vinculação do legislador.* Coimbra: Coimbra Ed., 1994.

_____. *Direito constitucional.* Coimbra: Almedina, 1993.

CARVALHO, Fernando J. Cardim de. O papel do Banco Central no processo de regulação financeira. In: CAMPILONGO, Celso Fernandes; MATTOS, Paulo Todescan Lessa; ROCHA, Jean Paul Cabral Veiga da (Coords.). *Concorrência e regulação no sistema financeiro.* São Paulo: Max Limonad, 2002.

CARVALHO, Fernão J. Cardim; SOUZA, Eduardo Pires de; SICSÚ, João; PAULA, Luiz Fernando Rodrigues de; STUDART, Rogério. *Economia monetária e financeira*: teoria e política. Rio de Janeiro: Elsevier Editora, 2000.

CARVALHO, Luís Paulo Figueiredo. *Os sistemas de supervisão prudencial na União Europeia.* Coimbra: Almedina, 2003.

CARVALHOSA, Modesto Souza Barros. *Direito econômico.* São Paulo: Ed. Revista dos Tribunais, 1973.

CASSAGNE, Juan Carlos. *Los nuevos entes regulatórios*: un el derecho público actual. Buenos Aires: De Palma, 1994.

CATTANEO, Salvatore. "Agencies" e "Regulation" nel Regno Unido. In: *Le autoritá indipendenti*: de fattori evolitivi ad elenti della transizione nel diritto pubblico italiano. Milano: Giuffrè, 1999.

CÉSAR, Afonso. Do poder regulamentar. *Revista de Informação Legislativa*, Brasília, n. 128, 1996.

COELHO, Fábio Ulhoa. *Direito antitruste brasileiro.* São Paulo: Saraiva, 1995.

COMPARATO, Fábio Konder. *A ordem econômica na Constituição Brasileira de 1988 – Schriften der Deutsch-Brasilianischen Juristenvereinigung.* Frankfurt am Main, Verlag Peter Lang GmbH, 1991.

_____. A proteção do consumidor na Constituição de 1988. *Revista de Direito Mercantil, Econômico e Financeiro*, São Paulo, v. 20, n. 80, out./dez. 1990.

CORAZZA, Gentil. Os dilemas da supervisão bancária. In: SOBREIRA, Rogério (Org.). *Regulação financeira e bancária.* São Paulo: Atlas, 2005.

## REFERÊNCIAS BIBLIOGRÁFICAS

CORDEIRO, Antonio Menezes. *Manual de direito bancário*. Coimbra: Almedina, 1999.

CORREA, Oscar Dias. *A defesa do Estado de direito e emergência constitucional*. Rio de Janeiro: Forense, 1980.

CORTEZ, Tiago Cortez. O conceito de risco sistêmico e suas implicações para a defesa da concorrência. In: CAMPILONGO, Celso Fernandes; MATTOS, Paulo Todescan Lessa; ROCHA, Jean Paul Cabral Veiga da (Coords.). *Concorrência e regulação no sistema financeiro*. São Paulo: Max Limonad, 2002.

CRETELLA JÚNIOR, J. *Comentários à Lei Antitruste*. 2. ed. Rio de Janeiro: Forense, 1996.

COSSÉ, Pierre-Yves. Um avenir à inventer. *Revue Française d'Administration Publique*, Paris, n. 61, p. 155-158, janv./mars. 1992.

COUTINHO, Paulo. Regulação prudencial e concorrência no setor bancário. In: SEMINÁRIO INTERNACIONAL SOBRE REGULAÇÃO E DEFESA DA CONCORRÊNCIA NO SETOR BANCÁRIO. Brasília, 1999.

COUTO E SILVA, Almiro do. Privatização no Brasil e o novo exercício de funções públicas por particulares. Serviço público à brasileira. *Revista de Direito Administrativo*, Rio de Janeiro, n. 230, p. 45-74, out. 2002.

CUÉLLAR, Leila. *As Agências reguladoras e seu poder normativo*. São Paulo: Dialética, 2001.

CUNNINGHAM, Andrew. *Risco de crédito bancário nos mercados emergentes*. New York: Giles O'Flynn, 1999.

DALLARI, Dalmo de Abreu. *Elementos da teoria geral do Estado*. 11. ed. São Paulo: Saraiva, 1985.

DANTAS, Ivo. *Direito constitucional econômico*. Curitiba: Juruá, 2000.

DE BRANDT, Olivier; HARTMANN, Philipp. Systemic risk: a survey. *Working Paper*, n. 35, Banco Central Europeu, Working Paper Series, Nov. 2000.

DEKEUWER-DÉFFOSEZ, Françoise. *Droit bancaire*. Paris: Dalloz, 1991.

DEMSETZ, H. Why regulate utilities. *Journal of Law & Economics*, v. 11, n. 1, Apr. 1968.

DI PIETRO, Maria Sylvia Zanella. *Direito administrativo*. 10. ed. São Paulo: Atlas, 1998.

_____. *Parcerias na administração pública*. São Paulo: Atlas, 1999.

DROMI, José Roberto. Autoridade e liberdade no direito administrativo. *Revista de Direito Público*, São Paulo, n. 59/60, 1981.

DUTRA, Pedro. *Livre concorrência e regulação de mercados*: estudos e pareceres. Rio de Janeiro: Renovar, 2003.

ESPÍNDOLA, Ruy Samuel. *Conceito de Princípios constitucionais*. São Paulo: Ed. Revista dos Tribunais, 1999.

FARIA, José Eduardo. *O direito na economia globalizada*. São Paulo: Malheiros, 2000.

FARIAS, Sara Jane Leite. Evolução histórica dos princípios econômicos da Constituição. In: SOUTO, Marcos Juruena Villela; MARSHALL, Carla (Coords.). *Direito empresarial público*. Rio de Janeiro: Lúmen Júris, 2002. v. 1.

FERRAZ JR., Tércio Sampaio. Agências reguladoras: legalidade e constitucionalidade. *Revista Tributária e de Finanças Pública*, São Paulo, n. 35, 2000.

_____. *Interpretação e estudos da Constituição de 1988*. São Paulo: Atlas, 1990.

FERRAZ, Sérgio. *Regulamento autônomo*. In: Estudos de direito. São Paulo: Ed. Revista dos Tribunais, 1977.

FERREIRA FILHO, Manoel Gonçalves. *Comentários à Constituição brasileira de 1988*. São Paulo: Saraiva, 1995.

_____. *Curso de direito constitucional*. 20. ed. São Paulo: Saraiva, 1990.

_____. *Direitos humanos fundamentais*. São Paulo: Saraiva, 1995.

_____. *Estado de direito e Constituição*. São Paulo: Saraiva, 1988.

FERREIRA, Carlos Kawall Leal; FREITAS, Maria Cristina Penido de; SCHWARTZ, Gilson. A institucionalidade do sistema monetário. In: CINTRA, Marcos Antonio M.; FREITAS, Maria Cristina Penido de (Orgs.). *Transformações institucionais dos sistemas financeiros*: um estudo comparado. São Paulo: Fundap/FAPESP, 1998.

FERREIRA, Pinto. *Comentários à Constituição brasileira*. São Paulo: Saraiva, 1989.

FERREIRA, Sérgio D'Andrea. O incentivo fiscal como instituto de direito econômico. *Revista de Direito Administrativo*, Rio de Janeiro, n. 211, 1998.

FIGUEREDO, Marcelo. *As agências reguladoras*: o Estado de direito no Brasil e sua atividade normativa. São Paulo: Malheiros Ed., 2005.

FONSECA, João Bosco Leopoldino da. *Direito econômico*. 2. ed. Rio de Janeiro: Forense, 1997.

_____. *Direito econômico*. Rio de Janeiro: Forense, 2010.

FORGIONI, Paula. *Os fundamentos do antitruste*. São Paulo: Ed. Revista dos Tribunais, 1998.

FORTES, Bonifácio. O poder regulamentar. *Revista Forense*, Rio de Janeiro, n. 199, 1971.

FRANCHINI, Claudio. *La nuova Constituzione Economica*. 2. ed. Roma-Bari: Laterza, 2000.

FREITAS, Juarez. *A interpretação sistemática do direito*. São Paulo: Malheiros Ed., 1996.

GARCÍA DE ENTERRÍA, Eduardo; FERNANDEZ, Tomás-Ramón. *Curso de direito administrativo*. Tradução de Arnaldo Setti. São Paulo: Ed. Revista dos Tribunais, 1991.

GARRIDO FALLA, Fernando. *Tratado de derecho administrativo*. 12. ed. Madrid: Tecnos, 1984.

GASPARINI, Diógenes. *Direito administrativo*. 10. ed. São Paulo: Saraiva, 2005.
_____. *Poder regulamentar*. 2. ed. São Paulo: Ed. Revista dos Tribunais, 1982.
GASTALDI, J. Petrelli. *Elementos de economia política*. São Paulo: Saraiva, 1992.
GIOVAN, Ileana di. *Derecho internacional económico*. Buenos Aires: Abeledo Perrot, 1992.
GOLDBERG, Daniel K. Notas sobre concorrência no sistema bancário. *Revista de Direito Bancário e do Mercado de Capitais*, São Paulo, v. 7, n. 23, p. 32-52, jan./mar. 2004.
GONÇALVES, Almir Rogério. Uma análise jurídica do estudo e seu gerenciamento dos riscos envolvidos na atividade financeira e seu tratamento atual no Brasil. *Revista de Direito Mercantil, Industrial, Econômico e Financeiro*, São Paulo, v. 41, n. 128, p. 102-121, out./dez. 2002.
GONÇALVES, Vania Mara Nascimento. *Estado, sociedade civil e princípio da subsidiariedade na era da globalização*. Rio de Janeiro: Renovar, 2003.
GRAU, Eros Roberto. *O direito posto e o direito pressuposto*. 5. ed. São Paulo: Malheiros Ed., 2003.
_____. *A ordem econômica na Constituição de 1988*. 9. ed. São Paulo: Malheiros Ed., 2004.
GRAU, Eros Roberto. *A ordem econômica na Constituição de 1988*: (interpretação e crítica). 5. ed. São Paulo: Malheiros Ed., 2000.
_____. Princípio da livre concorrência. Função regulamentar e função normativa. *Revista Trimestral de Direito Publico*, São Paulo, v. 93, n. 4, p. 104-129. 1993.
GRINOVER, Ada Pellegrini et al. *Código de defesa do consumidor comentado pelos autores do anteprojeto*. 9. ed. Rio de Janeiro: Forense Universitária. 2007.
_____ et al. *Código de defesa do consumidor comentado pelos autores do anteprojeto*. Rio de Janeiro: Forense Universitária. 1991.
HOGGARTH, Glenn; REIS, Ricardo; SAPORTA, Victoria. Costs of banking system instability: some empirical evidence. *Financial Stability Review*, p. 148-165, June 2001.
HORTA, Raul Machado. *Estudos de direito constitucional*. Belo Horizonte: Del Rey, 1995.
_____. Federalismo e o princípio da subsidiariedade. In: MARTINS, Ives Gandra da Silva (Coord.). *As vertentes do direito constitucional contemporâneo*. Rio de Janeiro: América Jurídica, 2002.
_____. *A Ordem Econômica na nova Constituição*: a Constituição brasileira de 1988: interpretações. Rio de Janeiro: Forense Universitária, 1988.
JANSEN, Letácio. *Introdução à economia jurídica*. Rio de Janeiro: Lumen Juris, 2003.

João Paulo II. *Centesimus annus*. In: SACTIS, Antonio de (Org.). *Encíclicas e documentos sociais*. São Paulo: LTr, 1991.

João XXIII. *Mater et magistra*. In: SACTIS, Antonio de (Org.). *Encíclicas e documentos sociais*. São Paulo: LTr, 1991.

JUSTEN FILHO, Marçal. Empresa, ordem econômica e Constituição. *Revista de Direito Administrativo*, Rio de Janeiro, n. 212, p. 109-133, abr./jun. 1998.

JUSTEN FILHO, Marçal. *O direito das agências reguladoras independentes*. São Paulo: Dialética, 2002.

KELSEN, Hans. *Teoria geral do direito e do Estado*. São Paulo: Martins Fontes, 1995.

_____. *Teoria pura do direito*. Coimbra: Armênio Amado, 1976.

LA PERGOLA, Antonio. *Los nuevos senderos del federalismo*. Madrid: Centro de Estúdios Cosntitucionales, 1994.

LASTRA, Rosa Maria. *Banco Central e regulação bancária*. Trad. Dan Markus Kraft. Belo Horizonte: Del Rey, 2000.

LATAPIAT, César Sepúlveda. *Derecho econômico II*. Santiago: Universidad Católica de Chile, 1994. v. 1 e v. 2.

LAUBADÈRE, André. *Direito público econômico*. Coimbra: Almedina, 1985.

LAVIÉ, Quiroga. *Derecho constitucional*. 3. ed. Buenos Aires: Depalma, 1994.

LAZZARA, Paolo. *Autorità indipendenti e descrezionalitá*. Padova: Cedam, 2001.

LAZZARINI, Álvaro. *Estudos de direito administrativo*. São Paulo: Ed. Revista dos Tribunais, 1996.

LEÃO XIII. *Rerum novarum*. In: SACTIS, Antonio de (Org.). *Encíclicas e documentos sociais*. São Paulo: LTr, 1991.

LIMA, Gilberto Tadeu. Evolução recente da regulação bancária no Brasil. In: SOBREIRA, Rogério (Org.). *Regulação financeira e bancária*. São Paulo: Atlas, 2005.

LLORENTE, Francisco Rubio. *Derechos fundamentales y princípios constitucionales*. Barcelona: Ariel Derecho, 1995.

LOBO, Carlos Baptista. *Liberdade de acesso e restrições à concorrência*: estudos de direito bancário. Coimbra: Coimbra Ed., 1999.

LOEWENSTEIN, Karl. *Teoria de la Constitución*. Trad. Alfredo G. Anabitarte. Barcelona: Ariel, 1965.

LOPES, João do Carmo; ROSETTI, José Paschoal. *Economia monetária*. São Paulo: Atlas, 1995.

LUNDBERG, Eduardo Luís. Rede de proteção e saneamento do sistema bancário. In: SADDI, Jairo (Org.). *Intervenção e liquidação extrajudicial no sistema financeiro nacional*: 25 anos da Lei 6.024/74. São Paulo: Textonovo, 1999.

MACIEL, Omar Serva. *Princípio de subsidiariedade e jurisdição constitucional*. Belo Horizonte: Mandamentos, 2004.

MAGANO, Octavio Bueno. *Introdução ao direito econômico*. São Paulo: Juriscrédi, 1972.

MAJONE, Giandomenico. Do Estado positivo ao Estado regulador: causas e conseqüências da mudança no modo de governança. In: MATTOS, Paulo Todescan Lessa; COUTINHO, Diogo R.; ROCHA, Jean Paul Cabral Veiga da; PRADO, Mariana Mota; OLIVA, Rafael (Orgs.). *Regulação econômica e democracia*: o debate europeu. São Paulo: Singular, 2006.

_____; LA SPINA, Antonio. *Lo Stato regulatore*. Bologna: Il Mulino, 2000.

MANCUSO, Rodolfo de Camargo. *Interesses difusos*: conceito e legitimação para agir. 2. ed. São Paulo: Ed. Revista dos Tribunais, 1991.

MANZANEDO, J. A.; REINO, J. Hernando Y. E. Gomez. *Curso de derecho administrativo económico*. Madrid: Instituto de Estudios de Administración Local, 1970.

MARQUES NETO, Floriano Azevedo. *Agências reguladoras independentes*: fundamentos e seu regime jurídico. Belo Horizonte: Fórum, 2005.

_____. Balanço e perspectivas das agências reguladoras no Brasil. *Conjuntura e Informação*, Rio de Janeiro, n. 15, jul./set. 2001.

_____. Limites à abrangência e à intensidade da regulação estatal. *Revista Eletrônica de Direito Administrativo Econômico*, n. 4, 2005.

_____. A nova regulação estatal e as agências independentes. In: *Direito administrativo econômico*. São Paulo: Malheiros Ed., 2000.

_____. Regulação setorial e autoridade antitruste: a importância da independência do regulador. In: CAMPILONGO, Celso Fernandes; MATTOS, Paulo Todescan Lessa; ROCHA, Jean Paul Cabral Veiga da (Coords.). *Concorrência e regulação no sistema financeiro*. São Paulo: Max Limonad, 2002.

MARSHALL, Carla. *Direito constitucional*: aspectos constitucionais do direito econômico. Rio de Janeiro: Forense, 2007.

MARTINS, Fran. *Contratos e obrigações comerciais*. Rio de Janeiro: Forense, 1981.

MASAGÃO, Mário. *Curso de direito administrativo*. 6. ed. São Paulo: Ed. Revista dos Tribunais, 1977.

MAXIMILIANO, Carlos. *Hermenêutica e aplicação do direito*. 9. ed. Rio de Janeiro: Forense, 1981.

MAYER, Thomas; DUESENBERRY, James S.; ALIBIER, Robert Z. *Moedas, bancos e a economia*. 4. ed. Trad. Luiz Carlos do Nascimento e Silva. Rio de Janeiro: Campus, 1993.

MCCRUDDEN, Christopher. *Social policy and economic regulators*: some issues from the reform of utility regulation, regulation and desregulation. Oxford: Clarendon Press, 1999.

MEIRELLES, Hely Lopes. *Direito administrativo brasileiro*. 21. ed. São Paulo: Malheiros, 1995.

MELLO, Celso de Albuquerque. *Tratado internacional da integração*. Rio de Janeiro: Renovar, 1997.

MELO, José Tarcizio Almeida. *Direito constitucional brasileiro*. Belo Horizonte: Del Rey, 1996.

MENDOÇA, J. X. Carvalho de. *Tratado de direito comercial brasileiro*. Rio de Janeiro: Freitas Bastos, 1947. v. 7.

MENEZELLO, Maria D'Assunção Costa. *Agências Reguladoras e o direito brasileiro*. São Paulo: Atlas, 2002.

MESSNER, Johannes. *Ética social*. São Paulo: Editora Quadrantes, [s.d.].

MIRANDA, Jorge. *Manual de direito constitucional*. 4. ed. Coimbra: Coimbra Ed., 1990.

MIRANDA, Pontes de. *Comentários à Constituição de 1946*. Rio de Janeiro: Henrique Cahem, 1946;

MOLLE, Giacomo. *I contratti bancari*. Milano: Giuffrè, 1973.

MORAES, Alexandre de. *Agências reguladoras*. In: _____ (Org.). *Agências reguladoras*. São Paulo: Atlas, 2002.

_____. *Constituição do Brasil interpretada*. São Paulo: Atlas, 2002.

_____. *Direito constitucional*. 9. ed. São Paulo: Atlas, 2001.

_____. *Direitos humanos fundamentais*. 5. ed. São Paulo: Atlas, 2003.

MORAIS, Carlos Blanco de. O princípio da subsidiariedade na ordem constitucional portuguesa. In: *Direito constitucional*: estudos em homenagem a Manoel Gonçalves Ferreira Filho. São Paulo: Dialética, 1999.

MOREIRA, Egon Bockmann. Agências administrativas, poder regulamentar e o Sistema Financeiro Nacional. *Revista de Direito Administrativo*, Rio de Janeiro, n. 218, p. 93-112, out./dez. 1999.

_____. O direito administrativo da economia, a ponderação de interesses e o paradigma da intervenção sensata. In: _____; CUELLAR, Leila. *Estudos de direito econômico*. Belo Horizonte: Fórum, 2004.

MOREIRA, Vital. *Auto-regulação profissional e administração pública*. Coimbra: Almedina, 1997.

_____. *Constituição e revisão constitucional*. Lisboa: Caminho, 1990.

_____. *Fundamentos da constituição*. Coimbra: Coimbra Ed., 1991.

MOREIRA NETO, Diogo de Figueredo. A desmonopolização do poder. *Revista de Direito da Associação dos Procuradores do Novo Estado do Rio de Janeiro*, v. 6, 2000. (Direito político).

_____. *Direito regulatório*. Rio de Janeiro: Renovar, 2003.

_____. *Mutações do direito administrativo*. 3. ed. rev. e ampl. Rio de Janeiro: Renovar, 2007.

# REFERÊNCIAS BIBLIOGRÁFICAS

_____. *O sistema Judiciário brasileiro e a reforma do Estado*. São Paulo: Celso Bastos Editor, 1999.

_____. *Sociedade, Estado e administração pública*. Rio de Janeiro: Topbooks, 1995.

_____. Tendências da administração pública. In: TELLES, Antonio A. Queiroz; ARAUJO, Edmir Netto de (Coords.). *Direito administrativo na década de 90*: estudos jurídicos em homenagem ao prof. Cretella Júnior. São Paulo: Ed. Revista dos Tribunais, 1997.

MORENILLA, José Maria Souvirinón. *La actividad de la administración y el servicio público*. Granada: Comares, 1998.

MOTTA, Paulo Roberto Ferreira. *Agências reguladoras*. Barueri: Manole, 2003.

NSOULI, Marwan M. *Recherches sur lês critères d'une banque centrale moderne*: étude comparative entre la Banque du Liban, la Banque de France et la Banque Centrale Européenne. Paris: Libraire Générale de Droit et de Jurisprudence, 2003.

NUSDEO, Fábio. *Curso de economia*. 2. ed. São Paulo: Ed. Revista dos Tribunais, 2000.

OLIVEIRA, Gesner. Defesa da concorrência e regulação no setor bancário. In: CAMPILONGO, Celso Fernandes; MATTOS, Paulo Todescan Lessa; ROCHA, Jean Paul Cabral Veiga da (Coords.). *Concorrência e regulação no sistema financeiro*. São Paulo: Max Limonad, 2002.

OLIVEIRA, Ricardo Mariz de. *Contribuições de intervenção no domínio econômico*: concessionárias, permissionárias e autorizadas de energia elétrica – "aplicação" obrigatória de Recursos (Lei nº 9.991) – Contribuições de intervenção no domínio econômico e figuras afins. São Paulo: Dialética, 2001;

OTERO, Paulo. *Conceito e fundamento da hierarquia administrativa*. Coimbra: Coimbra Editora, 1992;

PASS, Cristopher; LOWES, Brian; DAVIES, Leslie. *Dictionary of economics*. Glasgow: Harper Collins, 2000.

PAULIN, Luiz Alfredo. Das instituições financeiras de fato ou irregulares – análise com base na Lei nº 4.595/64. *Revista de Direito Mercantil, Industrial, Econômico e Financeiro*, São Paulo, v. 110, 1999.

PELAYO, Manuel Garcia. *Derecho constitucional comparado*. 3. ed. Madrid: Revista do Ocidente, 1953.

PEREIRA, Luiz Carlos Bresser. Da administração pública burocrática à gerencial. In: _____; SPINK, Peter (Orgs.). *Reforma do Estado e administração pública gerencial*. Rio de Janeiro: Fundação Getúlio Vargas, 1998.

PESSOA, Robertônio Santos, *Administração e regulação*, Rio de Janeiro: Forense, 2003.

PIO XI. *Quadragesimo anno*. In: SACTIS, Antonio de (Org.). *Encíclicas e documentos sociais*. São Paulo: LTr, 1991.

PIRES, José Claudio Linhares; GOLDSTEIN, Andrea. Agências reguladoras brasileiras: avaliação e desafios. *Revista do BNDES*, Rio de Janeiro: v. 8, n. 16, dez. 2001.

PONDÉ, Lafayette. *Estudos de direito administrativo*. Belo Horizonte: Del Rey, 1995.

PORT, Otávio Henrique Martins. *Os direitos sociais e econômicos e a discricionariedade da administração pública*. São Paulo: RCS Ed., 2005.

POSNER, R. Theories of economic regulation. *Bell Journal of Economics and Management Science*; v. 2, n. 1, 1971.

POUND, Roscoe. *Liberdades e garantias constitucionais*. 2. ed. São Paulo: Ibrasa, 1976.

QUADROS, Fausto de. *O princípio da subsidiariedade após o Tratado da União Europeia*. Coimbra: Almedina, 1995.

_____. *O princípio da subsidiariedade no direito comunitário*. Coimbra: Almedina, 1995.

QUEIROZ, José Wilson Nogueira de. *Direito econômico*. Rio de Janeiro: Forense, 1982.

REZEK, Francisco. *Curso de direito constitucional público*. São Paulo: Saraiva, 1996.

RIPERT, Georges. *O regime democrático e o direito civil moderno*. São Paulo: Saraiva, 1937.

RIVERO, Jean. *Direito administrativo*. Coimbra: Almedina, 1981.

RODIÈRE, René; RIVES-LANGE, Jean Louis. *Droit bancaire*. Paris, 1980.

RODRIGUEZ CHIRILLO, Eduardo J. *Privatización de la empresa publica y post privatización*. Buenos Aires: Abeledo-Perrot, 1995.

ROSSEAU, Jean-Jacques. *O contrato social*. Trad. Antonio de P. Machado. Estudo crítico: Afonso Bertagnoli. Rio de Janeiro: Ediouro, 1994.

_____. *Direito constitucional: instituições de direito público*. Trad. Maria Helena Diniz. São Paulo: Ed. Revista dos Tribunais, 1984.

RUFFIA, Paolo Biscaretti. *Introduzione al diritto constituzionale comparato*. 2. ed. Milano: Giuffrè, 1970.

SADDI, Jairo. *Crise e regulação bancária*. São Paulo: Textonovo, 2001.

_____. *O poder e o cofre*. São Paulo: Textonovo, 1997.

SALGADO, Lucia Helena. Análise da concentração bancária sob o prisma da concorrência. In: CAMPILONGO, Celso Fernandes; MATTOS, Paulo Todescan Lessa; ROCHA, Jean Paul Cabral Veiga da (coord.). *Concorrência e regulação no sistema financeiro*. São Paulo: Max Limonad, 2002.

SALOMÃO FILHO, Calixto. *Regulação da atividade econômica (princípios e fundamentos jurídicos)*. 2. ed. São Paulo: Malheiros Ed., 2008.

SANCHES AGESTA, Luis. *Princípios de teoria política*. Madrid: Ed. Nacional, 1983.

SANTACRUZ, Ruy. Regulação de mercado e defesa da concorrência: o caso do setor bancário. In: CAMPILONGO, Celso Fernandes; MATTOS, Paulo Todescan Lessa;

# REFERÊNCIAS BIBLIOGRÁFICAS

Rocha, Jean Paul Cabral Veida da (Coords.). *Concorrência e regulação no sistema financeiro*. São Paulo: Max Limonad, 2002.

Santos, Antônio Carlos do; Gonçalves, Maria Eduarda; Marques. Maria Manuel Leitão. *Direito econômico*. Coimbra: Almedina, 2002.

Sarmento, Daniel. *A ponderação de interesses na Constituição Federal*. 1. ed. Rio de Janeiro: Lumen Juris, 2003.

Schwartz, Bernard. *Direito constitucional americano*. Rio de Janeiro: Forense, 1966.

Scott, Paulo Henrique Rocha. *Direito constitucional econômico*. Porto Alegre: Sergio Antonio Fabris Editor, 2000.

Sen, Amartya. *On ethics and economics*. Berkeley: Blackweel, 1999.

Silva, Américo Luis Martins da. *A ordem constitucional econômica*. Rio de Janeiro: Lumen Juris, 1996.

Silva, Carlos Medeiros. *O poder regulamentar e a sua extensão*. Revista Forense, Rio de Janeiro, n. 201, 1963.

Silva, Fernando Quadros da. *Agências reguladoras*: a sua independência e o princípio do Estado democrático de direito. Curitiba: Juruá, 2005.

Silva, José Afonso da. *Curso de direito constitucional positivo*. 9. ed. São Paulo: Malheiros Ed., 1992.

Silva, Leandro Novais e. *Direito bancário: regulação e concorrência*. Belo Horizonte: Melhoramentos, 2005.

Souto, Marcos Juruena Villela. *Direito administrativo regulatório*. Rio de Janeiro: Lumen Juris, 2002.

Souza, Washington Peluso Albino de. A experiência brasileira de Constituição econômica. *Revista de Informação Legislativa*, Brasília, n. 102, abr./jul. 1989.

_____. *Primeiras linhas de direito econômico*. São Paulo: LTr, 1994.

Stigler, George J. The theory of economic regulation. *Bell Journal of Economics and Management Science*, 1971.

_____; Friedland, C. What can regulators regulate? The case of electricity. *Journal of Law & Economics*, v. 5, n. 2, 1962.

Strauss, Peter. The place of agencies in Government: separation of powers and the fourth branch. *Columbia Law Review*, 1984.

Sundfeld, Carlos Ari. *Agências reguladoras de serviço público*: 10 anos de Constituição: uma análise. São Paulo: Celso Bastos Editor, 1998;

_____. *Direito administrativo ordenador*. São Paulo: Malheiros Ed., 1993.

_____. *Direito global*. São Paulo: Max Limonad, 1999.

_____. Introdução às agências reguladoras. In: _____ (Coord.). *Direito administrativo econômico*. São Paulo: Malheiros Ed., 2000.

_____. Serviços públicos e regulação estatal. In: _____ (Coord.). *Direito administrativo econômico*. São Paulo: Malheiros Ed., 2000.

SZTAJN, Rachel. Regulação e concorrência no sistema financeiro. In: CAMPILONGO, Celso Fernandes; MATTOS, Paulo Todescan Lessa; ROCHA, Jean Paul Cabral Veiga da (Coord.). *Concorrência e regulação no sistema financeiro*. São Paulo: Max Limonad, 2002.

TAVARES, André Ramos. *Direito constitucional econômico*. 2. ed. São Paulo: Método, 2006.

TEMER, Michel. *Elementos de direito constitucional*. 11. ed. São Paulo: Malheiros Ed., 1995.

TOLEDO, Gastão Alves de. *O direito constitucional econômico e sua eficácia*. Rio de Janeiro: Renovar, 2004.

TORCHIA, Luisa. Gli interessi affidati allá cura delle autorità indipendenti. In: CASSESE, Sabino; FRANCHINI, Claudio (a cura di). *I garanti delle regole*. Bologna: Il Mulino, 1996. p. 55-85.

TORRES, Ricardo Lobo. A legitimação dos direitos humanos e os princípios da ponderação e da razoabilidade. In: _____ (Org.). *Legitimação dos direitos humanos*. Rio de Janeiro: Renovar, 2002.

TORRES, Ricardo Lobo. *Tratado de direito constitucional financeiro e tributário*. Rio de Janeiro: Renovar, 2000. v. 5.

TORRES, Silvia Faber. *O princípio da subsidiariedade no direito público contemporâneo*. Rio de Janeiro: Renovar, 2001.

TROSTER, Roberto Luis. Os bancos são diferentes. In: CAMPILONGO, Celso Fernandes; MATTOS, Paulo Todescan Lessa; ROCHA, Jean Paul Cabral Veida da (Coords.). *Concorrência e regulação no sistema financeiro*. São Paulo: Max Limonad, 2002.

TROSTER, Roberto Luis. *Regulamentação prudencial no Brasil*. 1994. Tese (Doutorado) – Faculdade de Economia e Contabilidade da Universidade de São Paulo, São Paulo, 1994.

TURCZYN, Sidnei. *O sistema financeiro nacional e a regulação bancária*. São Paulo: Ed. Revista dos Tribunais, 2005.

VASCONCELOS, Edson Aguiar. *Instrumento de defesa da cidadania na nova ordem constitucional*. Rio de Janeiro: Forense, 1993.

VAZ, Isabel. Fundamentos constitucionais da livre concorrência no setor bancário. In: CAMPILONGO, Celso Fernandes; MATTOS, Paulo Todescan Lessa; ROCHA, Jean Paul Cabral Veiga da (Coords.). *Concorrência e regulação no sistema financeiro*. São Paulo: Max Limonad, 2002.

VELLAS, Pierre. *Droit internacional économique et social.* Paris: Sirey, 1965. t. 1. (Institute D'Etudes Internacionales et des Pays en Voie de Développement; n. 4).

VENÂNCIO FILHO, Alberto. *A Intervenção do Estado no domínio econômico.* Edição Fac-Similar da de 1968. Rio de Janeiro: Renovar, 1998.

VIDIGAL, Geraldo. *Teoria geral do direito econômico.* São Paulo: Ed. Revista dos Tribunais, 1977.

VIEIRA, Liszt. *Os argonautas da cidadania: a sociedade civil organizada.* Rio de Janeiro: Record, 2001.

VILLEGAS, Carlos Gilberto. *Compêndio jurídico, técnico y práctico de la actividad bancaria.* Buenos Aires: Depalma, 1989.

VIVANTE, Cesare. *Trattato di diritto comerciale.* Milano: Minelli, 1922. v. 1.

WAISBERG, Ivo. *Responsabilidade civil dos administradores de bancos comerciais.* São Paulo: Ed. Revista dos Tribunais, 2002.

WATANABE, Kazuo et al. *Código de defesa do consumidor comentado pelos autores do anteprojeto.* Rio de Janeiro: Forense Universitária. 1991.

WHEARE, Karl C. *Modern constitutions.* Londres: Oxford University Press, 1973.

YAZBEK, Otavio. *Regulação do mercado financeiro e de capitais.* 2. ed. Rio de Janeiro: Elsevier, 2009.

ZANOBINI, Guido. *Corso di diritto amministrativo.* Bolonha: Il Molino, 1950. v.5.

# ÍNDICE

| | |
|---|---|
| INTRODUÇÃO | 9 |
| PARTE I. SISTEMA FINANCEIRO E REGULAÇÃO | 11 |
| PARTE II. APLICAÇÃO CONTEMPORÂNEA DO PRINCÍPIO DA SUBSIDIARIEDADE | 93 |
| PARTE III. DISTRIBUIÇÃO DE COMPETÊNCIAS NA REGULAÇÃO BANCÁRIA BRASILEIRA | 131 |
| CONCLUSÃO | 189 |
| REFERÊNCIAS BIBLIOGRÁFICAS | 193 |